本书系 2020 年湖南省社科基金项目高校思想政治教育项目

课厚植家国情怀的研究”（项目编号：20B14）的研究成果，

治工作质量提升工程资助

新时代高校思想政治教育融合发展研究

姜超凡　著

吉林大学出版社

·长春·

图书在版编目（C I P）数据

新时代高校思想政治教育融合发展研究 / 姜超凡著 .
-- 长春：吉林大学出版社，2022.8
ISBN 978-7-5768-1329-6

Ⅰ . ①新… Ⅱ . ①姜… Ⅲ . ①高等学校 - 思想政治
教育-研究-中国Ⅳ. ①G641

中国版本图书馆 CIP 数据核字（2022）第 250746 号

书　　名　新时代高校思想政治教育融合发展研究
XINSHIDAI GAOXIAO SIXIANGZHENGZHIJIAOYU RONGHE FAZHAN YANJIU

作　　者：姜超凡
策划编辑：矫正
责任编辑：矫正
责任校对：甄志忠
装帧设计：久利图文
出版发行：吉林大学出版社
社　　址：长春市人民大街 4059 号
邮政编码：130021
发行电话：0431-89580028/29/21
网　　址：http://www.jlup.com.cn
电子邮箱：jldxcbs@sina.com
印　　刷：天津和萱印刷有限公司
开　　本：787mm × 1092mm　1/16
印　　张：13.75
字　　数：200 千字
版　　次：2023年6月　第 1 版
印　　次：2023年6月　第 1 次
书　　号：ISBN 978-7-5768-1329-6
定　　价：68.00 元

前　言

党的十八大以来，国际、国内形势发生了深刻复杂的变化。社会转型的深入带动了政治、经济、文化各个领域的深刻改变，计算机、互联网和多媒体技术的革命性发展引发了信息社会的重大变革，意识形态领域斗争依然复杂，文化软实力被提升到国家战略的地位，总体国家安全依然面临着新情况。错综复杂的国内外形势也同步生成出新时代的思想政治教育环境。新时代的思想政治教育呈现出新特征，面临着新的机遇和挑战。

习近平在2016年全国高校思想政治工作会议中明确指出："高校思想政治教育工作关系高校培养什么样的人、如何培养人以及为谁培养人这个根本问题。要坚持把立德树人作为中心环节，把思想政治工作贯穿教育全过程，实现全过程育人、全方位育人，努力开创我国高等教育事业发展新局面。"[①] 育人先育德，育德先育魂，随着高校育人环境的开放化和背景的复杂化，使高校思想政治教育的内容也随之更加丰富化，因此，如何建立高校思想政治教育融合机制，改进和加强高校思想政治教育现有协同育人工作，培养学生的社会责任感、创新精神和实践能力，是切实提高高等教育质量和效果的重要命题。

高校思想政治教育融合机制是在一个复杂的系统下，调动各方资源和力量，将思想政治教育融入人才培养的各个环节，通过机制设计，构建全员育人、全过程育人、全方位育人的工作格局和氛围。如何健全现有高校思想政治教育融合机制，形成协同育人的合力，同时保障工作实施的长效与实效，已成为新的发展阶段高校持续加强和改进高校思想政治教育工作中所面临的具有共性的问题之一。

① 习近平在全国高校思想政治工作会议上强调：把思想政治工作贯穿教育教学全过程 开创我国高等教育事业发展新局面 [N]. 人民日报，2016-12-09.

有鉴于此，笔者在总结前人优秀研究成果以及自身丰富教学经验的基础上,对新时代高校思想政治教育融合机制问题进行了探究。全书共分六章。第一章分析了新时代高校思想政治教育面临的机遇与挑战，阐述高校思想政治教育融合机制的基本理论依据，总结该机制运行过程中存在的不足，对高校思想政治教育主渠道——思政课的建设性和批判性进行探析，为全书的研究奠定了理论基础。第二章介绍了思想政治教育各要素之间的融合问题，主要包括思想政治教育者与教育对象的融合、思想政治教育者与教育介体的融合、思想政治教育与教育环境的融合创新。第三章至第六章分别阐述了高校思想政治教育与教育环境、与网络育人、与中华优秀传统文化以及与党史教育、党建工作的融合。

高校思想政治教育融合机制建设的问题是一个深刻又复杂的问题，本书从融合角度探究了高校思想政治教育，对高校思想政治教育改革有一定的指导作用。但由于笔者研究水平有限，本书尚有许多不足之处，在今后的工作中，笔者将广开思路，从更多的角度开展深入细致的研究，加强理论和实践的联系，创新和发展高校思想政治教育融合机制的构建，促进高校思想政治教育融合更好更快地发展。

目　录

第一章　高校思想政治教育融合机制概述

新时代高校思想政治教育的内涵不断丰富、完善，必然要求在高校思想政治教育和社会发展之间建立协同、融合的关系，因此，各个学科之间、高校思想政治教育的各个要素之间以及社会与学校之间应该通力合作，形成一种长期有效的融合机制。本章分析了新时代高校思想政治教育面临的机遇与挑战，阐述了高校思想政治教育融合机制的基本理论依据，总结该机制运行过程中存在的不足，对高校思想政治教育主渠道——思政课的建设性和批判性进行探析。

第一节　新时代高校思想政治教育面临的机遇与挑战

一、新时代高校思想政治教育面临的机遇

（一）全球化带来的机遇

在全球化进程中，资本、技术、人才等各类要素在全球范围内流动，推动了经济、政治、文化的深入交流。大学生以各种形式与途径参与全球化，增加了对世界其他国家发展现状的直观认识，开阔了大学生的国际视野。国与国之间的经济、文化、科技交流与学习，使大学生有机会、有条件对比中西方的发展道路、理论、制度、文化，了解各自的发展优劣，有利于增强大学生对中国特色社会主义的道路自信、理论自信、制度自信、文化自信。

1. 全球化有利于增强中国特色社会主义道路自信

当前，中国经济总量跃居全球第二，综合国力大幅度提升，相对于西方国家近年来经济发展与社会治理所面临的各种困境，反观中国经济快速发展所取得的成果，可以增强大学生对中国特色社会主义道路的自信。可以说，中国在过去的几十年走出了一条不同于西方却更加成功的现代化之路，并取得了巨大的成就。

这条道路的成功，开启了多元化发展道路的时代，是对人类社会发展规律的新探索，为全世界特别是广大发展中国家提供了一条可借鉴的发展道路。历史和实践雄辩地证明，西方现代化道路并非放之四海而皆准的“普世道路”，中国特色社会主义道路符合中国国情，指引中国人民走向繁荣富强，增进人民的福祉，为破解人类面临的共同难题提供了中国方案。无疑，中国的崛起使大学生更加坚信中国特色社会主义道路的正确性。

2. 全球化有利于增强中国特色社会主义理论自信

经济全球化使中西方的现代化理论能够放在一起充分比较，以发现孰优孰劣。自由主义、民主主义这些曾经作为探索中国发展道路的西方理论方案在中国是行不通，通过对改革开放以来中国取得的伟大成就进行研究，以及对比世界其他发展中国家发展的现状，可以认识到，中国特色社会主义理论体系因为指导了中国人民实行改革开放，所以具有科学性、人民性和开放性，为当代中国指出了正确的发展道路和方向，迎来了中华民族伟大复兴的光明前景。

特别是党的十九大以来，习近平总书记站在时代发展和战略全局的高度，在改革发展稳定、内政外交国防、治党治国治军等方面发表了一系列重要讲话，形成了一系列治国理政的新理念新思想新战略，深刻回答了党和国家发展的重大理论和实践问题，为理论自信增添了新的底气。这些更坚定了大学生对中国特色社会主义理论的自信。

3. 全球化有利于增强中国特色社会主义制度自信

中西方不同国家的交流，为大学生开展制度比较研究提供了机会。通过比较世界各国的社会制度，大学生可以认识到中国特色社会主义制度是历史的选择、人民的选择，是中国共产党领导中国革命、建设和改革的经验智慧结晶，是当代中国立足国情、继承传统、人民至上、包容互鉴、求

同存异的最新成果。虽然西方的自由民主制度曾推动了历史的发展，但存在很多弊端。

近些年，一些发展中国家照搬西方自由民主制度而纷纷失败，西方传统工业化道路导致了日益严重的全球生态环境问题，开展第三波“民主化浪潮”的国家出现了政治混乱与发展停滞，在“民主之春”“英国脱欧公投”等运动中西方民众对其民主制度不断质疑和批判。历史和现实表明，西方的自由民主制度并不完美，也绝不是人类社会制度的终结者；而中国特色社会主义制度经历了实践检验，显示出巨大优势，随着时间推移，它独特的世界性价值正赢得越来越多国家的认可。

4. 全球化有利于增强中国特色社会主义文化自信

全球化促进了我国文化的繁荣发展，丰富了人民群众的文化生活，加快了我国文化的对外传播。中西文化交流愈加频繁。互联网的快速发展使大学生通过电脑、手机等就可以充分了解西方文化，通过学习和对比，大学生能够认识到中国特色社会主义文化既传承了中华优秀传统文化的精粹，又吸收了西方先进文化的养分，还继承和发扬了中国共产党创造的革命文化和社会主义先进文化；认识到西方自由民主文化是基于基督教文明与资本主义精神的，而中国的历史文化传统和国情有其独特性，中国文化的发展必须走独立自主道路，不能照搬照抄西方制度，中国社会的发展不可能脱离特定的历史条件和文化传统。

全球化给中国文化的对外传播提供了条件和平台，提高了中国文化的对外影响力，彰显了中国文化价值。随着全球化的加深，文化多样化深入发展。大学生对中国文化在世界范围内的影响力有了全新的认识，增强了中国特色社会主义文化自信。

（二）市场经济带来的机遇

随着社会主义市场经济的不断发展，公平竞争意识、自由平等意识、民主法制意识等观念进一步深入大学生心中，使受教育者的主体地位明显得到提升。这些观念和意识逐步改变了教育者和受教育者之间的传统地位，师生之间的互动性得以加强，大学生分析与解决问题的能力得以提升，有更多的机会把理论与实践相结合。教育者和受教育者的共同参与度提高，有利于高校更好地开展思想政治教育。

1. 社会主义市场经济有利于增强师生之间的互动

在市场经济地位没有确立以前，尤其在计划经济时代，思想政治教育方法较为单一，主要是教育者向受教育者进行理论灌输，受教育者处于被动地位，教育者和受教育者之间的地位不对等。市场经济使平等、自主、参与、竞争等意识深入人心，当代大学生的主体地位意识显著增强，更希望与老师互动，更乐于在课堂上分享自己的观点；在教学活动中，学生的参与性、积极性、需求性也较高，思想政治教育的第一课堂和第二课堂变得更加活跃，这些都增加了高校思想政治教育的实效性。

2. 社会主义市场经济为大学生提供了理论与实践相结合的机会

经济越繁荣，大学生就越有机会参与实践活动，在参与过程中，获得大量的学习素材、资料、案例。学生把课堂理论和社会实践相结合，二者相互作用，相互影响。学生在课堂学习中能够思考社会中的各类现象和问题，在社会生活中，则有更多机会把课堂所学知识运用到对现象的分析、对问题的解决上。大学生作为受教育者，除了在校园内获得理论知识、科学方法外，还从与其他公民的交往中汲取了生活经验，丰富了工作技巧，提高了工作能力等。总之，市场经济的发展使大学生积极参与市场活动的意识显著提高，分析与解决问题的能力得到了增强。

3. 社会主义市场经济为思想政治教育提供了物质基础

思想政治教育活动作为教育的有机组成部分，需要物质基础。经济发展得越好，生活水平越高，大学生就越有信心学习，积极参与思想政治教育活动，对国家制度、党的政策认可度越高，思想政治教育效果越佳。反之，如果经济停滞不前或持续下滑，生活得不到保障，社会失业严重，大学生就越没有动力和信心学习及参与思想政治教育活动，只会关注与就业有关的专业知识，思想政治教育活动开展的效果就会越来越差。

社会主义市场经济的发展使社会物质产品、精神产品极大丰富，这增强了大学生对生活的信心和对未来共产主义美好社会的向往。社会主义市场经济的发展为思想政治教育创造了不可或缺的物质基础，为思想政治教育活动带来了新的生命力。

（三）科技革命带来的机遇

科学技术发展日新月异，新科技革命以信息技术的广泛应用为标志，数字化、网络化、信息化成为社会经济发展的大趋势。我国互联网用户，尤其是移动互联网用户数量猛增。互联网推动了服务型政府的建设及信息公开，构建了透明的公益新生态。

1. 新科技革命使获取信息、接受教育、传播文化更加便捷

大学生利用互联网了解世界、参与政治活动，思想政治教育工作者借助科技手段开展工作，新科技革命为思想政治教育提供了前所未有的机遇，给思想政治教育带来深远的影响。科学技术的发展创新了思想政治教育的手段。思想政治教育作为一种实践活动，与其他任何社会实践活动一样，因为工具的创新、手段的更新为思想政治教育提供了便捷途径，从而提升了思想政治教育的时效性、实效性。

科技革命实现了从理论到实践的转化，最终通过生产活动创造出人们所需的商品，如课堂教学所需要的各类多媒体设备、电脑和移动终端设备，以及为教学服务的各类网站、App、微博、微信等平台，为思想政治教育提供了极其便利的手段，改变了传统的板书、照本宣科等讲课方式。新技术不断地融入思想政治教育中，如利用 VR 技术为大学生提供诸如“重走长征路”等虚拟现实体验；将教学内容通过图片、音频、视频等技术手段展现给学生，在最短的教学时间里能够输出最多的教学内容。新技术在思想政治教育中呈现出生动、直观、交互等特征，深受学生喜爱，增强了大学生思想政治教育的时效性、针对性、灵活性，创新了思想政治教育手段，与当前高校思想政治教育发展的新情况、新形势相适应。

另外，互联网技术的发展丰富了高校思想政治教育的新载体，为大学生的政治参与提供了载体，开辟了渠道。随着无线通信、数字电视和移动互联网等技术的发展，国家的政治生活和社会生活增加了透明度，公众能够利用新媒体较为有效地监督政府，表达诉求，影响政府的决策过程。

2. 科学技术的发展使公民的科学文化素质和参政能力普遍提高

科学技术的发展带来物质生活条件的改善、劳动方式的改变，使公民的科学文化素质和参政能力得到普遍提高，并有充足的时间参与政治生活。互联网技术的快速发展，催生了网络论坛、QQ 群、微博、微信、可留言新

闻面板等，这些平台均是当代大学生网络活动的重要场所。在每个平台上都可以见到不同的观点，经常能够看到在微信朋友圈广泛传播的、阅读量超过10万次的文章，这些文章中有社会评论、政治见解、经济分析、热点探讨，使大学生有更多的机会获悉不同的政治知识与见解、各类新旧思想观念、各种角度的分析和评论。互联网不仅提供了传播下载平台，而且提供了输入上传入口，大学生有机会发表个人的政治见解以及对各类事件的看法。

3. 生活方式的变革拓展了大学生思想政治教育的新空间

互联网技术促成了大学生一种新的学习与生活方式，改变了他们之间的交流方式与互动。它使每个个体都能够与其他个体相互关联，通过交往与结合，个体的力量变得更强大。在互联网时代，社会就像一张无形的网，将每个个体、组织、集团都纳入其中，且能够保持有序、高效、低成本运行，因此互联网时代的特征被概括为大数据、跨界、高效、创新、信息共享。

思想政治教育的空间随着互联网的发展而深入社会各个领域，波及社会各个阶层。互联网能覆盖的地方就会有思想政治教育活动的身影。电台、报纸、电视、移动客户端纷纷出现在互联网上，尤其是移动互联网的快速发展，使人们随时随地地观看各类新闻资讯；通过关注主流媒体或报刊的电子版、微信公众号等，可以看到时政快讯、时事评论。互联网，尤其是移动互联网，正以一种新的方式不断地拓展思想政治教育的空间，使思想政治教育效果得到了质的飞跃。

互联网、信息技术、数字化等不仅促进了受教育者自身素质的提高，还促使教育者借助新技术开展思想政治教育活动，创新思想政治教育手段，丰富思想政治教育载体，拓宽思想政治教育空间

二、新时代高校思想政治教育面临的挑战

全球化、经济市场化、新科技革命在给思想政治教育提供机遇的同时，也带来了诸多挑战，如全球化影响了大学生对中国特色社会主义道路、理论、制度、文化的认同；社会转型过程中出现的问题对思想政治教育产生了一定的消极影响；新科技革命加大了思想政治教育的引导与疏导难度。

（一）全球化背景下高校思想政治教育的新挑战

在我国深化改革与融入全球化的过程中，西方社会的不良思潮、意识形态、错误价值观等涌入国内，必然与中国特色社会主义主流文化发生碰撞，对高校思想政治教育构成了新的挑战。

1. 对社会主义道路认同的挑战

20世纪90年代的东欧剧变、苏联解体给国际共产主义运动带来了灾难性的打击，社会主义阵营锐减为中国、朝鲜、古巴、老挝、越南等国家，除中国外，其他社会主义国家综合国力较弱，在国际上的政治、经济影响力较低，国际共产主义运动的低潮助长了资本主义敌对势力的气焰。全球化为西方敌对势力推行西化提供了便利，借助全球化加快推进“和平演变”等敌对活动，这势必削弱了部分大学生对中国特色社会主义道路的认同。

此外，西方发达国家一直致力于将普通制造加工业等产业链的低端部分转移到发展中国家，这就使一些高消耗、高污染、高排放、以牺牲生态环境为代价的企业项目进入中国，对我国经济转型发展、生态文明建设构成不利因素，影响了大学生对中国特色社会主义道路的认同。

2. 对社会主义理论认同的挑战

在围绕中国如何改革与发展的过程中，有关政治经济制度的主张始终存在各种讨论和交锋，在某些时期，意识形态领域的斗争依然激烈。在具有影响力的社会思潮中，既有旧的，也有新的，这些思潮以各种形式通过互联网、书籍等媒介得以传播和影响，干扰了当代大学生对主流意识形态的认知和理解。全球化裹挟各种不同社会思潮冲击中国的主流意识形态，影响了部分大学生对中国特色社会主义理论的认同。如新自由主义、民主宪政、民主社会主义等思潮长期冲击我国主流意识形态，历史虚无主义沉渣泛起，使部分大学生陷入了历史虚无主义的理论陷阱和话语陷阱，很容易被“普世价值”等字眼或表象所迷惑；近年来，“民主宪政”也在互联网上兴风作浪，部分大学生因为对西方理论缺乏深入了解，经常将其与民主混为一谈。这些都直接干扰了大学生对党和国家的理论、路线、方针、政策的认可和践行，影响了对中国特色社会主义理论的认同。

3. 对社会主义制度认同的挑战

当前，西方敌对势力不断地对中国特色社会主义制度进行丑化、矮化，试图颠覆中国共产党的执政地位；一些境内外敌对势力互相勾结，从事有组织、有目的的反华活动，妄图挑起民族矛盾、攻击社会主义国家制度，阴谋推动“和平演变”，在不同程度上动摇了部分大学生对中国共产党的信任、对社会主义制度与共产主义的信仰，影响了对中国特色社会主义制度的认同。

敌对势力有意虚化、丑化社会主义制度，往往借助于互联网等手段，把丑化党的理论、污蔑社会主义制度的观点糅合进文章，通过微博、微信等平台实施分化活动，刻意宣传和突出个别形象，抹黑共产党员在民众心目中的良好形象，进而降低、削弱、否定党的执政能力和合法性；同时通过各种手段宣扬西方议会民主、多党制和三权分立等制度，部分不明真相或意志不坚定的大学生受其蛊惑，削弱了对中国特色社会主义制度的认同。

4. 对社会主义文化认同的挑战

随着资本主义企业文化、商品文化的输入，国内消费观念及文化观念遭到冲击，出现了“以洋为尊”“以洋为美”“唯洋是从”的现象。以强大经济实力为后盾的西方文化使部分大学生出现了文化自卑心理，更有甚者热衷于“去思想化”“去价值化”“去历史化”“去中国化”“去主流化”，缺乏对中国特色社会主义文化的自信。

一段时将以来，西方资本观念、消费观念进一步入侵，利用非主流、错误的价值观冲击社会主义核心价值观，个人主义、享乐主义、利益至上等错误思潮不断影响大学生，削弱了对中华传统文化和社会主义先进文化的认可。

（二）社会转型中出现的问题

1. 负面影响

社会环境的变化给思想政治教育带来冲击。社会加速发展、转型成为常态，引起社会环境、校园环境、家庭环境等发生新变化，增加了大学生个体特征的复杂性，给高校思想政治教育带来了挑战。当代大学生所处的社会环境与以往大不相同。社会性因素导致大学生价值取向发生变化、偏移，转型过程中的消极因素会感染、波及、影响大学生。

在大学校园里，不同学生来自不同经济收入、职业背景的家庭，受其

家庭和社会的影响，产生了不同的价值观念和行为习惯，因家庭经济收入、个人消费能力，包括知识积累、家庭生活方式等存在较大差异，所以学生之间必然存在一定的价值观念冲突，出现了大学生价值追求多样化的现象。部分大学生存在消费攀比、铺张浪费等现象，形成了不良的生活作风。

2. 各类难题

随着社会主义市场经济体制的改革，所有制结构和分配方式发生了深刻的变化，加之区域、政策等因素影响，居民收入差距加大并呈现分化状态，随之而来的是各类民生问题的出现。当前，我国经济增长进入新常态，具体看来，房价、城市治理、留守儿童、医疗卫生、乡村教育、扶贫攻坚等问题依然突出。

民生问题既是经济问题、社会问题，又是政治问题。我国社会转型期出现的民生问题，是国家要面对的重要问题，民生问题能否得到解决，体现出政府是否有足够的政治意志和政治决心。民生问题的解决关乎全面建成小康社会，也反映着党和政府落实以人民为中心的思想和治国理念。

3. 多元化价值观

随着我国社会主义市场经济的发展，资产阶级的自由主义、个人主义、享乐主义、利己主义等错误思潮不断冲击、挑战社会主义核心价值观。这些资产阶级价值观对大学生的价值观、人生观的形成产生不利影响，误导他们——在价值判断上，往往将资产阶级价值观视为标准；在判断一个人是否成功时，往往用金钱多少、地位高低进行衡量，分辨不清人生的真正价值。

当前，资产阶级价值观与社会主义核心价值观并存，价值多元主义、价值相对主义、价值虚无主义对高校思想政治教育中的社会主义核心价值观培育工作构成了极大的挑战，加大了复杂性，增加了难度。随着我国社会转型的深入推进，这些多元化的西方价值观将对大学生的世界观、人生观、价值观产生较大的影响。

（三）新科技革命带来的挑战

新科技革命在推动社会经济发展的同时，也给高校思想政治教育的发展带来了新的挑战。在新一轮科技革命中，互联网技术的发展影响深远并引发了数据革命，而数据革命给人类社会带来的变革将更彻底、更激烈，速度更快，机遇更多，风险也更大。信息化、网络化加大了思想政治教育引导与疏导的难度，考验大学生甄别信息的能力，学生个人的不良网络行为也给错误思潮以可乘之机。

1. 信息化、网络化加大思想政治教育难度

移动互联网发展迅速，给信息的获取、传播带来了极大的便利，大学生使用互联网浏览新闻、发表评论、互动跟帖，没有了时空的限制与约束。然而，网络信息鱼龙混杂，有些文章反映的价值观或意识形态与我国的主流价值观或意识形态格格不入，部分大学生却难以分清。比如，互联网上有文章抨击国有企业，反对公有制；抨击集体主义价值观，歪曲唯物辩证法等；更有甚者，一些人对流传的负面消息和图片进行二次甚至多次解读、编写，在网上产生极坏的影响。

微博、微信等常用媒体平台因其信息量巨大、内容繁杂对大学生的政治倾向和价值观都有误导作用。这些自媒体平台出现之后，由于网络审查不足，法律法规不完善、监管不到位，经常可以看到各类文章在网上大行其道，鱼龙混杂，良莠不齐，加大了思想政治教育的引导难度。

2. 考验大学生甄别信息的能力

互联网为信息发布与共享提供了畅通的渠道，成为人们获取各类信息的工具，尤其是近年来移动终端技术的进步推动了移动互联网的飞速发展。虽然大学生使用手机就可以获取各类信息，但是由于他们尚处于理论知识的学习阶段，知识体系和思维方式处于积累过程中，对社会缺乏深刻的认知和了解，尚未形成一套成熟的知识系统与思维体系，缺乏对事件、问题的科学分析和辩证看待的能力，在复杂化的网络内容面前，难以完全分清或剔除负面消息，就会不可避免地受到互联网的负面影响，这就给错误思想、思潮以可乘之机。

互联网信息传播中还充斥着大量的资产阶级意识形态，如宣扬私有化、鼓吹多党制、三权分立、宣扬西方的生活价值观等。它们都借助互联网来增强其影响力，企图以话语内容的复杂性消解马克思主义的权威性。如果大学生甄别不出其目的与真相，就会被其所迷惑，影响正确的人生观、价值观的形成。

3. 依赖网络的行为习惯给错误思潮以可乘之机

互联网成为大学生的生活必备品，如通过搜索引擎查找学习资料，通过门户网站获取新闻资讯，通过微博发表观点、感受，通过微信朋友圈、QQ空间发布生活与工作动态，在线交流……过分依赖网络的习惯已经在大学生中普遍存在。过分依赖网络就是过于信任网络内容，把网络中的文章、图片、视频等内容视为符合客观实际的、正确的内容，这就容易让错误的、似是而非的内容影响自己。事实表明，网络文章的有些内容违背了事实，有些内容生搬硬套，有些内容纯粹为了商业利益来吸引眼球。从政治角度看，有些文章带有特定的政治目的，只是以各种形式进行华丽的包装，掩人耳目。

第二节　高校思想政治教育融合机制的基本理论依据

一、高校思想政治教育融合机制的基本概念

（一）思想政治教育融合机制

一直以来，西方高校在对学生思想教育的研究中并没有采用“思想政治教育”的概念，他们主要采用的是“公民教育”，或者只是单纯的“思想教育”。我国之所以会出现“高校思想政治教育”的概念是马克思主义中国化发展的结果。

西方社会在对高校教育机制进行研究时，一方面，教育理论和教育实践的双重目的性是他们一直关注的重点，理论和实践相结合是高校教师对学生进行思想教育活动所采取的重要方法；另一方面，积极鼓励和推动高校大学生进行自我教育，并且形成了相关的机制，即促进个体能动性和主体性的发挥是其构建机制的基本原则。

任何时代背景下，以人为本都应该是高校思想政治教育融合机制建设的主旋律。高等教育面对的是学生，但是绝大多数的主体中心论都是围绕高校教师在展开，因此，现在需要做的就是引导高等教育的主体理论向学生参与理论转变，只有指导理论中包含学生参与的内涵，才能在实践中充

分调动学生的积极性和行动力。我们需要通过建立专业化的队伍，推动大学生主体性的发挥以及机制中各要素之间的协同。

高校思想政治教育活动作为教育活动大系统中的一部分，其效果的实现是其系统内部和外部各要素协同作用的结果。本书将其系统的要素分为高校思想政治教育的主体、高校思想政治教育的客体、高校思想政治教育的环体、高校思想政治教育的介体，并且对这四个子系统进行了更加细致的描述和划分。比如，将高校思想政治教育的主体分为高校思政课教师、辅导员、校团委等。对系统中各要素的划分，既体现了高校思想政治教育系统中各个要素的职能，也进一步明确了各个要素应该承担的责任。

在对高校思想政治教育机制各要素之间的普遍联系和运作方式的研究中，有学者将其协同机制概括为各要素由于彼此之间的固有联系而形成的运转方式。还有学者在此基础上进一步指出：高校思想政治教育作为一个主系统，它是由各个非主系统构成的一个集合体，以及彼此之间的运转关系所组成的有效集合。这些观点对当下的研究具有重要的启发。结合时代特点，笔者对目前的高校思想政治教育机制的内涵进行了总结，即思想政治教育机制是指思想政治教育机制所形成的相对稳定的关系及其内部运作的过程和模式，思想政治教育体系的构成要素在相互作用的过程中体现出一种协同的规律。

我国高校思想政治理论课既是对马克思主义关于人的全面发展理论的贯彻和落实，也是我国建设中国特色社会主义的重要组成部分。高校是一个对各个学科的基础性问题开展研究和讨论，并且不断探寻建立各个学科之间普遍联系的场所，思想政治教育学科也不例外。因此，从本质上来说，高校思想政治教育融合机制的建立也是我国建设中国特色社会主义的重要组成部分。

（二）高校思想政治教育融合机制的运行特征

1．整体性

整体性概念的鼻祖是英国著名学者佩里·希克斯（Perry Hicks）。他从社会治理的角度阐述了整体性的思想，开辟了学术界对于整体性研究的先河。整体性的特点告诉我们，需要运用整体性思维去认识事物、整理自己

的所思所想，从整体出发去构建高校思想政治教育融合机制。高校思想政治教育是一个由多种要素组成的整体，每一个要素都是整体的一部分，只有以整体性的视角看待、发展我国高校思想政治教育，才能让各个要素和整体的职能得到合理的发挥。要注重理论和时间协同推进，既要用高校思想政治教育理论课的内容去创新高校思想政治教育实践活动，又要用实践去创新理论课的内容。

2. 互动性

互动性，即高校思想政治教育系统中主客体要素在运作过程中呈现出彼此之间的双向互动、双向交流的特点。高校思想政治教育活动是一种对大学生的思想理念进行升华的活动，思想只有在碰撞中才能产生火花。互动性的特点可以促进教育主客体发现其所表达出来的观点和态度的科学性、合理性，以及和别人之间的差异性，从而更好地促使其不断提高自己的语言表达、丰富自己的知识结构。互动性的概念最初是在幼儿教育中得到运用。高校思想政治教育活动应该设立一个良性的师生互动机制，真正形成“教师是主导、学生是主体”的教育模式。

由此可知，高校思想政治教育融合机制指的是其中各个要素之间的协同与合作，这里说的协同不是各个要素丧失独立性的协同。协同以及协同机制的理念是建立在机制中各个要素相互独立的前提之下的，因为只有相互独立，彼此之间才能因为需求差异而产生矛盾，有了矛盾才有协同的必要，协同机制才有构建的必要。

二、高校思想政治教育融合机制的理论依据

（一）马克思主义的人学理论

1. 关于人的本质学说

人类社会是自然界发展到一定阶段的产物，是物质世界的高级运动形式和存在形式。辩证唯物主义和历史唯物主义通过对社会物质生产劳动的考察，揭示了人类社会与自然界的对立统一关系，丰富了对人的本质的认识。马克思主义关于人的本质的学说主要包括三个方面的内容。

首先，劳动是人类的本质活动。人是自然界发展的产物，是自然界的

一部分。但人类社会产生之后又是一个不同于自在自然的特殊性社会历史创造过程。一定意义上讲，劳动产生于人类之外的客观自然界与人的自然力相结合，因此，劳动是人和自然之间相互作用的物质过程。把劳动归结为人类的本质至少包括三个方面的内容：一是劳动创造了人本身。恩格斯指出："手不仅是劳动的器官，它还是劳动的产物。"[①] 从手脚分工开始，人类就处在形成之中。生产工具、语言交流、社会关系等人类特有的标志都是在劳动过程中逐步形成的。同时劳动对人的锻造，不是单纯地塑造单个个体的被动过程，而是一个群体性的集体互动与习得的过程。这就意味着劳动在创造人的过程当中，隐含了"教与学"的内容。二是劳动是人与动物的区别。真正意义上的劳动不是被动的机械性重复，而是具有创造性特征。所以人的劳动从一开始就是创造性的，这种创造性表现在人对于劳动对象的选择与劳动工具的制造上，它体现了劳动者的主体地位与特有智慧。这就意味着劳动是以一定的知识传承与积累为前提的。三是劳动是有目的有意识的活动。恩格斯在《路德维希·费尔巴哈和德国古典哲学的终结》一文中指出："在社会历史领域内进行活动的，是具有意识的、经过思虑或凭激情行动的、追求某种目的的人；任何事情的发生都不是没有自觉的意图，没有预期的目的的。"[②] 人的劳动目的性构成，包括了对人的物质需要的满足和对人的精神需要的满足。人类正是基于劳动，编制了人类社会复杂的关系网络。所以，人的生命存在形式、人的意识、人的需要、人的活动目的、人的能动性创造以及人的一切社会关系都是在劳动中形成和发展的。劳动不但丰富了人的生活，产生了音乐和诗歌，还在丰富人的精神世界的同时，不断改变人自身的物质性存在。这就意味着教育本身就是一种特殊的劳动，劳动必然不断丰富教育的内容。教育集成如同劳动集约一样是现代社会走向复杂系统的必然选择。

其次，人的本质是一切社会关系的总和。物质资料的生产是人类社会存在和发展的基础，人类在物质资料生产过程中，不但要与自然界产生相

---

① 中共中央马克思恩格斯列宁斯大林著作编译局编译. 马克思恩格斯选集（第三卷）[M]. 北京：人民出版社，2012：990.

② 中共中央马克思恩格斯列宁斯大林著作编译局编译. 马克思恩格斯选集（第四卷）[M]. 北京：人民出版社，2012：253.

互作用、形成人与自然的关系，更重要的是，作为个体的人从一开始就面临着，无法独立进行全部的物质资料生产的问题，因此，在人类认识世界和改造世界的过程中，人与人之间必须彼此联系、相互作用，结成一定的社会关系。这正如马克思所指出："人们在生产中不仅仅同自然界发生关系。他们如果不以一定方式结合起来共同活动和相互交换其活动，便不能进行生产。为了进行生产，人们便发生一定的联系和关系；只有在这些社会联系和社会关系的范围内，才会有他们对自然界的关系，才会有生产。"[①]由此可见，没有人与人之间的这种主体与主体之间的相互关系，人与自然之间的主体与客体之间的生产关系将不复存在。主体与主体之间的相互关系影响着人类认识与改造自然的能力与水平。因此，人的本质不能局限在单个的自然人身上，必须从人类社会来进行发掘，而社会生活的全部内容就体现在人与人之间发生的社会关系上。所以，马克思在《关于费尔巴哈的提纲》中指出："人的本质并不是单个人固有的抽象物，在其现实性上，它是一切社会关系的总和。"[②]这种社会关系的总和不是一次性形成的，而是一个动态发展的过程，它随着人类的社会实践而发展，是一个不断生产、劳动、生活、交往与学习的过程，一定程度上，体现了教育的历史性及其教育内容的社会性。

最后，人的需要即人的本质。人的本质不在于其自然属性，而在于其社会属性。但是人类社会是由一个个活生生的自然人构成的，所以，如果完全排除了人的自然性存在，就可能回到了抽象的人的本质论中，甚至滑入宗教神秘主义的泥潭。所以马克思在关于人的本质是"人的一切关系的总和"的基础上，进一步强调了人的社会性与自然性的统一，说明人不但是社会的存在，也是自然的存在，不但是个体的存在，也是社会性"类"的存在的统一，因此人的本质就是人的存在，这种存在是以需要为动力和前提的。换言之，人的需要即人的本质。"人的需要"在这里是指人的个性需要与共性需要的统一，表明人的需要及其满足具有历史性、延续性、

① 中共中央马克思恩格斯列宁斯大林著作编译局编译．马克思恩格斯全集（第6卷）[M]．北京：人民出版社，1961：48.

② 中共中央马克思恩格斯列宁斯大林著作编译局编译．马克思恩格斯选集（第一卷）[M]．北京：人民出版社，2012：550.

永恒性的时间特质，也有多样性、丰富性、广延性的空间特质，为探索人的自由而全面发展埋下了伏笔，对教育和思想政治教育的目的性达成提供了思路。

2. 关于社会发展学说

人类社会作为一种与自然界相对独立的力量，具有复杂的层次结构和形态，按照经济基础和上层建筑的矛盾运动规律，社会形态适应生产力的不断发展，由低级到高级、由简单到复杂，大体要经过原始社会、奴隶社会、封建社会、资本主义社会、共产主义社会（第一阶段是社会主义社会）这五种形态的发展过程。如果以人的发展水平和在社会中的自由程度来划分，又可以分为：人直接依赖于人、人直接依赖于物、人的全面发展能力成为人们的共同财富，即人的依赖关系阶段、物的依赖关系阶段、人的个性自由全面发展阶段这样三大社会形态。如果按照劳动交换关系（社会经济联系）又可将人类社会历史划分为：自然经济、商品经济、产品经济三种社会经济形态。社会基本矛盾运动推动社会形态的变革，自从人类社会进入阶级分化社会以来，又经历了奴隶社会、封建社会和资本主义社会，形成了奴隶主和奴隶、封建地主和农民、资本家和无产者三大对抗阶级。“无论哪一个社会形态，在它所能容纳的全部生产力发挥出来以前，是决不会灭亡的；而新的更高的生产关系，在它的物质存在条件在旧的社会胎胞里成熟以前，是决不会出现的。”[①] 占统治地位的阶级为了维护他们的经济利益，总是要巩固他们的上层建筑与思想意识形态，总是利用所掌握的国家机器直接控制教育。因此，不同时代国家的思想政治教育具有不同的指导思想、教育目标、教育内容、教育方式，并分别依托不同的资源、信息、工具、技术等，在不同的时空、制度和文化中进行。上述具象化要素在社会历史时空中不断沉积，为进一步的集成创新奠定了基础。

3. 关于人的自由而全面发展理论

马克思主义关于人的自由而全面发展的理论，为思想政治教育最终目标的确立指明了方向。马克思、恩格斯继承和发展了千百年来关于人类解放与每个人自由而全面发展的优秀思想成果，在人与自然和谐统一的物质

---

① 中共中央马克思恩格斯列宁斯大林著作编译局编译. 马克思恩格斯选集（第二卷）[M]. 北京：人民出版社，2012：3.

观基础之上，阐释了人的社会本质及其人类解放的科学内涵，全面深入地研究了人类解放的现实条件和正确道路，为人类社会的未来发展和实现教育的最终目标指明了方向。

首先，人的自由而全面发展是马克思主义关于未来社会发展的理想目标，是科学社会主义的基本原则。关于人的发展与未来社会的走向问题，一直是中外学者所关注的焦点话题。中国古代的理想社会分别是“并耕而食”“小康社会”“天下大同”。道家的理想人格是：至人无己，神人无功，圣人无名；儒家的理想人格是：“修身、齐家、治国、平天下”(《礼记·大学》)，君子“穷则独善其身，达则兼济天下”（《孟子·尽心上》）。古希腊思想家柏拉图对未来社会的设想是：“理想国”“哲学王”。资产阶级启蒙思想家卢梭强调：人性本善、信仰高于理性，坚持社会契约论，主张建立资产阶级的“理性王国”。与一般的思想家不同，马克思、恩格斯适应社会发展的需要，在新的历史条件下创立了唯物史观，揭示了社会发展的客观规律，阐明了生产力和生产关系的矛盾运动是社会发展的根本动力，生产方式的变革是社会发展的决定力量，并运用科学的世界观、方法论，从商品人手研究了资本主义社会经济运行的基本规律，创立了剩余价值学说，科学论证了资本主义必然要灭亡、社会主义必然要胜利的基本原理。从已有的思想材料出发，马克思、恩格斯借鉴了空想社会主义的有益成分，批判和克服了空想社会主义的根本缺陷，使社会主义由空想变成了科学。科学社会主义的创立从根本上实现了社会主义从空想到科学的伟大飞跃，为人类勾画了未来社会发展的美好蓝图；在对未来共产主义社会进行科学预见和严密论证的过程中，指出未来的共产主义社会将是一个生产力高度发达、物质财富极大丰富、人民精神境界极大提高，每个人自由而全面发展的社会。

其次，人的自由而全面发展包含丰富的科学内涵。人的自由而全面发展是马克思主义对未来社会人的生存状况和发展趋向的本质性规定。人的自由而全面发展包括人的需要的全面满足、人的素质的全面提升、人的能力的全面发展、人的社会关系的高度和谐、人的个性自由得到充分展示。人的需要的全面满足既是对物质需要的极大满足，又是对精神需要的极大满足，其本质是社会的物质文明和精神文明达到高度发达的水平。人的素质的全面提升是指在未来的共产主义社会，每个人从自在、自为、自觉状态完全进入自由状态，实现人的解放。人的身体素质、道德素质、审美素质、智力素质、劳动素质等都实现了质的飞跃。人的能力的全面发展是指在未来的共产主义社会，劳动不再是人谋生的手段，而成为人们生活的需要和自觉的行动，社会已经超越了劳动分工，每个人都可以胜任任何工作，可以完全自由地发展和发挥他的全部才能和力量，并且不会因此而危及这个社会的基本条件。所以马克思、恩格斯在《德意志意识形态》中指出："在共产主义社会里，任何人都没有特殊的活动范围，而是都可以在任何部门内发展，社会调节着整个生产，因而使我有可能随自己的兴趣今天干这事，明天干那事，上午打猎，下午捕鱼，傍晚从事畜牧，晚饭后从事批判，这样就不会使我老是一个猎人、渔夫、牧人或批判者。"[①] 人的社会关系的高度和谐是指，人已经摆脱了人对人的依赖和人对物的依赖的历史阶段，人的主体性得到充分发展，每个人之间建立了普遍平等的社会关系，个人与个人之间的利益矛盾，个人与社会之间的利益矛盾得到了完全的解决，人与自然、个人与个人、个人与社会的关系走向了全面协调。人的个性自由得到充分展示是指在未来的共产主义社会中，人的自由而全面发展，既不是发展的终点，也不是对每个人个性的抹杀，恰恰相反，这是人们谋取更高层次发展、更高程度发展的新的开端，就是为所有人创造条件，以便每个人都能自由地发展他的人的本性。

再次，人的自由而全面发展实现的路径是人的彻底解放。未来的共产主义社会与人的自由而全面发展的实现需要一定的社会历史条件。其中，生产力的发展对人的自由而全面发展起着决定性作用。只有生产力发展达到了非常高的阶段，人们才能真正摆脱自然力和社会关系对人的束缚，使每个人的自由发展成为一切人自由发展的条件。这就意味着，人们在改造自然的过程中成为自然的主人，人们在改造社会的过程中成为独立自由的主体，人们在摆脱已有的思想观念束缚获取知识上成为自身的主人、成为思想自由的人。人类的彻底解放，标志着人类从必然王国飞跃到了自由王国。

最后，人的自由而全面发展是教育和思想政治教育的价值旨归。人的

① 中共中央马克思恩格斯列宁斯大林著作编译局编译. 马克思恩格斯选集（第一卷）[M]. 北京：人民出版社，2012：165.

自由而全面发展包括人的需要的全面满足、人的素质的全面提升、人的能力的全面发展、人的社会关系的高度和谐、人的个性自由得到充分展示。一方面教育在提升人的素质和能力、塑造人格等方面的功能完全契合了人的自由而全面发展需要，因此，教育在人的自由而全面发展过程中必将起到重要的推动作用。另一方面，思想政治教育所面对的首要问题是，培养什么样的人、怎样培养人、为谁培养人。所以思想政治教育关涉人的本质与人的发展问题，必须符合人自身成长发展的规律，符合社会进步的规律，因此，人的自由而全面发展问题自始至终对思想政治教育有统领与支配作用，是思想政治教育所要追求的目标和基本价值。

（二）贝塔朗菲的系统论思想

1. 世界的系统性构成

（1）系统论的提出

公认的系统论的提出者是贝塔朗菲。美籍奥地利理论生物学家和哲学家路德维希·冯·贝塔朗菲（Ludwig Von Bertalanffy）是20世纪杰出的思想家之一。他于1901年9月19日生在奥地利首都维也纳附近的阿茨格斯多夫，1926年获维也纳大学哲学博士学位，曾先后在美国芝加哥大学、加拿大渥太华大学、阿尔伯塔大学、纽约州立大学等处任教。他涉猎的学科十分广泛，包括生物学、医学、心理学、行为科学、历史学、哲学等诸多学科。其中最具影响的是他对系统科学的巨大贡献。他于1937年提出了一般系统论的初步框架。1945年在《德国哲学周刊》第18期发表《关于一般系统论》一文；1954年发起创建一般系统论研究会，出版《行为科学》杂志和《一般系统年鉴》，建立关于生命组织的机体论，并由此发展成一般系统论；1955年出版专著《一般系统论》，成为系统科学的奠基性著作。1972年发表《一般系统论的历史和现状》，把一般系统论扩展到系统科学范畴。

（2）系统与系统论

一般认为，系统是由若干相互作用、相互依赖的组成要素，按照一定的结构结合而成的，具有特定功能的整体。一个系统由若干要素构成，而它又可能是更大系统的组成要素。事实上，系统应该如何定义和描述的问题，没有明显和简单的答案，因为，一方面对于可以感知和观察的实体系统，它不依赖于我们的存在而存在，在我们感知和认识它之前并不能给出一个确指的概念。另一方面，由符号性的思维产物所构成的概念系统，属于抽象系统，其结构和要素就不那么容易被人们所观察、感知和推断。同时，涉及人和社会关系的价值系统，同样不是作为直接的感官材料所能感觉和给出令人信服的确指性概念的。一般情况下，系统有三大特征：一是系统的功能取决于系统的构成要素及其结构；二是系统与外部环境之间总要进行一定的物质、能量和信息等的交换；三是系统不是构成要素的简单相加，从功能上来讲，整体大于部分之和。

关于什么是“系统论”，贝塔朗菲认为：“系统论是个广泛的概念，它远远超出了技术问题和技术需要的范围，它是应一般科学，以及从物理、生物、行为科学、社会科学到哲学等学科的需要而对它们进行的重新定向。他已经在许多领域中取得了不同程度的成功和成果，并预示了影响最大的新的世界观。”[①] 从广义上来讲，系统论包括三个方面的内涵。第一个方面是作为系统科学的系统论是指，探索各种科学如物理学、生物学、心理学、社会科学等当中的“系统”的理论和科学。这时候系统论可以作为原理，用于对系统的分析。第二个方面的系统论是指系统技术，即现代技术和社会产生的问题，包括计算机、自动装置等硬件和相应的软件系统。第三个方面的系统论是指系统哲学，将“系统”作为一个新的科学范式引进以后，影响了人们思想和世界观的重新定向。系统哲学包括系统本体论、系统认识论、系统方法论和系统价值论等。

（3）物质世界的系统整体性

贝塔朗菲的系统论不断深化了人们对于世界的物质性原理的认识，发展了马克思主义的物质观。在贝塔朗菲看来，生物界是一个以系统形式存在的有机整体，而且不仅仅是生物学、物理学、化学、社会学、历史学等其他各种科学，从研究对象上来看，都具有系统整体性特征。也就是说宇宙界的一切事物，从最小的原子到宏大的河外星系，从无机界到有机界、从自然物质到人工合成物质、从人类社会到思维运动、从自然科学到社会

① 转引自[美]冯 · 贝塔朗菲. 一般系统论：基础 · 发展 · 应用[M]. 秋同，袁嘉新，译. 北京：清华大学出版社，1987：4.

科学，都自成系统。所以，世界没有无系统的物质，也没有独立于物质之外的系统。系统是整个物质世界和一切事物普遍具有的一种存在方式，是整个物质世界一切事物所具有的根本性质。系统论的提出揭示了物质世界的系统性和整体性、层次性和结构性。所以贝塔朗菲提出，科学的目标就是要发现不同层次上的组织原理。系统论表明物质世界的统一性直接表现为世界的系统整体性，同时物质世界的统一性是由物质、能量和信息的统一性来体现的。系统论在一定程度上丰富了马克思主义的运动观和时空观，阐述了自然界的一切物质都自成一种开放的系统，都与环境之间存在着物质、能量和信息的交换。在一定条件下自然界的复杂系统通过熵的变化，从无序运动到有序，从有序运动到无序，整个自然界都处在这种永不停息的运动之中。同时，系统论以要素、结构、层次、功能、有序、无序、整体等概念对物质世界存在的空间形式结构、空间的广延性等做了定量和定性的研究，深化了人们对物质空间的认识。可见，系统论从更深层面上揭示了世界的统一性在于它的物质性。

2. 系统的功能和要素构成

系统的功能是系统整体与它的外部环境相互作用的能力。功能是要素与结构的外在表现。系统环境是指存在系统之外的事物的总和，系统离不开环境，受到环境的制约。如下图 1-1 所示，系统与环境之间进行着物质、能量、信息的交换，系统的约束条件取决于环境。

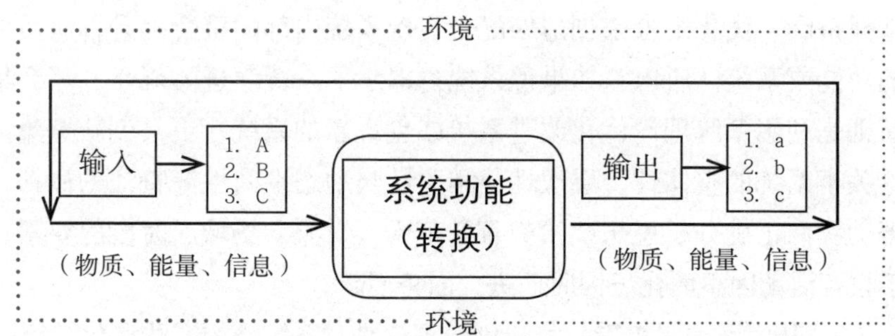

图1-1 系统整体与环境相互关系

系统的结构是指组成系统的各要素之间在数量上的比例和在时空上的联系方式，包括数量的多少、时序的先后、空间的排列、逻辑上的层次。

系统的结构具有稳定性、层次性、相对性、开放性特征，系统和结构的关系在于：结构是系统存在的基础、结构的变化会引起系统功能的变化，结构是系统和要素之间作用的纽带，系统的结构受系统本身的影响。系统的结构决定系统的功能，反过来讲，系统的功能受制于内部的结构，结构不同，功能可以相同，也可以不同。结构相同，功能有可能不同，也有可能相同。

系统的要素是指构成系统的基本组成部分或基本单元，或最小组成单元。要素通过相互作用决定系统的特征和功能。系统的整体功能大于组成系统的各部分功能之和，即通常所说的整体大于部分之和。系统的任何一个要素发生变化时，都会影响其他要素的发挥，同时影响系统的整体功能。

3. 系统论思想的启迪

（1）从生成逻辑来看，系统论是集成创新的理论源泉

20世纪七八十年代，贝塔朗菲提出的系统论在社会生活各个领域内被广泛使用，人们将系统论、协同论应用于管理创新领域，使集成创新有了自己的理论基础。同时，系统论所提供的系统思想与系统方法有助于我们正确认识思想政治教育系统的本质与功能。

（2）从构成逻辑上来看，系统论对集成创新提供了发展进路

系统论揭示了系统构成的层级结构、空间排列和时间序列以及构成元素与系统功能之间的函数关系，彰显了自然系统的整体性、层次性、相关性与动态平衡性特征。正是基于系统论所提供的思想脉络，集成创新理论以系统功能倍增和系统创新（质的改变）为出发点，期望通过系统全部要素选择搭配、优化组合来创造匹配，实现系统内部的整合提升，从而形成新的功能或系统。所以，如果说系统论揭示了系统演进的规律，那么集成创新则是利用系统理论优化改进系统或创设新的系统，更具创新意蕴。系统论关于系统的整体性、层次性、相关性与动态平衡性等特征的概括，能够帮助我们正确分析思想政治教育的范围、对象、场域、时段等要素，有助于教育活动因事而化、因时而进、因势而新。

（3）从实践逻辑来看，集成创新理论是对系统论的实践深化与拓展

系统论的产生是基于人们对生物有机体的观察与研究的实践过程，早在1924—1928年贝塔朗菲曾发表文章提出生物学中有机体的概念即“生物有机论”，这可以被视为贝塔朗菲系统论思想的萌芽。集成创新理论是基

于微电子计算机技术的发展，是在对人造系统要素的优化组合与结构设计的研究实践中形成的。所以，前者提供了分析框架，后者更强调功能与系统的创新再造。不论是系统论所倡导的系统有机论还是集成创新理论所强调的功能再造与系统重塑，都有助于思想政治教育系统内部各要素的正向作用和优化组合，对思想政治教育实现人的思想价值观念的再造与重塑具有重要的方法论意义。

（三）中国传统文化中的兼容并蓄思想

1. 兼容并蓄的哲学传统

中华民族具有悠久的历史，在上下五千年的历史长河中，创造了辉煌灿烂、博大精深、源远流长的精神文化。中国传统文化沉淀着中国人民自强不息的精神追求，代表着中华民族独特的精神风貌，为社会的生生不息、民族的伟大复兴、国家的繁荣富强提供了丰厚的滋养。今天依然是我们推进改革开放和社会主义现代化建设的强大精神力量。“兼容并蓄”是中国的优良传统，具有开放包容、平等共处、协调发展的文化基因与价值优势。自春秋战国时期以来，百花齐放、百家争鸣，各种思想不断涌现，彼此激荡。以孔子为代表的儒家思想家提出了“克己复礼”“泛爱众而亲仁”的思想，主张建立以“仁”为中心的“过犹不及”“和而不同”的“和”“合”社会，强调“君子和而不同，小人同而不和”（《论语》）的人际关系。秦汉以后，天下殊途同归，中国进入了封建“大一统”时期。秦人招兵买马、广纳贤才，曾“西取由余于戎，东得百里奚于宛，迎蹇叔于宋，求邳豹、公孙支于晋”（李斯·《谏逐客书》），终得富国强兵。王朝建立之后，“一法度衡石丈尺。车同轨。书同文字”（司马迁《史记·秦始皇本纪》）。汉代倡导礼法，德行并重。后历经三足鼎立，天下久分必合。魏晋南北朝时期，玄学风行、个性张扬，是一个思想解放、兼容并包的时代。此时，佛教开始在中国大面积传播，出现了儒、释、道三教合一的趋势。进入隋唐时期，社会开明、经济发达，在文化领域形成了一种多元文化格局。唐文化的兼容并包不仅仅表现在对待诸多外来文化，诸如京城长安的景教、羌笛、琵琶、胡舞等外来文化元素上，而且兼容并包是唐代文化发展繁荣的一个重要特征。自宋明理学开始，中国哲学思想逐步走向了保守与衰落。程朱理学吸收了历代儒学的思想精华，强调“理一分殊”，使中国儒家思想形成了更加严密的“形而上学”概念体系。1644年清军入关，开始了清王朝268年的统治，期间满汉文化交流融合，交互共生。自鸦片战争之后，西风东渐，国难当头。诸多仁人志士提出了“中学为体，西学为用”（张之洞《劝学篇·设学》）思想，魏源在《海国图志》中提出“师夷长技以制夷”。民国时期，蔡元培先生担任北京大学校长时，他倡导“思想自由、兼容并包”的办学方针，对北京大学的发展影响深远。综上所述，中国传统文化中的兼容并蓄思想经久不息、历久弥新，充分说明中华民族是一个不断学习进步、不断转化创新的海纳百川的民族。

2. 有容乃大的君子人格

“为人处世”之学是中国传统文化研究的重点。《周易》中讲：“天行健，君子以自强不息，地势坤，君子以厚德载物。”自强不息、厚德载物的思想，孕育着中华民族的宝贵精神品格，培育着中国人民的崇高价值追求，支撑着中华民族生生不息、薪火相传，使中华文明源远流长，绵延不绝。同时，“君子人格”是儒家思想所追求的为人处世的理想境界。“君子”一词在《论语》中属于高频词汇，一共出现了107次，君子人格伴随《论语》的流传而走入国人的心中。冯友兰曾说：“孔子一辈子思考的问题很广泛，其中最根本最突出的就是对如何做人的反思，就是为人的生存寻求精神上的‘安身立命之地’。”[①] 世界各个民族对个人优秀品格的追求如出一辙，如英国人塑造了风度翩翩的“绅士”形象，而中国儒家传统思想文化对君子人格的设定内容丰富而广泛，包括了容貌、德行、学问、才思、情趣等等。其中有容乃大是“谦谦君子”的优秀品格，就是指君子的为人处世要胸襟博大、宽厚仁慈，谦虚谨慎、和而不同，兼容并蓄、博采众长。子曰：“君子坦荡荡，小人长戚戚。”（《论语·述而》）就是说做人要像君子一样心胸宽广，视野开阔，从大处着眼，小处着手，而不能像小人一样，心胸狭窄、鼠目寸光、斤斤计较。子曰：“君子成人之美，不成人之恶。”（《论语·颜渊》）意思是作为君子，要帮助好人广做好事，不助纣为虐帮助坏人做坏事。“君子乐见万物生，而不乐见死。”（《庄子·至乐》）“小人乐闻君子之过，

① 冯友兰. 中国哲学史新编（第一册）[M]. 北京：人民出版社，1981.

君子耻闻小人之恶”。子曰:“君子泰而不骄,小人骄而不泰。”(《论语·子路》)是指君子为人处世，态度端正安详、面容舒展而泰然处之，即使是位高权重也不骄傲自满，相反小人往往会志得意满、骄矜傲慢、盛气凌人，很难做到平和坦荡。这些至今依然流传于中国人口头的君子格言，已经不同程度地成为中华儿女为人处世的生活信条，成为人们做人做事的价值判断和行为准则。它以习用而不察、日用而不觉的形式影响着我们认识问题的视野、思考问题的角度,规范着我们处理问题的方式,调整着我们与人相处的态度、作风和格调。如同血脉一样流淌在每一个中华儿女的身体里。

3. 兼济天下的家国情怀

儒家的“君子人格”重视自我的修身养性，但修身养性的目的是要正确处理个人与他人、个人与社会、个人与国家、个人与天下的关系。《礼记·大学》中讲：“古之欲明明德于天下者，先治其国；欲治其国者，先齐其家；欲齐其家者，先修其身；欲修其身者，先正其心；欲正其心者，先诚其意；欲诚其意者，先致其知；致知在格物。”因此，君子必须具备“兼济天下”的家国情怀，做到“穷则独善其身，达则兼济天下”。这种思想为历代文人学者所推崇。孔子曰：“君子喻于义，小人喻于利。”（《论语·里仁》）可见君子乐得其道，小人乐得其欲。在《孟子·梁惠王上》中提到“老吾老，以及人之老，幼吾幼，以及人之幼”，意思是要孝老爱亲、尊老爱幼，要推己及人，己所不欲，勿施于人。楚国诗人屈原在《离骚》中讲：“长太息以掩涕兮，哀民生之多艰”。倾诉了诗人对人民生活的关切，终因报国无门，秦军入楚，山河破碎，抱憾投江。唐代现实主义大诗人杜甫在《茅屋为秋风所破歌》中写下：“安得广厦千万间，大庇天下寒士俱欢颜”。在秋风起、茅屋破，何以安生难以成歌的境遇下，诗人触景生情，推己及人，憧憬广厦万间寒士欢颜。表达了希望变革“朱门酒肉臭，路有冻死骨”的黑暗现实之崇高理想，是诗圣忧国忧民爱国情感的自然流露。宋代范仲淹在《岳阳楼记》中：讲“先天下之忧而忧，后天下之乐而乐。”他将国家民族利益置于个人利益之上，将为国担忧、为民分愁放在个人安乐之前，表现出诗人远大的政治抱负和广阔的世界情怀。国家兴衰、民族存亡与每一个人的生计息息相关，面对“国破山河在，城春草木深”的凄凉境况，顾炎武在《日知录》中发出了“天下兴亡，匹夫有责”的慨叹。孙中山先生则提出“大道之行也，天下为公”，希望以资产阶级的民主共和替代封建皇帝以国为家、家国一体的专制统治。凡此等等，都是“兼济天下”的家国情怀的具体体现。

4. 兼容并蓄思想的启示

中国传统文化中的兼容并蓄思想，不仅是一种谦虚谨慎、虚心做人的精神理念，还是一种充满智慧的为人处世方法。在漫长的历史进程当中，兼容并蓄、海纳百川的精神，作为中国士大夫阶层所秉持的价值观和方法论，始终激励着人们不断学习他人的长处，转化成为自己的东西，并形成本民族的特色。这是中华文明的一大特征，为思想政治教育集成创新提供了文化滋养。

（1）读书治学做人中的虚怀若谷

教育是一种信息的传递，文化知识的传承活动。受教育者只有“知之为知之，不知为不知”（《论语·为政》），怀有对未知知识的热烈渴望和浓厚兴趣，才能把对知识的追求变成愉悦的事情。正如毛泽东同志在党的八大开幕词中所说：“虚心使人进步，骄傲使人落后，我们应当永远记住这个真理。”[①]做人犹如治学，牟宗三先生曾讲“为人不易，为学实难”，“无论为人或为学同是要拿出我们的真实生命才能够有点真实结果”[②]。谦虚是一种美德，思想政治教育从根本上来讲是“做人的工作”。2019年3月18日习近平总书记主持召开学校思想政治理论课教师座谈会并发表重要讲话，指出“思政课教师，要给学生心灵埋下真善美的种子，引导学生扣好人生第一粒扣子”[③]。教会青年人懂得谦虚比什么都重要，一定要培养他们谦虚的品格。

（2）教学方法兼容中的综合运用

教学方法关系到教学效果的好坏与教学工作的成败。中国传统文化中的兼容并蓄思想，体现在教学方法的使用上，就是要综合分析多种教学方法各自的优势与不足，并结合教学内容和教学对象的特点进行融合使用，以提高教学的整体性效果。近年来，思政课教学方法早已突破了简单的灌

① 中共中央文献研究室编. 毛泽东文集（第七卷）[M]. 北京：人民出版社，1999：117.

② 牟宗三. 为学与为人 [J]. 中国大学教学，2003（01）：44.

③ 习近平. 论党的宣传思想工作 [M]. 北京：中央文献出版社，2020：379.

输式教学呈现出方法多样化的态势，尤其是现代化教学方法与手段层出不穷，如慕课（MOOC）、“微课”“翻转课堂”“对分课堂”“雨课堂”“易班课堂”“云课堂”“壹课堂”“蚂蚁课堂”等等。相较于这些方法，传统教学方法有：“讲授法”“案例教学法”“互动式教学法”“讨论式教学法”“情景体验教学法”“探究式教学法”“问题式教学法”等。不论是传统教学方法还是现代化教学方法，各有优缺点，传统方法重视系统性的知识传授，现代化教学方法注重受教育者的积极参与。单个方法的使用，存在很大的局限，因此，好的教学绝不能“一个方法打天下”，要注重方法的合理选择与综合使用，尤其要把传统教学方法与现代化教学方法融合起来。

（3）教学内容兼容中的博采众长

中国优秀传统文化是中华民族共同的精神家园，具有世界文化意义，是人类宝贵的精神财富。因此，要在去粗取精、去伪存真的基础上，坚持古为今用、洋为中用、百花齐放、推陈出新，努力实现中华优秀传统文化的创造性转化、创新性发展。弘扬和传承中华优秀传统文化，主要在于入心入脑，要内化为我们每个人的日常言行。这要求我们从教育抓起，发挥课堂教学主渠道作用，在教学、研究体系中坚守中华民族的文化基因和精神命脉。所以，中华优秀传统文化理所当然是思想政治教育的主要内容。我们既要克服对待传统文化上的全盘否定，又要克服对待传统文化上的食古不化，要从传统文化当中汲取营养和力量，传承精神价值，激发爱国热情，弘扬以爱国主义为核心的民族精神和以改革创新为核心的时代精神。兼容并蓄精神是中华民族优秀传统文化的重要组成部分。只有做到兼容并蓄，才能实现博采众长。从辩证逻辑来看，兼容并蓄是量的积累过程，博采众长是质的飞跃阶段，只有博览群书、兼容并蓄，才能吐故纳新、博采众长、成一家之言。因此，兼容并蓄思想不仅丰富了思想政治教育的内容，而且在方法论上具有启迪作用。

（4）教学理念兼容中的有教无类

儒家思想的创始人孔子，开坛讲学、广收门徒。据传有“弟子三千，贤人七十二人”，是我国伟大的教育家。孔子的教育思想，以“仁、义、礼、智、信”为核心，具有丰富的思想内涵。在《论语·卫灵公》中，子曰：“有教无类。”按照当前绝大多数学者的观点，“有教无类”是指不论贫富贵贱、不论地域界线、不论智愚善恶都有平等地接受教育的权利。但是也有学者认为，“有教无类”另有它意，是指“有教无聩”，意思是“如果对民众进行以仁义为核心的军事教育，就不会上下离心离德，导致国家覆亡”。[①] 遵从绝大多数人的理解，孔子“有教无类”的教育思想体现了教育公平的理念，对后世产生了举足轻重的影响。一方面，在教育对象上“有教无类”，北宋大学士汪洙在《神童诗》中写道：“天下中英豪，文章教尔曹，万般皆下品，惟有读书高。朝为田舍郎，暮登天子堂。将相本无种，男儿当自强。”强调读书的重要作用，把读书视为人生的最高价值，鼓励每一个人都应该读书，只是由于在封建社会广大劳动群众根本没有接受教育的经济条件和权利。另一方面，在教育内容上“有教”“无类”，普遍重视思想品德和伦理教育，主要教授六经(《诗》《书》《礼》《乐》《易》《春秋》)和六艺(礼、乐、射、御、书、数)。同时，在教育方法上主张言传身教，《论语·子路》中讲“其身正，不令而行；其身不正，虽令不行”。由此可见，教育对象的一视同仁、教育内容上注重思想品质教育、教育方法上强调言传身教，这些教育理念，在今天对我们开展思想政治教育仍然具有重要的借鉴价值。

第三节　高校思想政治教育融合机制存在的不足

近年来，我国高校思想政治教育活动取得了很多可喜的成绩，不论是制度建设还是教学内容和教学方法都取得了很明显的进步。我们在肯定高校思想政治教育活动取得的成绩的同时，依旧要认清目前存在的一些问题，并且采取适当的措施进行改进，从而促进我国教育事业的发展。我们在构建高校思想政治教育融合机制的过程中，还存在着一些不协同的现象。比如，主体间的不协同、主客体之间的不协同、主客体和环体之间的不协同等等。

① 章小谦. 孔子“有教无类”思想新探 [J]. 大学教育科学，2019(04)：19.

一、主体间的不协同

高校思想政治教育的主体是高校思想政治教育的组织者和实施者，其决定着高校思想政治教育活动的主旋律。当下，高校思想政治教育在教育活动实践中依旧存在各个主体之间信息不对等、沟通不畅的问题。

（一）思政课教师和专业课教师之间沟通不畅

随着时代的发展及国家对培养人才的需求不断提高，高校各个课程之间的联系日益紧密，沟通也不断加强，但是由于高校思想政治教育理论课和专业课本身的属性和特质，彼此之间有时会存在一些信息不对等的情况。这样，既不利于高校各学科之间的交流与合作，也不利于高校学生社会主义核心价值观的培养以及社会主义价值理念的继承和发扬。众所周知，在技术领域走在世界前列的西方一直将德育课程作为高校教育的重要内容，甚至通过宗教辅助完成高校的教学活动。

我国高校思想政治教育的目标是要培养全面发展的人，加强高校学生人文素质的培养，提升高校学生整体的思想水平，是现阶段党和国家根据社会发展的实际情况所做出的重要教育举措。目前我国各大高校所有学生的课程安排中均有思想政治教育类课程，但是很多理工科专业缺少人文社科类课程的设置，长此以往，容易形成高校学生偏科的现象，影响校园文化的建设。不管是对高校还是高校学生来说，文化都是其赖以生存和发展的基础，高校思想政治教育的建设与高校学生对于中华优秀传统文化的认可和传承是相辅相成密不可分的。高等教育必须以培养社会发展引领者作为自己的角色定位，只有这样才能保证高校功能的发挥。

目前我国高校的思想政治教育的组织者和实施者主要由校党委和思政课教师组成。高校思想政治教育活动，顾名思义，就是以高校学生为对象而开展的思想政治教育活动，使得高校学生的思想理念等与党和国家的发展要求相一致，实现人的自由和全面发展，这与人文素质教育有异曲同工之妙。人文素质教育通过向高校学生传授“人之所以为人之道”来促进高校学生内在思想品质的提高，因此从本质上来说，人文素质教育是包含在高校思想政治教育之中的，而且是其重要的组成部分。高校人文素质教育为思想政治教育奠定了基础，思想政治教育又为人文素质教育提供了价值的引导。

（二）学校相关职能部门、学生工作者与思政课教师之间缺少有效协同

我国高校辅导员制度要求辅导员应该对我国高校学生的心理状况、政治素养、思想理念的发展有一个全方位的把控。但是，目前我国高校辅导员把精力更多地放在了行使行政职责上，对于学生的思想发展状况了解地不够全面和深入。根据调查问卷结果显示，我国部分高校辅导员对思政课的上课情况了解得较少，以至于辅导员教师和高校思想政治理论课教师之间缺乏足够的交流，教育主体之间的沟通不畅，直接影响了高校思想政治教育的效果。

校党委作为我国高校最主要的领导，其对政策的制定必须建立在对高校思想政治教育活动的充分了解之上。这里有两方面的原因：一方面，实践是检验真理的唯一标准，校党委的教育方针只有从学生的反馈中才能得知其科学性并不断完善；另一方面，校党委和辅导员只有真正走进课堂，切实了解当下高校思想政治理论课推进的难点，了解受教育者的所思所想，才能更好地为我国培养社会主义的合格建设者和接班人服务。

校团委作为我国高校思想政治教育的基层组织，由于其组成成员大多是高校学生，工作中所体现出来的协调能力尚有待加强。目前高校校团委的工作安排存在与高校思政课相冲突的情况。比如，校团委有时在不和高校思政课教师沟通的情况下，占用课堂时间将学生拉走去开展社团工作，给高校思政课的教学开展带来了很多不好的影响。高校学生参加校团委、社团等学校组织，对学生的综合素质的发展是大有裨益的，但是不能影响正常的课堂教学，高校学生始终应该以学术研究为主。校团委、相关社团的活动时间应该与学生的上课时间相配合和协调，同时应该与高校思政课教师保持沟通和交流，科学利用高校思想政治教育理论指导其实践活动。

二、主客体之间的不协同

高校思想政治教育活动主体作为思想政治教育的组织者和实施者，其与客体之间的不协同主要表现为课堂内外过分强调了高校教师作为施教者

的主导作用，从而导致作为高校思想政治教育活动主体之一的学生主动性不足。

（一）主体和客体之间角色定位的不协同

长久以来，我国高校思想政治教育根深蒂固的“以教育者为中心”的教育思想，加上应试教育的基本国情，虽然绝大部分高校的领导者意识到了时代的改变，以及当下的教育现状不能满足广大受教育者的需求，但是由于牵涉面较广、涉及的范围较大，我国高等教育体制及办学理念的改革必然是循序渐进的。如前所述，现行的教育制度对高校思想政治教育主体和客体的相关特点和功能虽有明确的定位，且我国高校近几年一直在进行教学改革，但是从目前的教育现状来看，“以教育者为中心”的教育现状仍未得到明显改善。

高校思想政治教育本质上来说是一种思想引导活动，因此，其应该从受教育者的思想现状出发，缩小受教育者的思想和国家倡导的意识形态之间的差距，而不是从旧的、已经不适合当下社会发展需要的教学制度或者教育者单方面的要求出发。我国高校在开展思想政治教育过程中，必须关注当下教育客体的主体性特征，教育者和受教育者之间必须及时沟通，不断根据政策要求调整、改变思想政治教育的内容和方法。

（二）教师与学生未能形成有效协同

1990 年至今，由于国家发展和提升整体国民科学文化素养的需要，我国高校一直实行扩招政策。虽然此项政策的实施将对我国经济产生长远、积极的影响，但是，高校教师的数量和质量以及高校的基础设施却没有和高校学生人数保持同速增长，师资力量甚至严重滞后于学生数量的增长——教师人数较少和学生人数较多之间的矛盾必然导致高校教学质量的下降。

一直以来，我国高校十分注重专业课的建设，对于以思想政治教育为主的思政课重视程度不够，资源的分配也很少向思想政治教育相关学科倾斜，导致高校从上而下难以形成对思政课的正确认知。教育本身就是社会历史的产物，其教育内容和课程的设置均会受到当时生产力水平的影响，即主要考虑当时的社会制度、社会的整体文化水平以及可以应用到现实社会中的程度这三个方面。例如，新中国成立后，为了适应当时国家生产力发展的需要，国家创办了多所高校，其中大多是理工类院校，学界也提出了“学好数理化、走遍天下都不怕”的口号，导致很长一段时间内，高校思想政治教育类课程及人文社科类课程没有得到足够的重视。

近年来我国高校都在积极实施课程改革，不断地扩大对思想政治教育类及人文社科类课程的投入。党的十八大以来，习近平总书记多次强调思政课程和人文类课程的重要性，但是这种课程观念和教学资源的调整仍然需要一段时间的过渡，因为，我国目前仍然处于改革开放的重要时期，社会整体的发展方式以及各行各业都面临着转型，仍然需要大量的专业人才，绝大部分高校对思想政治教育类课程的重视程度相对于理工类、专业性课程而言仍然有一定的差距。

三、主客体与环体之间的不协同

高校思想政治教育主体、客体与环体之间的不协同主要表现为三者之间未能形成合力。

（一）高校与学生家庭未能形成合力

只要一谈到教育，我们都会习惯性地将其等同于学校教育，夸大学校教育对一个人成长的作用，忽视家庭教育对孩子成长的影响。社会对如何创建一个良好的家庭教育环境关注度普遍不高且研究尚浅。在进入大学之前，学生学习和生活的环境相对封闭，家长和学校之间的交流虽然较多，但是成绩永远是家长关注的焦点，甚至是唯一关注点。进入大学后，由于我国高校目前尚未建立成熟的沟通平台和沟通机制，且家长放松了对孩子的关注，与专业课教师、思政课教师联系得较少，只提供经济支持却忽视了对学生学业、“三观”、心理等方面的关注。可以说，我国大部分家庭普遍存在“精神追求不足”的现象，很多家长只追求给孩子提供丰厚的物质条件而忽视了对孩子精神生活的塑造；每天高负荷地工作，挤占了和孩子相处的时间，将孩子的教育全权委托给学校和辅导班；很少会腾出时间陪伴孩子参加社会公益活动、志愿者活动等，忽视了对孩子的感恩教育和礼仪常识的培养。另外，部分高校思想政治教育主体长期以来只是关注单一的教学工作，缺少对家庭教育功能的足够重视，导致了思想政治教育过

程中家庭和学校的教育不协同现象。

（二）高校与社会未能形成合力

高校传统的教学方式和培养方式已经不能适应社会的发展形势，不仅造成了大学生的个人成长和社会进步存在一定的差距，产生认知上的局限，还降低了课堂教学的活力。只有理论和实践相结合，内化于心、外化于行，才能激发学生学习的兴趣，才能引导学生主动思考社会发展需要什么样的人、如何更好地为社会主义现代化建设贡献自己的力量。

现阶段，部分企业反映大学生在入职之后不能很好地完成从学生到社会人的转化，此类现象的出现与大学生对社会的认知尚浅、高校与社会未能形成育人的合力有着极大关系。目前，我国高校学生每年有将近三分之一的课程任务是需要在校外完成的，因此，社会环境的作用是不容忽视的。如果可以利用高校的资源，将行业杰出领袖请到课堂，分享行业最新的观点和最前卫的研究方法，分享自己的奋斗历程，定能给大学生以极大鼓舞。

第四节　高校思想政治教育主渠道——思政课的建设性与批判性探析

一、“坚持建设性和批判性相统一”[①]的解读

（一）“坚持建设性和批判性相统一”的内涵

“坚持建设性和批判性相统一”，就是一方面要全面发挥思政课的主渠道作用，唱响主旋律、弘扬正能量，传导主流意识形态；另一方面，又要继承马克思主义理论的批判性传统，将马克思主义的基本立场、观点方法贯穿教学科研的全过程，做好理论斗争、舆论斗争，旗帜鲜明地批判错误观点和思潮，引导青年学生正确评价社会现象。简单地说，坚持建设性

① 习近平. 习近平谈治国理政（第二卷）[M]：北京：外文出版社，2020：331.

和批判性相统一，就是要求教师在思政课上要以马克思主义理论为指导思想，传播社会主义核心价值观，直面社会上各种错误的观点和思潮，目的在于培养和提高学生明辨是非的能力，做社会主义的合格建设者和可靠接班人。这种能力非常重要，有时甚至超越了其他一切能力，因为它直接关系到大学生能否真正树立正确的世界观、人生观和价值观和成长成才。

（二）高校思政课坚持建设性与批判性相统一的必然性

高校思政课是一门主要涉及意识形态领域的课程，坚持以马克思主义为指导，这是毋庸置疑的。作为揭示了人类社会发展普遍真理的马克思主义，在其世界观和方法论中唯物辩证法是其核心内容，所以，高校思政课要坚持做到建设性与批判性相统一是必然的。马克思主义认为："任何事物都是矛盾着而存在和发展"①，譬如有新事物，就有旧事物；有对的，就有错的；有先进的，就有落后的，等等。高校思政课的教学目的就在于以马克思主义为指导，培养社会主义建设者和接班人，而不是其他建设者，更不是掘墓人。要帮助大学生树立与社会主义制度相适应的正确的世界观、人生观、价值观。要树立正确的，当然离不开批判和抵制错误的。如果思政课只讲什么是真善美以及如何做到真善美，而忽视现实生活中除了真善美这之外，还存在假恶丑，不能旗帜鲜明地指出什么是假恶丑，进而抵制和批判假恶丑，那么，理论就会变得空洞化，不能以理服人，更谈不上使大学生内化于心、外化于行。

二、高校思政课如何做到建设性和批判性相统一

习近平强调："办好思政课关键在教师，关键在发挥教师的积极性、主动性、创造性"②，同时提出了"八个统一"，其中"坚持建设性和批判性相统一"的目的就在于培养和提高大学生明辨是非的能力，使其成为真正的社会主义建设者和接班人，而不是掘墓人。对于高校思政课教师来说，高校思政课如何做到建设性和批判性相统一，可以从以下几个方面努力。

① 马克思主义基本原理概论 [M]. 北京：高等教育出版社，2018：38.

② 习近平主持召开学校思想政治理论课教师座谈会强调：用新时代中国特色社会主义思想铸魂育人 贯彻党的教育方针落实立德树人根本任务 [N]. 人民日报，2019-03-19.

首先，“握牢剑”。这里的“剑”是指马克思主义理论。高校思政课教师必须用马克思主义理论改造自己的主观世界，把自己打造成为真正的马克思主义者。这是由我国的教育性质、教育目的和教育方针所决定的，否则，一个假马克思主义者、不信仰马克思主义的思政课教师是不可能真正完成教学任务和目标的。这也是近年来各高校在引进或招聘思政课教师时，要求其必须是党员的原因所在。

高校思政课教师如何“握牢剑”呢？可从以下几个方面下功夫：一是要不断提升自身的思想道德修养，做到言传身教，否则，就是思想的巨人，行动的矮子，思想与行为“两张皮”，缺乏说服力，这也是最起码的要求。二是认真研读高校思政课的每一门教材。目前高校针对本科生主要开设了四门思政课，而在教学中教师由于时间和精力有限，一般主要承担其中的一门或两门课程的教学任务。优势在于：教师会精通所教的一门或两门思政课程，而缺点则是不能很好地从整体上把握四门课程的内在联系，更不能很好地从整体上把握所授课程的理论深度和难度。所以，教师可以在研读教材的基础上，把其中一门或两门思政课程打造成自己的精品课程，做到通百艺、专一长。三是学习马克思主义的经典著作，追根溯源，做到真读、真懂、真信马克思主义，真正践行马克思主义。总之，要把马克思主义理论内化于心、外化于行，才算牢牢握住了“剑”。

其次，“敢亮剑”。马克思主义是关于全世界无产阶级和全人类彻底解放的学说，具有鲜明的科学性、革命性、实践性、人民性和发展性。在现代社会，随着移动互联网和计算机技术的发展，大学生获得信息的渠道越来越便捷——一机在手，便知天下事。但任何事物都具有两面性，在大学生便捷地从手机中获得信息和活跃其思想的同时，由于信息来源鱼龙混杂，各种思潮涌现，在这样的情境下，特别是我国社会正处在深刻变革的过程中，处于“拔节孕穗期”的大学生若没有得到正确的引导，其后果将不堪设想。当然，处于新时代的高校思政课教学在面临诸多挑战的同时，也面临许多机遇。比如，与以往相比，国家更加重视意识形态领域工作的领导权；政府、社会、学校高度重视思想政治教育；社会舆论导向愈发风清气朗；网络生态愈发良好，等等。在面临机遇与挑战的新时代背景下，高校思政课教师除了“握牢剑”，还要“敢亮剑”。“亮剑”其实质就是习近平总书记所强调的，在教学中要把一些道理讲明白、讲清楚。“敢亮剑”当中的“敢”，需要勇气，需要智慧，需要有扎实的理论功底，否则就是“假把式”“花架子”。所以，高校思政课教师在“握牢剑”的基础上，建议从以下几个方面努力做到“敢亮剑”。

第一，要“敢”——要敢于旗帜鲜明地摆明政治立场和态度，做到“四个服务”（即为人民服务，为中国共产党治国理政服务，为巩固和发展中国特色社会主义制度服务，为改革开放和社会主义现代化建设服务[①]），要敢于直面抵制和批判错误的观点和思潮。也就是说，在教学中高校思政课教师应该直截了当地、毫不避讳地摆明态度，强调这是政治课，旗帜鲜明地讲政治性、阶级性；要强调马克思主义的基本立场是以无产阶级和全人类解放为己任的，用生产力决定生产关系、经济基础决定上层建筑的基本原理来分析我国国情，分析阶级性与人民性之间的关系，做到把理论讲深、讲透，并结合实际特别是党的十八大以来所取得的辉煌成就，讲出理论上的自信。比如在当下，个别大学生一听是政治课，便立马回应三个字——“洗脑课”。教师应该正面回应这一点，旗帜鲜明、毫不含糊地运用手中的这把“剑”——马克思主义理论的科学性、革命性、人民性来把这个问题讲清楚，并且分析大学阶段的政治课与中小学政治课的区别和联系，从而端正大学生的学习态度，激发和培养大学生对思政课的兴趣，使其对中国特色社会主义伟大事业充满信心，树立崇高理想，愿意为之而努力奋斗。再譬如，面对网络上和社会现实中的各种错误观点和思潮，如抨击伟人，否定伟人，从而否定我国的革命、建设等现象的历史虚无主义，我们应大胆批判，指出其实质及其危害，等等。总之，要“敢”，这是“敢亮剑”的第一步。

第二，要“亮”——在教学中讲好“理”，做到以理服人。在这里特别要注意的是，高校思政课教师所讲的“理”，与其他课程不同，这里的“理”是建立在马克思主义理论基础之上，为无产阶级服务，为社会主义服务，具有明显的阶级性和人民性。一个合格的思政课教师应始终牢记这一点，并在此基础上讲好每一堂思政课。如何讲好理呢？学者方小年和方圆认为，一要精确地讲清楚理论的基本概念；二要讲清楚理论的基本观点；三要讲

① 习近平. 习近平谈治国理政（第二卷）[M]. 北京：外文出版社，2017：376.

清楚理论间的逻辑联系。[①]比如，在讲《毛泽东思想和中国特色社会主义理论体系概论》的“改革开放”这一章节时，教师要跟学生讲清楚什么是社会主义革命，什么是社会主义改革，以及他们之间内在的逻辑关系。可以设问：在1956年“三大改”造完成时，国民经济中公有制比例与现在相比，哪个高？为什么会这样？大家是否觉得“三大改造”多此一举？那又为什么不是多此一举？他们之间的联系与区别在哪里？等等，用层层递进的问题来启发学生进行思考和讨论。最后，教师可以从革命与改革的基本概念出发，分析它们之间的联系与区别等，深入浅出，抽丝剥茧，解除学生心中的困惑，在教学中讲好“理”。总之，要讲好“理”，必须结合实际，具有针对性，才能把道理给学生讲清楚。理越辩越明，只有把道理讲清楚了，学生才能“沿着求真理、悟道理、明事理的方向前进”[②]。

最后，“善舞剑”。高校思政课教师除了“握牢剑”“敢亮剑”之外，还要“善舞剑”，也就是通过运用有效的教学手段和方式方法，让思想政治理论入大学生的头脑。思政课实效性不高，原因可能是“‘包装’不那么时尚”。马克思主义认为，任何事物都存在两面性，我们可以而且必须因势利导，化消极因素为积极因素。第一，在思政课堂上教师可采取灵活多样的方法和学生喜闻乐见的形式，传播社会主义核心价值观，直面各种错误观点和思潮。比如利用先进的教学软件来进行课堂教学——使用“学习通”“课堂派”等App，用手机进行学习。在“学习通”中，教师设置一个问题，学生可以通过自己的手机各抒己见，教师和学生可以在投影仪上看到各自的观点，这也很适合当下高校思政课的大班教学，使每一位学生都能积极参与到课堂中来；教师还可以进行教学管理，布置课后作业，进行网上考试，实现师生交流，等等。这种上课方式顺应了新时代的发展，“包装”时尚，也大大提高了思政课的实效性。第二，教师还可以合理利用新媒体，通过创新授课形式，精彩地“舞剑”。比如北京大学开设了思政课堂进MOOC（慕课），邀请知名专家及学生喜爱的老师担任主讲人，深受师生们的喜爱，很多高校的思政课教师通过举办图片展览、带领学生

① 方小年，方圆．用讲道理上好高校思政课[N]．湖南日报，2019-04-06．

② 习近平主持召开学校思想政治理论课教师座谈会强调：用新时代中国特色社会主义思想铸魂育人 贯彻党的教育方针落实立德树人根本任务[N]．人民日报，2019-03-19．

参观红色旅游景点等形式让思政课教学不再拘泥于课堂；西华大学的教师甚至将思政课搬上舞台，用精彩的表演熏陶着每一位观众，师生们共同接受思想的洗礼。

"握牢剑""敢亮剑""舞好剑"三者有机统一，密切联系。其中"握牢剑"是前提，只有"握牢剑"，才能"敢亮剑"，才能"舞好剑"；只有"敢亮剑"，才能"舞好剑"，才能实现"握牢剑"的最终目的——为社会主义培养合格的建设者和可靠接班人。

第二章　思想政治教育者与教育对象的融合

思想政治教育者与教育对象的融合能在一定程度上提升高校思想政治教育质量，有利于实现高校思想政治教育的有效性。本章对思想政治教育者与教育对象的融合问题进行了具体分析与探讨。

第一节　思想政治教育者

一、思想政治教育者的概念与特征

（一）思想政治教育者的概念

笔者认为，思想政治教育者是指依据一定社会或阶级的要求，对教育对象的思想品德施加影响的组织或个人，包含两类。一类是指进行思想政治教育的机构或者群体组织，即承担、发动、组织、实施思想政治教育活动的各种组织、团体、机构，等等。群体组织又可分为正式组织和非正式组织，其构成又有两种情况：一种是经过一定的组织程序正式批准成立，具有严密组织结构和明确的思想政治教育职能的组织、团体和机构，如政党组织、工会、妇联、共青团等群众组织及其他各种行业协会；一种主要是根据兴趣、爱好、情感等有领导但自愿组合成立而又在一定程度上履行思想政治教育职能的群体组织，如学校的学生社团、工厂、农村、街道的各种兴趣小组，各种业余文艺、体育团体及其他各种非正式群体等。这两种群体组织在思想政治教育活动中起着重要的互补作用，前者在开展思想政治教育时具有主导性、权威性和系统性，后者在进行思想政治教育时往往具有情感性、渗透性和多样性。因此，思想政治教育的开展既要充分发挥正式组织的思想政治教育功能，还要发挥比较松散的群体组织的思想政治教育功能。另一类思想政治教育者是指从事思想政治教育的人员，主要是指承担、发动、组织、实施思想政治教育活动的个人，如政工干部、宣传工作者、教师、家长等。

（二）思想政治教育者的特征

高校思想政治教育者具有以下基本特征。

1. 主体性

思想政治教育者的主体性，表现为思想政治教育者在思想政治教育过程中的主动性、主导性、创造性、前瞻性等属性，即主体能动性。其中，主动性是指能积极主动地进行思想政治教育，主导性是指在思想政治教育过程中始终起主导和支配作用，创造性是指在思想政治教育中勇于探索、开拓创新，具有创新精神和创新能力，前瞻性是指思想政治教育既要立足于现实，从教育对象现实的思想道德状况出发，又要放眼未来，引导教育对象养成与社会未来发展需要相应的思想道德素质。

主体性是思想政治教育者最根本的特点。思想政治教育者如果不具备主体性，即使身为教育者，也不能很好地履行组织、发动、实施思想政治教育的职能，在思想政治教育中发挥主导作用。思想政治教育者只有具备了主体性，切实履行了思想政治教育职能，才能真正成为名副其实的思想政治教育主体。作为思想政治教育主体的教育者，其主体能动性的强弱决定着思想政治教育作用发挥的程度，决定着思想政治教育的有效性。因此，具有主体性是思想政治教育者的必备条件，不断增强主体性是发挥思想政治教育者主体作用的必要条件。

2. 阶级性

思想政治教育与阶级和国家相伴而生，属于上层建筑，是为一定阶级服务的，具有强烈的阶级性。作为从事思想政治教育工作的教育者不可避免地要服务于一定的阶级（主要是统治阶级），使自身具有阶级性，因为统治阶级的思想在每一时代都是占统治地位的。这就是说，一个阶级是社会上占统治地位的物质力量，同时也是社会上占统治地位的精神力量。因此。

既然他们作为一个阶级进行统治，并且决定着某一时代的整个面貌，那么不言而喻，他们在这个历史时代的一切领域中也会这样做。他们还作为思维着的人，作为思想者和生产者进行统治，调节着自己时代的思想生产和分配。统治阶级要维护和巩固本阶级的统治地位而对社会成员进行特定的思想政治教育，不仅是必要的，也是必需的，因此。思想政治教育始终是为一定阶级服务的，是统治阶级维护和巩固自己统治地位的工具。思想政治教育者作为思想政治教育的领导者、决策者、组织者、发动者和实施者，最终只能由统治阶级规定其属性，成为特定阶级（主要指统治阶级）的代言人，因此，他们身上体现出了鲜明的阶级性。

3. 超前性

超前性是指思想政治教育者通过对社会发展的预测，开展超前的思想政治教育。社会的不断发展必然要求人的行为要跟上时代步伐，而这就要求其思想必须要有一定的超前性。思想政治教育者不仅是现实世界的教育者，而且还能通过超前性的思想政治教育，引导教育对象不断更新观念，不断提高其思想政治素质，不断走在时代的前列。

4. 客体性

思想政治教育者理所当然地具有主体性，与前面提到的主导性、超前性等一样，而现实的思想政治教育者在特定的条件下，还具有对象性、客体的特征。

一方面，思想政治教育者及其教育活动被教育对象所审视。思想政治教育不是思想政治教育者单向认识教育对象的活动，也不是单向改造教育对象的过程，而是思想政治教育者和教育对象作为主客体双向互动的过程。作为具有自觉能动性的教育对象必然会直接或间接关注、审视思想政治教育者的言行乃至思想，并对教育者施加影响，等等。这就使思想政治教育者在一定条件下，成为教育对象的客体，成为教育对象的审视对象。

另一方面，思想政治教育者是自我教育的对象。在思想政治教育活动中，当教育者把自我作为认识、塑造和完善的对象时，其同时也把自我二重化为“主体的我”和“客体的我”。“主体的我”是在教育活动中居支配地位，能够内化思想政治教育的客观要求，能够对教育者客体进行能动的认识、塑造和完善的“我”。“客体的我”则是与教育者主体相互作用，有待于教育者主体能动地认识、塑造和完善的“我”。正因为“客体的我”的存在，才使得思想政治教育者又具有客体的属性，具有客观实在性、对象性等特点。思想政治教育者通过检查和反省从而把自己当作客体来对待，这有助于思想政治教育者自身素质和能力的提升，有助于进一步塑造和完善自己的主体活动。

二、思想政治教育者的主体意识与主体素质

具体而言，作为有效的施教主体——思想政治教育者应该具备相应的主体意识和主体素质。

（一）主体意识

1. 主体意识

主体意识是思想政治教育者关于自身的自觉和明晰的认识，它包括思想政治教育者对于自身在整个思想政治教育活动中所具有的主体地位、主导性作用和所担负的具体使命，以及自身主体性活动对于社会、对于自己的教育对象所具有的全面而深刻的认知。强烈的主体意识，是思想政治教育者自觉地以主体身份与责任意识开展思想政治教育活动的重要驱动力，是推动思想政治教育者由应当的施教主体向实际的施教主体转化的重要条件。人作为社会的应当的和可能的主体要转化为现实的和实际的主体，需要一个重要的条件，即主体人的自我意识，也就是说，人在社会历史活动中主体地位的实际确立和有效实现，是以人对自身在社会历史过程中的地位、职责、使命和任务及实现途径等方面具有足够清醒的自觉意识为前提的。思想政治教育活动亦然。强烈的主体意识为思想政治教育者根据自身所开展的思想政治教育活动的实际体验，自觉对照有效开展思想政治教育活动所要求的思想政治教育者的应然素质，检讨并不断增强自己具备的实然素质提供了强大的动力。因而，强烈的主体意识的存在，使思想政治教育者主体素质的不断提高获得了重要的驱动力，为思想政治教育者适应不断变化的环境，针对不断变换的教育对象及教育对象不断变化的思想而开展有效的教育活动，提供了内在的基础。

（二）主体素质

主体素质，即作为施教活动主体的思想政治教育者为有效实现自己担负的主体性功能所具备的一系列条件的总和。如果说主体意识是思想政治教育者由应当的施教主体转化为实际的施教主体的重要驱动力，那么，主体素质则是思想政治教育者由应当的施教主体转化为实际的施教主体的内在根据，它为思想政治教育者实现自己所担负的主体功能提供了可能性基础。思想政治教育者的主体素质包括政治素质、人格素质、理论素质和能力素质等四个方面。

1. 政治素质

思想政治教育是有着鲜明政治特性的教育活动，在任何国家，不论以怎样的称谓来表示思想政治教育这种客观存在的教育活动，都无法抹杀它的政治色彩——它总是围绕着特定的政治目标而展开，为特定的政治利益而服务。这种政治指向性可以通过国家对教育内容的选定体现出来。这种政治指向性得以具体贯彻的关键并不是思想政治教育活动中的其他要素，只能是通过作为思想政治教育施教主体的教育者加以实现。思想政治教育者要想体现其在思想政治教育特定政治指向中的这种关键性地位，就必须要具备过硬的政治素质。此外，思想政治教育内容作为由多方面教育内容构成的综合体，又是以政治教育为核心的。政治教育作为思想政治教育的重要内容和其在整个思想政治教育内容体系中的核心性，也同样要求思想政治教育者具有过硬的政治素质，否则政治教育的任务便无法有效完成。

思想政治教育者的政治素质包括正确的政治方向和政治观点、坚定的政治立场、高度的政治责任感、政治纪律性、政治鉴别力和政治敏锐性等多个方面。正确的政治方向和政治观点、坚定的政治立场、高度的政治纪律性在教育者开展具体的思想政治教育过程中发挥着定向作用，是思想政治教育沿着正确的政治方向前进的保证，也是思想政治教育者引导教育对象的思想、行为朝着积极、向上的方向发展的前提。高度的政治责任感是思想政治教育者自觉地以主体身份负责任地开展思想政治教育的强大驱动力，也是推动思想政治教育者其他素质由潜在的准备形态转化为现实的作用形态并最大程度地发挥效用的强大力量。高度的政治鉴别力和政治敏锐性则是思想政治教育者善于从政治的高度、大局的高度认识思想政治教育的一种能力，是正确认识人们思想意识领域中有关具体矛盾性质的保证，也是思想政治教育得以深入、取得良好效果的根本所在。

2. 人格素质

思想政治教育者的人格素质是思想政治教育者作为人格健全的个体所应具备的基本素质。是否具有良好的人格素质，直接关系到思想政治教育者能否卓有成效地进行思想政治教育。这是因为，思想政治教育不同于一般的教育活动，它是通过教育者向教育对象传递相应的思想观念。以期影响教育对象思想、行为的活动，是对教育对象进行品德塑造的活动。这种品德塑造活动，以有关教育形式为手段，且教育形式的效力在相当程度上受制于教育者的人格形象对其所宣讲的教育内容的印证、实践程度。正因为如此，中国古代的先哲认为身教重于言教，推崇“其身正，不令而行”（《论语·子路》）的教化效力以及“我无为而民自化”（《道德经》）的教化境界。

概括而言，思想政治教育者的人格素质主要包括道德素质、心理素质。思想政治教育目的的一个重要方面就是使教育对象形成良好的道德素质，而要塑造教育对象良好的道德素质，教育者本人首先必须要具备良好的道德素质，身体力行自己所倡导的道德规范。

在心理方面，教育者除了需要具备一个健康、正常的人所应具备的心理素质之外，还必须同时具有较高的开展思想政治教育的自我效能感。自我效能感既是一种心理状态，也是一种精神力量，是由积极的、自信的、有为的动态心理激发出来的精神力量。

3. 理论素质

思想政治教育者的理论素质是教育者为有效开展思想政治教育活动所应具有的相应理论准备。这种理论准备包括与思想政治教育活动的实际组织、实施相关的理论准备及与思想政治教育内容相关的理论准备等。

教育者必须具备上述两个方面的理论准备，这是由思想政治教育活动的特点决定的。一方面，作为一种教育活动，思想政治教育活动的开展必须要遵循教育活动所固有的内在逻辑，其所要展现的教育内容必须由教育者向教育对象传递，要促成教育内容在教育对象身上的内化、外化也都必须遵循客观的教育规律。教育者对思想政治教育活动中的各种反馈信息的分析，也都必须置于相应的教育理论框架之中，才能发挥科学准确的教学

效果。这就要求教育者必须要做好思想政治教育活动实际组织、实施的理论准备。

另一方面，作为一种思想观念的传递活动，思想政治教育旨在通过教师对相关思想观念的宣讲，通过对相关现实问题进行深刻而有说服力的理论分析、解释，引导教育对象确立相应的思想观念并进而促其将之转化为实际行动。因此，作为施教活动主体的教育者必须要有充分的理论准备，否则，思想政治教育势必会成为无所依、无所指的肤浅空谈。只有具备充分的理论准备，教育者才能深刻阐释相关思想政治教育内容，促成思想政治教育顺利推进并取得实效。

4. 能力素质

思想政治教育者的能力素质，即教育者将自己的理论准备成功地运用于实际、顺利开展思想政治教育活动所应具备的能力条件，是教育者从事思想政治教育工作应具备的实践能力的总括。它包括教育者确立思想政治教育各要素之间关系的能力，激发、激活教育对象接受意愿、接受需要的能力，根据社会要求和教育对象的实际确立具体的思想政治教育目的、编制思想政治教育内容的能力，引导、调控思想政治教育活动过程的能力等多个方面。政治素质、人格素质、理论素质的具备，为教育者有效开展思想政治教育活动提供了前提条件及动力保障。但是，在进入思想政治教育实践活动之前，它们只是以潜在的、准备的形态存在于教育者身上的，只有在具体的思想政治教育实践中，它们才能发挥现实的作用。而思想政治教育实践活动的开展及上述素质由潜在、准备的形态向现实、效用的形态转化，都必须依靠教育者的实践能力。

政治素质、人格素质、理论素质和能力素质构成了思想政治教育主体素质的基本内容。思想政治教育主体素质与主体意识的状况共同决定着思想政治教育者能否在思想政治教育活动中有效发挥其应发挥的功能，即能否成为有效的教育主体。只有准确而全面地把握上述基本条件，并在此基础上深入探讨有效的思想政治教育机制，才有可能真正建设一支结构合理、相对稳定、素质过硬的思想政治教育队伍。

三、思想政治教育者的教育个性分析

（一）思想政治教育者教育个性产生的根源分析

教育个性是教育者内在素质的外部表征，是指教育者基于对受教育者的认识，在教育过程中形成的自身与其他教育者相区别的独特的气质、能力、风格。思想政治教育者将自身具有的个性特征、所扮演的角色需要和承担的社会责任自觉融会贯通，从而充分体现出自己对社会角色的独特理解和别具一格的教育理念，充分展示出自身富有创造性的主体性，这便是思想政治教育者的教育个性。本书从以下三个方面揭示思想政治教育者教育个性形成的根源。

1. 素质差异——思想政治教育者教育个性的内在源

思想政治教育者的教育个性是教育者在教育活动中与其他教育者相区别而表现出来的独树一帜的教育风格和教育优势，从本质上讲，它是教育者别具一格的个性素质的外部表征和显示，更是教育者珍贵而独特的教育优势的集中反映。

其一，作为现实的个人，每一个思想政治教育者都是独一无二的存在，个性差异客观存在，这是其教育个性产生的根本原因。

其二，思想政治教育者内在素质差异明显。一方面，世界观、人生观、价值观、教育观念、能力、知识、性格等方面构成了现实的人的内在素质，不同的思想政治教育者在内在素质上差异明显，在教育活动中必然体现出不同的教育风格。另一方面，并不是每一个思想政治教育者都能形成教育个性。教育理念、专业基础、知识广度、教育能力、心理素质等方面不具备一定的优势，怎能形成自己的教育个性？实践中，那些疏于思考、惰于创新，视教育为“中转站”“二传手”，只会照本宣科的人，不可能形成自己的教育个性。简言之，思想政治教育者的教育个性源于教育者个性特点的客观存在，源于教育者独特的活动风格和优势特征。

2. 教育民主——思想政治教育者教育个性的外在源

教育民主是现代教育的主要特征之一。从某种意义上来讲，教育民主是教育个性形成的基础。无论是教育者还是受教育者，只有在民主化的教育氛围里享有充分的权利和自由，才有可能达到个性化的教育境界。

教育民主不仅指对教育对象的民主，还指对教师的民主。在民主教育氛围里，每一个教育者都是教育活动的平等、自主的参与者；在民主教育环境里，每一个教育者都享有充分的自主性，自主参与教学内容的设计和教学方法的选择。教育决策由教育者参与讨论并决定，尊重并鼓励多元的教育理念和行为方式，因而使教育者能够充满兴趣地从事自己的事业。当然，这并非允许教育者可以随心所欲，想干什么就干什么，想怎么干就怎么干，而是要求教育者在理性质疑、思辨的前提下，在教育实践的基础上，自觉、自愿、自由地开展教育活动。

在我国，民主化的教育氛围、包容的教育环境为思想政治教育者教育个性的生成提供了良田沃土，社会主义民主和依法治国的进程正在加快进行，为教育民主提供了环境保证。思想政治教育具有意识形态性，它由社会经济基础决定并为其服务。思想政治教育者只有坚持马克思主义的主导地位，自觉践行社会核心价值观，不断优化内在素质，充分彰显自己独特的教育风格与教育优势，扬弃思想政治教育的程序化、模式化，才能形成自己的教育个性，并不断发展，形成教育特色。

3. 创新——思想政治教育者教育个性的动力源

在本质上，教育个性就是教育创新。创新是事物发展的恒久动力。思想政治教育只有追求创新，不断创新，才能永葆活力和生命力。创新的目的是发展，发展是创新的永恒目的，创新是发展的内在要求。

思想政治教育的持续创新不仅是实现人与社会和谐发展的重要动力，还有助于思想政治教育者教育个性的形成和发展，使其精力充沛、积极主动、饶有兴致地开展教育活动。在教育过程中，教育者深刻反思自己的工作并提炼概括成自己的教育经验，然后将其升华为教育理念；在此基础上，规划设计具有特色的教育内容，构思选择具有特色的教育方法，开创特色教学模式，这样才能形成教育个性，并在实践中不断修正提升。教育个性只有淋漓尽致地展示教育者的活力和创造力，具有感染力和吸引力，才能够达到最佳教育效果。

（二）思想政治教育者教育个性的内在规定

思想政治教育从诞生以来就具有鲜明的意识形态性。思想政治教育者的教育个性虽属于个性范畴，但它为思想政治教育服务。我国思想政治教育以培养社会主义合格建设者和可靠接班人为历史使命，在弘扬和培育社会主义核心价值观中发挥着重要作用。思想政治教育要解决好为谁培养人、培养什么人、如何培养人的问题，这是关涉国家兴衰、民族发展的根本问题，因此，思想政治教育者的教育个性必然具有质的规定，主要体现在以下两个方面。

1. 思想政治教育者的教育个性是思想政治教育者内在质的要求

首先，思想政治教育的根本目的就在于推进以个性发展为核心的人的全面发展和社会的和谐发展。只有个性才能作用于个性，要使教育对象个性健康发展，思想政治教育者的个性就必须健康、优良、和谐，具有鲜明的风格和优势。换言之，没有教育者健康、优良、和谐个性的直接影响，就不可能生成教育对象的理想个性。实质上，思想政治教育者的教育个性，就是教育者自身内在良好素质的集中体现，是包括教育者人格、学识、能力等优势特征的充分展示。其次，教育个性的内在质是教育者素质的个性化，教育者的内在质体现的是一种心理特征和精神面貌，即个性化，以人为活动对象的思想政治教育，在本质上，是根据社会主流意识形态培养、塑造教育对象的过程。所以，在思想政治教育工作中，教育者必须坚持马克思主义的指导地位，践行社会主义核心价值观，在此基础上形成自己的教育理念。这是思想政治教育者内在素质的核心、灵魂和统摄，在任何时候都不能动摇，因为这是新时代思想政治教育弘扬和倡导的根本价值取向和根本要求，思想政治教育者必须坚定不移地贯彻和执行。

2. 思想政治教育者的教育个性是教育者外显质的要求，是教育的特色化

思想政治教育者在工作过程中的独特差异性，即教育的特色化，在整个教育过程中，从内容设计到情境安排，从方法选择到具体展示，都呈现出各自的特色。实践中，具体表现在以下一些方面：搜集、整理、组织、传输教育信息的个性化；选择、构思、设计、丰富教育内容的个性化；教学方法、教学模式、教学风格的个性化；教育理念、教学能力的个性化；实践教学环节的个性化；教育载体选取的个性化等。教育者的知识结构与广度、学科专业背景、年龄阶段、人生经历、兴趣爱好等影响并制约着其

教育特色的形成和发展。思想政治教育者的教育特色是高校追求并形成自身思想政治教育特色的基础。如果没有一批具有丰富教育个性的教育者，高校思想政治教育特色从何谈起，思想政治教育创新也就成了空谈。总之，内在质和外显质是思想政治教育的两个内在规定，这两者相辅相成，合力发挥作用，使思想政治教育者的教育个性得以呈现。

（三）思想政治教育者教育个性的实践探索

作为人类灵魂的工程师，教育者不仅是社会的创造物，而且是社会的创造者。健康个性的形成是受教育者成人、成才、成功的阶梯，而这些阶梯的建设者就是富有教育个性的教育者。思想政治教育者的教育个性是在实践中逐步形成并彰显的。

1. 形成和完善人格魅力

思想政治教育要取得实效，有两个必要条件：一是真理的力量，二是人格的力量。人格是包括人的思想、道德、品质、能力、学识等多种素质的综合体现。高尚的人格具有不可估量的感染力，一旦形成就会对人的行为产生长远的影响，具有强化和导向的作用，而且教育的真理性和权威性离不开教育者人格魅力的诠释和支撑。在教育实践中，思想政治教育者只有用自己的人格影响受教育者，以人格引领人格，才能实现思想观念内化、行为导航、提高人的思想道德素质的目的。事实证明，要想成为一名合格的思想政治教育者，就要形成自己的人格魅力，不仅说，而且做；不仅说得好，而且做得更好。只有如此，才能使教育对象信服，从而使其可以自主自愿、充满热情地接受教育，进而自主建构自身良好的思想道德体系。

在教育实践中，形成和完善思想政治教育者的人格魅力可以从以下三个方面着手。

首先，满怀教育热情，真诚关心教育对象，真心理解教育对象，做到以情感人。每一个人都希望得到他人的尊重、认可、信任和理解，在个性发展背景下，更是如此。所以，在教育过程中，思想政治教育者要满怀热忱地投身到自己的工作中，对教育对象多一份真诚、尊重、认可、信任和理解，关心学生的学习与生活，了解他们的需求，力争做到解决思想问题与解决实际问题相统一。

其次，敬业奉献，以德感人。思想政治教育者要形成自己的教育个性，必须先要热爱自己所从事的工作，并形成坚定的信念，要具有高尚的敬业精神和奉献精神。教育者要求教育对象重视国家和民族的整体利益，树立集体主义无私奉献精神，而他们应该率先做到。

最后，勤奋好学，以才服人。思想政治教育者要德才兼备，这是对他们的基本要求。思想政治教育者不仅要具有奉献敬业的高尚精神，而且还要具备令教育对象钦佩、仰慕的渊博的学识。在信息爆炸的当今时代，思想政治教育者要勤学善思，不断拓宽自己的知识面，能够从理论和实践的结合上分析生活中的热点、难点和疑点问题，而且阐释要体现出深度、力度和广度。因此，思想政治教育者要形成并彰显自己的人格魅力，还需加强学习意识，既专又广，不仅要具备丰厚的理论知识，而且要博学多才，能够不断完善和优化自己的知识结构，从而形成自己的理论魅力和学识魅力，在教育实践中彰显自己的教育个性。

2. 培养和发展教育能力

思想政治教育者要想形成并彰显自己的教育个性，还需培养和发展自己多方面的能力。能力是顺利完成某项活动的基本条件，可以说能力就是个性，就是优势。思想政治教育者的教育能力是其教育个性在实践中形成和彰显的基础，是教育者内在素质的外显。因此，教育能力的大小直接影响着思想政治教育者教育个性的形成和发展，在个性发展背景下，思想政治教育者教育个性的形成和发展要以理论魅力和学识魅力为基础，培养自身的创新能力，形成教育的艺术魅力，从而在实践中彰显教育个性。

首先，要培养和发展创新的能力。与时俱进是思想政治教育者的重要品质，教育个性的核心是创新精神，即不墨守成规，具有超越他人和前人的勇气和能力，形成自己的教育特色。思想政治教育者要站在清晰、自觉的立场对现有教学模式进行理性审视，不拘泥，不满足，突破常规，大胆探索，敢于创新，积极应对新变化，形成并发展自己的教育个性，只有如此，才能适应并不断满足教育对象个性发展的诉求。我们说没有个性就没有创新，反之，没有创新也就没有教育个性。思想政治教育者的教育个性源于其对教育对象个性特征和实际问题的深入了解，源于其对思想政治教育环境的整体把握，是教育者自身内在优势素质的充分彰显。其实，教育个性在本

质上就是一种创造能力。

其次，要形成和发展教育实践的艺术魅力。教育既是一门科学，又是一门艺术。思想政治教育者的教育个性还表现为形成和发展教育的艺术魅力——在教育过程中巧妙设计教育情境，不断改革教育方法，精心组织教育活动，用自身魅力吸引教育对象、感染教育对象。思想政治教育者在具备了理论能力、知识能力、创新能力的基础上，积极探索并彰显教育的艺术魅力，是其形成和发展教育个性的重要条件。

3. 深化和更新教育理念

理念是行为的先导，有什么样的教育理念，就会有什么样的教育活动。从一定意义上来说，思想政治教育者的教育个性是教育理念的产物，教育个性的核心即教育理念的个性化。思想政治教育是人文关怀和科学精神高度融合的实践活动，如果过分地强化对人的管理功能，且这种管理功能的工具理性越是科学和完备，那么，这一功能就越会加剧人的对象化，使人与自己的本性越来越疏离。在全球化和市场经济条件下，教育对象个性鲜明、丰富，他们的经济观念、政治观念、文化观念、利益观念等都发生了深刻的变化。因此，思想政治教育者要回归教育对象的真实生活，增强自身责任感和敏锐性。首先要改变教育理念，要剔除过时的旧观念，不断吸收新思想，树立以人为本的理念。从一定意义上来说，解决教育对象的实际问题是解决其思想问题的基础。思想政治教育者要把握教育对象关注的核心问题及思想困惑，将解决思想问题与解决实际问题紧密结合起来，真正将思想政治教育工作做到教育对象的心坎儿上。只有这样，才能调动教育对象的学习主动性和积极性，从而形成并彰显思想政治教育者的教育个性。其次，深化和更新教育理念还要求教育者积极学习西方思想道德教育的成功做法，从保守走向开放，从封闭走向世界，既借鉴吸收，又对外传播，这样其教育个性将会在交流碰撞中更加丰富和完善。

综上所述，在个性化背景下，在做到政治强、业务精、作风正的基础上，形成并完善思想政治教育者的教育个性，是化解思想政治教育实效性不高的症结、提高教育的针对性和感染力的重要途径。思想政治教育者的教育个性是教育理念人本化、教育内容丰富化、教育方法多样化的必然要求，是受教育者价值多样化和个性化的现实诉求，是思想政治教育者内在个性特征与教育责任的外显，也是思想政治教育传承与创新的要求和升华。如果每一个思想政治教育者都能竭尽全力、发挥自己的特长，努力打造自己的教育个性，那么，这不仅将影响和引领受教育者良好个性的发展，而且还会营造出生动活泼的思想政治教育氛围，达到提高思想政治教育实效性的目的。

第二节　思想政治教育对象

一、思想政治教育对象的概念与分类

（一）思想政治教育对象的概念

思想政治教育的对象有广义与狭义之分。从广义的视角来看，一个国家、社会或组织中的所有人都是思想政治教育的对象。比如，在当代中国，中国共产党领导的思想政治教育对象就是我国社会的全体成员。

狭义的教育对象是相对教育者而言的，它是指在特定的思想政治教育活动过程中，教育者施加影响的教育客体、受教育者。

（二）思想政治教育对象的分类

思想政治教育对象是一个系统。根据人们活动方式的不同，可以把教育对象分为相互联系的两大类型，即群体和个体，每种类型又都有一个多侧面、多层次的结构，它们相互联系、相互交叉，从而构成了思想政治教育对象的立体结构。

1. 群体对象

群体是教育对象存在的基本方式。所谓群体，就是人们在社会生活中通过一定的社会关系结合起来进行共同活动的社会联合体。按照群体的构成原则和方法，群体又可分为正式群体和非正式群体。

（1）正式群体

正式群体是指具有特定的组织目标和任务，有严密的组织机构和较固

定的编制,组织成员的权利、义务和职责都有正式文件明文规定的社会群体。正式群体的特点是：有共同的活动目标，有一定的组织章程，有正式而确定的组织形式，有一个按一定程序产生的领导班子，加入正式群体的成员须经过一定的考核或审批手续。

正式群体有两种类型：一是政治型,其主要职责是以执行政治任务为主,如党的基层组织；二是业务型，其主要职责是进行某种业务活动，如工厂的科室、车间班组，学校的教研室、班级。

正式群体一般由领导者、骨干和群众三个层次组成。

领导者是由群众选举产生，或由上级直接任命的，他们在群体中行使领导职能组织职能、协调职能和教育职能。他们是群体的带头人，也是群体其他成员的教育者。与一般群众相比，他们理应先受教育，先学一步，多学一点，学深一点。

骨干是在群众的实践活动中涌现出来的积极分子。他们及时向领导反映群众的意见，积极为领导决策而献计献策，带头认真实施领导的决策和计划，积极参与群体的各项活动，以自己的模范行动带动一般群众。他们是领导的得力助手和群众的表率，是领导和群众之间的桥梁和纽带。积极培养、支持和鼓励先进骨干，是思想政治教育的一项重要任务。

群众是正式群体中的一般成员。他们是群体成员中的大多数，是群体的基本力量，也是群体的基本因素。思想政治教育必须着眼于群众这个大多数，努力激发群众的积极性和创造性，这样才能保证目标的实现。

（2）非正式群体

非正式群体是人们在社会生活中由于兴趣、爱好和利益等方面的趋同性而自发形成的一种无正式组织形式的集合体。

按其对正式群体所起作用的性质，非正式群体可分为以下几种类型。

积极型，即活动目标与正式群体目标相一致或基本一致，对正式群体起促进作用的群体，如大学生中的科学理论学习小组、创业协会等。高校对这类非正式群体要大力支持和扶持。

中间型,即活动目标与正式群体目标部分一致、部分不一致或有时一致、有时不一致，对正式群体有利有弊的非正式群体。如大学生中以娱乐活动为主的非正式群体，就其丰富大学生业余文化娱乐活动而言，有其有利的一面，但如果活动过多，则会影响学习和工作，对这类群体应积极加以引导。

消极型，即活动目标与正式群体目标不一致，对正式群体起消极影响，但活动尚未超出法律规定范围的非正式群体，如几个人为牟取私利而结成的小团伙。高校对这类非正式群体应及时加以教育和帮助，争取化消极因素为积极因素。

破坏型，即进行违法活动、对正式群体和社会起破坏作用的非正式群体。如青年中的犯罪团伙，国家对这类非正式群体应坚决打击和取缔。

核心人物即非正式群体的领头人，是群体活动的积极发起者和组织者。核心成员一般是自然形成或经成员推举产生的，他们一般都具有某种特长和较强的组织能力，在成员中有一定的威信和号召力，在群体中起着指挥和协调的作用。因此，在对非正式群体的思想政治教育工作中，应着力做好核心人物的教育引导工作，引导他们自觉地把非正式群体的活动引向与正式群体的目标相一致的方向上来。

普通成员是非正式群体的主体，他们一般是因某种共同的兴趣、爱好、利益或情感需要而自发地聚集到一起的，因此心理相容、情感融洽，关系较密切，但组织比较松散、不稳定。在实施思想政治教育的过程中，高校应注意针对非正式群体普通成员聚集到一起的出发点，引导他们发展健康有益的兴趣爱好，培养积极、高尚的情感，正确看待自己的利益，克服小团体主义，主动关心正式群体建设；同时，要利用他们相互间心理相容、关系密切的特点，引导他们互相取长补短，互帮互学，从而使其可以在思想、学习和工作等各个方面共同进步。

2. 个体对象

个体作为单个的人，是思想政治教育对象的最小单位。个体有着极为复杂的结构，其中，具有普遍意义的是纵向结构、横向结构和分层结构。

（1）纵向结构

个体的纵向结构是由不同年龄段的人们及其相互关系构成的。人类个体生理心理的发育成长具有年龄阶段性，不同的年龄阶段会表现出不同的生理、心理特征。同时，年龄也反映着一个人的生活经历和社会经验。因此，在思想政治教育中，要注意掌握不同年龄的教育个体对象的特点，区别情况、分类实施。

个体对象按年龄差异可分为儿童、少年、青年、中年、老年。个体教育对象纵向结构中的各个要素是相互联系、相互影响的。人的成长既有阶段性，又是一个连续的过程。人们的思想道德素质的培养和提高，总是一代又一代人循序渐进、不断积累的结果。因此，要提高整个中华民族的思想道德素质，就必须从儿童抓起，着力加强青少年的思想政治教育工作，同时也要注意有针对性地做好中老年人的思想政治教育工作。

（2）横向结构

个体的横向结构是由按照社会分工从事不同职业、不同社会实践活动的人们及其相互关系构成的。实践是人的心理素质和思想行为形成和发展的基础。人们的职业不同，其社会实践活动的领域和形式不同，人们的思维方式、行为习惯和心理状态也就会有所不同。因此，要提高思想政治教育的针对性，就必须把握个体教育对象横向结构各要素的特点。个体教育对象的横向结构主要包括工人、农民、知识分子、干部、军人、学生，还有改革开放以来出现的民营科技企业的创业人员和技术人员、受聘于外资企业的管理人员、个体户、私营企业主、中介组织的从业人员、自由职业者等。

个体教育对象横向结构中的各个要素是相互影响、相互作用的。工人阶级是我国的领导阶级，工人阶级的先进思想反映了社会发展的客观要求，体现了全体人民的根本利益。因此，要在全社会大力宣传和弘扬工人阶级的先进思想。当然，在社会主义现代化建设的实践中，工人也应当学习其他劳动群众的优良品质，积极发展工人阶级的先进思想。

（3）分层结构

个体教育对象的分层结构体系是由不同思想行为层次的人们及其相互关系构成的。由于社会环境影响和自身主观努力程度的不同，人们的思想行为也就存在着明显的差异并表现出一定的层次性。按照人们的思想行为表现，个体教育对象可以分为先进、中间和后进等三个层次。

先进层的思想行为符合社会进步的客观要求，自觉遵循社会的思想道德规范，以集体和他人为重，在工作、学习等各个方面都能起模范带头作用。先进层在个体教育对象中虽然是少数，但代表着人们思想行为发展的方向，在思想政治教育中，应当大力宣传先进人物的事迹，充分发挥他们在各方

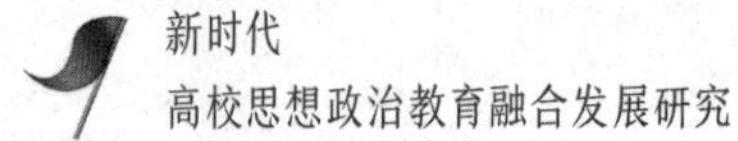

面的榜样示范作用，同时，也要注意教育和引导其发扬成绩、克服缺点，戒骄戒躁，继续前进。

中间层的思想行为基本符合社会进步的客观要求，能够遵守社会的思想道德规范，不做损害集体和他人的事，尽力完成自己所承担的各项任务。中间层是教育对象中的大多数，在思想政治教育中，应当照顾到这个大多数，从他们的思想实际出发，因势利导，促进其思想行为向先进层发展。

后进层的思想行为不符合社会进步的客观要求，违反社会的思想道德规范，只顾追求个人利益，甚至会损害集体和他人的利益。后进层只是教育对象中的极少数，但他们思想行为的负面影响却不容忽视，因此必须切实加强后进层的思想教育和转化工作。

先进层、中间层、后进层等各层次人们的思想行为是相互影响、相互作用的。先进可以带动中间、影响落后；中间可以分别对先进和落后产生影响；后进也会对先进和中间产生反作用。同时，先进、中间、后进也是相对的，先进层也并非十全十美，中间层也有很多长处，后进层也不是一无是处，而且，先进、中间、后进是可以相互转化的。思想政治教育的任务就是要从各个层次的教育对象的思想实际出发，因材施教，促使先进层更先进，中间层赶先进，后进层学先进，使人们的思想行为都能向着符合社会进步的客观要求的方向发展。

二、思想政治教育对象的特点

区别于人类活动的其他对象，思想政治教育的对象有其自身的特点，其特点具体体现在以下几个方面。

（一）社会性

思想政治教育的对象是人，人是构成社会的基本要素，人具有社会性特点，人的本质是一切社会关系的总和。所以，人作为思想政治教育对象，自然具有社会性的特点。

人的社会性，首先是相对于其他生物而言的，其他生物的群体生活是一种遗传行为，而人类的群体生活则是一种社会现象；其次也是相对于他人而言的，其主要表现为个人对他人的依赖性。在阶级社会里，人们的社

会关系具有阶级性，人的思想在广泛的社会交往中相互影响，这种思想的相互沟通，不仅使人开阔眼界，增长见识，获得新的思想内容，而且还能使人改变原来的思想观点。

作为思想政治教育对象的人，其是生活在一定的社会关系之中的，所以，人有情感、思想，也有自己的个性，人与人之间需要交流。认识思想政治教育的对象，就要了解其社会关系、社会活动社会交往以及社会影响，这样才能真正把握教育对象的社会性特点。

（二）能动性

在思想政治教育过程中，教育对象是能动地、有选择地接受教育，而不是被动地、消极地接受。一方面，教育对象以主体的身份出现，从主体视角审视教育者的教育活动及其传授的理论，并且凭其特有的认知方式，选择、接受、内化教育者所传授的理论知识。另一方面，教育对象通过对自己的认识判断，把自己的思想道德水平与思想政治教育的要求进行对比，找出自己与社会要求之间的差距，从而进一步认清自我，主动提升自我。同时，教育者与教育对象之间具有互动性。教育者应当注重教育对象的需求及其对教育者的要求和建议，不断改进和寻求适合教育对象的方式方法，以达到教学相长、共同进步的目的。在实施思想政治教育的过程中，教育者不仅要有主动性，更要运用恰当的教育手段激发教育对象内在的积极性，教育对象的参与程度越高，教育效果就越好，从而达到思想政治教育的目的。

（三）层次性

思想政治教育对象最明显的特征之一，就是其处于不同的层次。

1. 年龄分布的层次

思想政治教育对象范围广、情况复杂，表现出了很明显的多样性和层次性。在年龄上，教育对象可分为童年、少年、青年、中年、老年等五个层次。不同的年龄段有各自的生理、心理等特征。他们的性格、生理、道德、品质等因素的发展在年龄阶段上虽有共性，但差异性更为显著。通常，年龄意味着心智是否成熟，是否具有相应的知识、技能、经验以及思想道德水平。对待相同的问题，中年人与少年、儿童的看法，接受能力有很大的不同。所以，教育者应根据教育对象的年龄特征实施教育。

2. 问题认识上的层次

思想政治觉悟可分为高、一般、差等三个层次。思想政治觉悟高的教育对象更容易达到思想政治教育的目标要求，反之，教育者就要付出多倍的努力使那些觉悟相对低一些的教育对象达到要求。

3. 教育对象的地域层次

在地域上，地域差异形成了教育对象的不同层次。我国幅员辽阔，由于经济发展不平衡，东、中、西部差异大，城乡差异大，发达地区与欠发达地区差异大。地域差异形成了教育对象的不同层次特点：在经济发达地区的教育对象，与外界沟通多，接收的信息量大，观念更新快，思想内容多元化；而经济欠发达地区的教育对象，往往与外界交流少，信息量少，思想闭塞，接受新事物迟缓，思想内容较单一。

4. 文化水平上的层次

在文化上，呈现出受过高等教育、受过中等教育和文盲、半文盲等几个层次。他们的思想政治觉悟、理解能力、接受能力的差异非常明显。了解思想政治教育教育对象的层次特点，是具体问题具体分析、有针对性地进行思想政治教育的起点。

（四）可变性

生活在社会环境中的思想政治教育对象，其思想品德会随着所处的外界环境的改变而有所变化。教育对象的这种可变性，使思想政治教育活动具有社会价值。一般来说，思想政治教育对象的变化表现在：思想政治觉悟由低到高，从不成熟发展到成熟，正确思想与错误思想相互转化，等等。思想政治教育者的任务就是运用这种可变性，使教育对象的思想逐步成熟，使教育对象的思想品德朝着正确的方向发展，增强对不良事物的抵抗能力，避免和减少错误思想的影响，从而使其成为一个具备良好素质和符合社会要求的人。

（五）受教性

受教性是指在思想政治教育过程中，教育对象作为教育者所施加的教育影响的接受者，是思想政治教育活动的受动者。从根本上来说，思想政治教育的目的和效果最终都要体现在教育对象的身上。思想政治教育者要

使教育对象具备符合党和国家所要求的思想政治品质，就得使教育对象对党和国家所倡导的思想观念、政治观点和道德规范了解、认同和接受。从实质上来看，思想政治教育的内容，即教育对象所接受的思想观念、政治观点和道德规范并非自己能选择和决定的，而是由党和国家所决定的。此外，教育对象也无法支配思想政治教育目标的确立、思想政治教育方法手段的运用等。从这个意义上来讲，在思想政治教育的过程中，教育对象是被动的是受动者。

三、思想政治教育对象的职能

思想政治教育活动的开展是多种要素互动的过程，其中，思想政治教育主体与客体之间的互动是其核心。思想政治教育对象正是在与其他各要素的互动过程中发挥着其独特而重要的职能。思想政治教育对象的职能具体体现在以下几个方面。

（一）参与职能

所谓参与职能，是指教育对象作为整个思想政治教育活动的承受者和参与者所具有的功能和应发挥的作用。这种职能表现为：教育对象从自己的需要、特点和思想品德发展变化的规律出发，协助思想政治教育者决策和制订思想政治教育计划；教育对象在思想政治教育者的组织和引导下，参与思想政治教育活动。如果缺乏教育对象的积极参与和配合，思想政治教育活动就无法顺利进行，更谈不上达到预期的效果。教育对象还可以与思想政治教育者一起参与思想政治教育的研究和评估等。

（二）约束职能

所谓约束职能，是指在思想政治教育活动中，教育对象对教育者和整个思想政治教育活动所起的作用。思想政治教育活动的展开，一方面需要教育者对教育对象的组织和引导，另一方面需要教育对象充分发挥自己的主观能动性。在现实生活中，教育对象的主观能动性往往表现为两个方面：其一，对教育者传递内容的自觉内化，同时主动在实践中锻炼和改造自己；其二，当教育对象自身思想品德的现状、客观需要和身心发展状况与党和国家总的教育目标和社会要求不相符，或者教育对象自身利益与社会利益、他人利益发生严重矛盾时，教育对象对教育者和整个思想政治教育活动的约束性就显现出来了。

（三）反馈检验职能

所谓反馈检验职能，是指教育对象在对自身思想品德状况进行反馈、检验思想政治教育的目的和效果时所发挥的作用。教育对象思想品德的变化及其言行等信息的反馈是思想政治教育计划顺利实施、调整和改变的基础和依据。教育对象的思想、行为表现进步与否，是检验思想政治教育改变和提高教育对象的思想政治品德水平这一目的是否达到，以及思想政治教育整体效果好坏的标准。

（四）促进职能

所谓促进职能，是指在思想政治教育活动中，教育对象对教育者和整个思想政治教育活动具有向前推动的作用。在思想政治教育过程中，教育对象通过自己的参与、制约以及反馈检验职能的发挥，客观上一方面促进了思想政治教育活动的开展，另一方面促进了教育对象和思想政治教育者思想政治素质的共同提高。

第三节　二者之间的融合发展

一、思想政治教育者之间的配合

（一）思政课教师和专业课教师之间的融合

高校要积极弘扬和践行社会主义核心价值观，将社会主义核心价值观教育融入学生的日常学习之中。高校通过凸显社会主义核心价值观教育，可以帮助学生正确认识我们的民族、我们的国家、我们社会主义发展的历程及规律，从而系好人生的第一粒扣子；还可帮助学生明确自己该往何处去发展、为谁发展以及如何发展的问题，更好地明确自己的历史使命担当，从而将社会主义核心价值观内化于心、外化于行，做同龄人的榜样，成为

合格的社会主义建设者和接班人。专业教育是对学生科学知识和科学方法的教育，思想政治教育是对人的世界观、人生观和价值观的教育，人文教育是人文知识以及人的思想和精神的教育，将思想政治教育和人文教育的内容融入专业教育之中，同时积极发挥人文教育对思想政治教育的补充作用，是新时代我国高校思想政治教育的必然趋势。

高校要变革现有的教育理念，变“思政课程”为“课程思政”，改善以往重视科学教育忽视人文教育、重视知识文化的简单灌输和传播而轻视精神世界升华的不协同局面；在培养全面发展的社会主义建设者和接班人的目标指引下，打破文理分科的教育现状，加强教师思想政治教育素养的培养与提高，加大理工科院系人文教育课程的建设；同时，在人文社科类院系多开设有关基础科学的通识教育课程，从而使学生对思政课、人文社科类课程及科学教育类课程都有基本的了解。由此可见，文理结合对于高校学生的全面发展是非常必要的，这样不仅仅有利于我国高校思政治课的建设，而且还能使学生在了解多学科、多行业的过程中，培养自身的兴趣爱好，扩大自身的知识面，提高自身的逻辑思维能力，养成良好健康的人格。对高校学生进行思想政治教育从来不是高校思政课的专属责任，而是每一门课程都应该具有这样的功能。虽然现在高校中按照学科的门类将教师划分为专业课教师、思政课教师及辅导员等，但是这样的安排或者制度设计的目的并不是为了将高校教师的育人职责进行分类，所有高校教师都应该加强对学生多方面知识的传授。高校教师是思想政治教育的主体，其教育方式和教育理念的转变在我国高等教育改革中具有重要的作用。新时代高等教育的目的已经不仅仅是培养一个具有专业技术的“经济人”，还要培养德智体美劳全面发展的“社会人”，这就要求思政课教师必须与专业课教师相配合，共同推动高校思想政治教育的发展。

（二）相关职能部门、学生工作者与教师的协同

校党委作为学校的领导核心，承担着全面贯彻党的教育方针的重要任务。课堂是高校党委输出教育方针的重要场所，因此，其应该走进课堂，和学生近距离接触，这样学生就获得了接受思想熏陶和文化学习的机会；同时，还可以让学生很直观地记住自己受教育的目的是成为一个健全的、

对社会有用的人，要为社会主义建设服务。我国有很多高校都在推动辅导员走进课堂方面且已经取得了显著成效。辅导员走进课堂之后，他们就能对学生的思想状况有更多的了解，更加明确下一步需要采取的措施。目前，很多高校的党委成员都已经开始走进课堂，和思政课教师一起对受教育者进行思想政治教育，均获得了很好的反响。由于校党委书记等相关人员具有不同的人生经历以及和思政课教师不一样的人生感悟，因此，在他们和学生分享自己的经历时，可以带动、激发学生对思政课学习的兴趣并加深对国情的了解，从而增强自己的使命感和责任感。新时代我国高校思想政治教育必须从被动灌输中摆脱出来，变成主导主动、自主参与，每一位教育者都要深入教育活动的各个环节，教育主体之间、教育主客体之间应该互动互进，只有在这种互相协同、良性互动的环境中才能充分保证高校思想政治教育的效果。

我国高校思想政治教育工作者有很大一部分是由学生构成的，比如班级的团支书、班长，以及院级、校级的团组织成员。其在日常的校园实践中所组织的活动均与思想政治教育相关，但是由于教师参与的程度较低，因而导致其投入了很多时间和人力成本的思想政治教育活动并没有取得理想的效果，可见，构建我国高校思想政治教育长效机制的建议依旧有待完善。学生工作者在进行相关的活动时，应该尽可能让思政课教师或者相关职能部门的人员参与进来，或者最起码让教师和相关部门知道学生工作者相关活动的开展情况和进度，相关职能部门应该对活动开展的效果作出及时的回应和反馈。高校思想政治教育主体之间信息的畅通和融合是保证思想政治教育效果的重要前提。

二、教育者与教育对象的协同融合

（一）教育要从实际出发明确教育双方的定位

实践是检验真理的唯一标准。我国高校开展思想政治教育的目的是为了培养社会主义建设者和接班人，使其为我国的社会主义建设服务，高校学生的思维状态、政治理念能否满足我国社会主义发展的需要，在进入社会时其政治理念和思维状态能否符合社会发展的需要，这是我们必须考虑

的现实问题。由于近年来各高校都在强调积极发挥学生的学习主动性以及尊重学生的主体性特征，这导致很多情况下高校思政课教师的主体地位在降低，且高校近年来不断扩招，从而造成了高校学生和思政课教师的比例失调问题。但是作为教育活动的实施者和组织者，思想政治教育者的主体地位是毋庸置疑不可替代的，在组织和实施教育活动的过程当中，将学生看成高校思想政治教育的唯一主体有失偏颇。

一切从实际出发作为中国共产党的思想路线和大政方针的重要内容之一，要求思想政治教育者在日常生活和工作中必须坚持实事求是的基本方法。思想政治教育活动作为我党统一民众思想的重要活动，坚持实事求是的基本方法是其保证高校思想政治教育科学性和有效性的重要前提。时刻保证教师和学生的正确定位是保证高校思想政治教育时效性的根本保障，而要时刻保证给教师和学生一个准确的定位，首先要求高校的思想政治教育活动要坚持以人为本。以人为本的本质要求我们要将思想政治教育的主体和客体都看成是具有意识的人，尊重主客体的需求和意愿是我们做事情的基本准则，对任何时期处于任何阶段的、有着不同需求的人予以尊重，是我国社会主义民主建设最基本的要求。

我们这里说的尊重教育主体和教育客体的需求都不是盲目的，而是有计划、有目的，且科学的。尊重不是完全顺从，尊重受教育者的需求和意愿的前提是保证教育者的主体地位和受教育者的客体地位，客体的角色决定了其提出的要求很难站在国家和教育主体的位置上。一味地对教育者的意愿表示顺从，很可能会出现一些教育乱象，这非常不利于高校思想政治教育融合机制的建立，而过分强调教育者的地位也不利于教育者和受教育者之间的融合机制的建立。

（二）充分发挥教师的主导作用和学生的主体作用

高校教师的主导作用主要体现在高校教师在授课及和学生交流的过程中，他们不仅仅对学生进行科学文化知识的传授，更重要的是要向学生传授可以受益终生的学习方法和生活态度,提升学生的综合能力。在“互联网+”时代，慕课、思政小课堂的发展将高校教师关于科学理论的教育从课上转移到了课下，这样教师就会有大量的课堂时间给学生答疑解惑、与学生进行深度的互动。教育的本质就是一定的知识被受教育者内化于心的过程，教师（这里主要指的是高校思政课教师）可以将课堂交给学生，让学生结合本学科的知识，采取自由命题或者选题的方式，确定自己研究的课题，并在课堂上进行演讲和展示，这样就真正做到了将课堂交给学生，学生的主体地位也能得以保证。高校思想政治教育作为一种极具创新性的教育，必须注重学生的个性发展和创造性思维的培养。在现代教育理念下，充分发挥教师的主导作用要求教师在利用好课堂资源的同时，也要和学生一道，对课外资源进行整合。

学生的主体作用体现在学生能够自己制订自己的学习目标和计划，并且能够进行恰当的自我管理。高校教师在实施因材施教的过程中，促使学生进行自我认知是其首要步骤。学生只有能够正确地认识自己，才能选择适合自己的教学实践活动。教师在此基础上才能对学生进行因材施教，否则的话，教师以自己单方面的估计或者单一的衡量指标对学生进行分类，显然很容易造成对学生思想状况的误判。

教师的主导性和学生的主体性只有共同作用，才能推动我国高校思想政治教育的健康发展。我们不能因为强调了高校教师的主导性作用就忽视了学生的主体性作用，也不能因为强调学生的主体性作用而对学生的言行过分纵容。高校教师作为高校思想政治教育主体的地位不能动摇，学生作为高校思想政治教育客体的角色也不能发生改变。

第三章　思想政治教育与教育环境的融合

思想政治教育环境是思想政治教育的构成要素。在思想政治教育过程中，环境的影响与人的作用是辩证统一的。一方面，环境影响人，思想政治教育环境影响高校大学生思想观念、道德品质、完善人格、行为习惯的养成；另一方面，人可以改造环境，通过发挥主观能动性对高校思想政治教育环境实施有目的、有计划的改造，使其更好地促进思想政治教育提升实效。本章将阐述思想政治教育环境的内涵及特征，探讨高校思想政治教育环境的概念与特征以及环境与思想政治教育的关系，分析环境对思想政治教育的影响、思想政治教育环境的作用。

第一节　思想政治教育环境概述

一、思想政治教育环境的内涵及特征

（一）思想政治教育的内涵

从“环境”引入思想政治教育学科以来，不同学者对其进行了深入的研究和界定。其中有代表性的有：思想政治教育环境是对思想政治教育以及思想政治教育对象的思想政治品德形成、发展产生影响的一切外部因素的总和；在思想政治教育工作中，凡是与人有关系的、并对人发生影响的物质和精神条件都可以称为思想政治教育工作的环境；思想政治教育环境是影响人的思想形成和发展，影响思想政治教育活动运行的一切外部因素的总和。

迄今为止，思想政治教育环境的具体内涵和外延的界定还存在较大的争论，具体体现在中心项的争论和外在条件的争论两个方面。

思想政治教育环境的中心项争论主要表现为“人的思想”中心论、“思想政治教育”中心论和“人的思想发展及其教育”中心论三种观点。

第一，“人的思想”中心论。这种观点是以人的思想为中心项，认为人的思想是思想政治教育活动的出发点和落脚点，对其进行提升和引导是思想政治教育的根本任务，那么思想政治教育环境也应该围绕这个中心展开。

第二，“思想政治教育”中心论。这种观点以是否对思想政治教育活动的开展产生影响为界定标准，认为对思想政治教育活动发生影响的客观外在条件都是思想政治教育环境。人的思想的发展是思想政治教育的目的和任务，而目的和任务不能替代思想政治教育自身，思想政治教育环境是影响自身的条件，不能与影响其目的和任务的因素相等同。

第三，“人的思想发展及其教育”中心论。这种观点是以“人的思想发展及其教育”为中心项，认为思想政治教育环境是影响人的思想形成和发展、影响思想政治教育活动开展的一切外部要素的总和。这种观点有效地解决了前两种观点之争。人的思想发展是进行思想政治教育的目的。思想政治教育是促进人的思想发展的重要条件，两者具有有机的统一性。所以，把“人的思想发展及其教育”作为中心项具有一定合理性。

思想政治教育环境的外在条件争论主要表现为“自发”和“自觉”之争。

第一，“自发”环境论。认为只要和思想政治教育中心项发生作用的一切外在要素都是思想政治教育的环境，相对于思想政治教育活动和人的思想发展来说，这种要素更多的是一种外在的自发的存在。这种观点强调了影响思想政治教育活动要素的广泛性和多样性，它有助于把思想政治教育放入大的社会系统中进行研究，依据其作用和影响细分出诸多环境类型，并对其进行研究。

第二，“自觉”环境论。这种观点认为只有自觉地影响思想政治教育中心项的因素才是思想政治教育环境。围绕思想政治教育目的和任务，有计划、有组织、有目的地对外在影响因素进行改造，而只有这些改造过的要素才能构成思想政治教育环境。这种观点强调思想政治教育环境的可控性和目的性，认为这样的环境才是思想政治教育有效运行的外部存在。

第三，“自发”广义环境论和“自觉”狭义环境论。有学者从环境要素对思想政治教育影响是“自觉”还是“自发”，区分了“思想政治教育环境”和“思想政治教育的环境”，认为“思想政治教育环境”是经过主观调控和创造而形成的，是狭义的思想政治教育环境；而“思想政治教育的环境”是对所有的对思想政治教育起影响作用的环境因素的总称，是广义的思想政治教育环境。

要对思想政治教育环境进行界定就要厘清“中心项”和“外在条件”。

第一，“中心项”定位于人的思想发展及其教育。人的思想具体包括政治、思想、道德、心理和法律等五个方面。而促进人的思想发展的教育，即思想政治教育，它是“一定的阶级、政党、社会群体用一定的思想观念、政治观点、道德规范，对其成员施加有目的、有计划、有组织的影响，使他们形成符合一定社会、一定阶级所需要的思想品德的社会实践活动”[①]，人的思想形成与发展和思想政治教育活动具有内在的统一性。所以，思想政治教育环境的中心项应该是人的思想发展及其教育。

第二，“外在条件”是“自发”影响因素和“自觉”影响因素的有机结合。思想政治教育环境的外在条件要以是否对人的思想及其教育产生影响为标准进行区分，不产生影响的外在环境不是思想政治教育的环境。而产生影响的外在环境因素大致上来看，分为“自发”产生影响的环境和“自觉”产生影响的环境。

一方面，思想政治教育作为客观的实践活动，人的思想发展及其教育要在具体的社会历史中开展，要受到具体社会中诸多因素的影响，不管人们意识到与否，环境都客观地影响着思想政治教育活动的开展。另一方面，思想政治教育主体又在按照思想政治教育活动的目标，有目的、有计划、有组织地创造、建设和优化着外在环境，使其形成有利于人的思想发展及其教育的外在因素，这些环境因素直接作用于思想政治教育活动，直接服从服务于思想政治教育活动的开展。当然，在大多数情况下，产生自觉影响的因素和自发影响的因素是不能截然分开的，它们都属于思想政治教育环境的范畴。

① 张耀灿，郑永廷，刘书林. 现代思想政治教育学 [M]. 北京：人民出版社，2001：2.

第三，思想政治教育环境优化是以人的思想发展及其教育为目标而进行改造的。思想政治教育环境优化是以外在影响因素为改造对象的特殊实践活动，其目的是通过外在环境的改造，创造一个有利于思想政治教育活动开展和人的思想提升的外部存在。首先是要改变“自发”影响因素中的不良成分，剔除和改造产生不良影响的外在环境要素；其次是深化积极成分，使之对人的思想发展及其教育产生的正面的影响，即转变为“自觉”影响；最后是提升“自觉”影响的要素的层次，使之围绕思想政治教育的目标发挥更为重要的影响。所以，思想政治教育环境是影响人的思想一切外在要素的总和。

（二）思想政治教育环境的特征

思想政治教育环境作为客观存在的现实环境体系，具有如下显著的特征。

第一，思想政治教育环境具有广泛性，这是指思想政治教育环境无处不在、无时不有。从纵向角度来看，既有历史的，又有时代的；从横向角度来看，既有家庭的、学校的，又有社会的、舆论的；从空间概念上来看，既有现实的，又有虚拟的，是一个广泛而普遍存在的环境系统。

第二，思想政治教育环境具有复杂性，这是指思想政治教育环境的存在形式和作用方式多样而复杂化。从环境的存在形式上来看，既有精神的，又有物质的；从导向性上来看，既有建构性的，又有消解性的；从作用形式上来看，既有隐性作用的，也有显性作用的；从作用的效果来看，同一环境对于不同人的效果也不同，同一人受到不同环境的作用效果也不同，具有较为复杂的情况。

第三，思想政治教育环境具有动态性，这是指思想政治教育环境无时无刻不处于变化之中，技术革命的持续更新，带来物质条件的变化、社会人际关系的变化，整体社会处于一种动态变化的常态。

第四，思想政治教育环境具有特定性，这是指思想政治教育对象所接触的环境，或者说对思想政治教育对象能够产生影响的环境是具体的、特定的。既可以是时间概念上的特定，指教育环境在某一时间段内对教育对象产生影响；也可以是空间概念上的特定，指教育对象在某一特定空间内受到的影响。

第五，思想政治教育环境具有可创性，这是指思想政治教育环境中可以进行建设和优化的部分，是可以发挥人的主观能动性进行优化和改造的，其目的也是为了更好地提高思想政治教育的实效性，为思想政治教育服务。

二、高校思想政治教育环境的概念及特征

（一）高校思想政治教育环境的概念

高校思想政治教育是自新中国成立以来，在中国共产党领导下运用马克思主义的世界观和方法论，通过认真总结高校思想政治教育实践发展经验，不断深化认识其科学发展的客观规律，逐步形成和发展起来的，其教育对象是高校大学生，其教育目的是为了培养德智体美劳全面发展的社会主义合格建设者和可靠接班人。进入新时代，从高校思想政治教育的教育对象出发，我们可以这样认为，高校思想政治教育环境是指围绕在高校大学生周围的，对高校思想政治教育活动及大学生思想品德的形成和发展产生影响的一切外部条件和因素的总和。

（二）高校思想政治教育环境的特征

1. 高校思想政治教育环境具有广泛性

广泛性是指客观事物所涉及的范围广，既可以是事物本身组成部分涵盖的范围广，也可以是事物对其他事物产生的影响和作用范围广。高校思想政治教育环境是由不同的环境因素相互联系组成的十分复杂的环境系统。同时，思想政治教育环境也能动地对高校大学生的思想观念、行为方式产生全方位的、广泛的影响。对于高校思想政治教育环境的广泛性，我们可以从以下四个维度来理解。

（1）高校思想政治教育环境的时间维度

高校思想政治教育环境从时间维度看，可以说是“无时不在”。人们思想道德的形成既受现实环境的影响，也受到历史因素的影响，具有历史性和继承性的特征。比如：高校办学方向的确立，既要适应时代的需求，也要立足本校的历史传统和学科优势，才能更好地体现自身办学特色；高校校风、教风、学风的形成，也是对自办学以来学校发展中各种精神文化的传承和弘扬；同样，一个民族和国家的精神，也是在前人不懈奋斗过程

中得以体现和升华，并广泛地影响后人的精神和价值追求。这些精神文化层面的环境因素，都具有历史的继承性。同时，作为个体的人，环境的影响是贯彻在其一生的全过程中。

（2）高校思想政治教育环境的空间维度

高校思想政治教育环境从空间维度看，可以说是“无处不在”。人的思想道德品行的形成、发展受自然环境和社会环境的影响，其中，社会的物质生活环境和精神生活环境对人的思想道德品行的影响至关重要。社会环境中的经济因素、政治因素、文化因素、制度因素等方面的变革都会引发利益的变化，导致社会关系的调整，从而直接或间接地影响着人的思想道德品行的形成。高校大学生虽身处校园，但学习和生活在空间上却不局限于校园，社会环境、家庭环境、经济环境、自然环境、网络环境等都会与其产生联系，或多或少都受到这些环境因素的影响。即使在校园内部，依然也会受到学校教学环境、宿舍环境、学术环境、人际环境等方面的影响。可以说，大学生在学习、生活、实践等所有方面都受到环境全方位的影响。

（3）高校思想政治教育环境的构成广泛

高校思想政治教育环境构成广泛，包含的组成因素众多：既包括物质环境，又包括精神环境；既包括国际环境，又包括国内环境；既包括社会环境，又包括自然环境；既包括现实环境，又包括虚拟环境；根据不同的归类，还有很多交叉却客观存在的环境因素，比如人际环境、家庭环境、学校环境、社区环境、工作环境、组织环境、舆论环境、文化环境等，这些都是大学生将会涉及的小环境或者说环境因素。

（4）高校思想政治教育环境的作用范围

思想政治教育环境的广泛性不仅包含影响因素的广泛性，还包括影响范围的广泛性。每个人生活在这些环境之中，都受到所在环境的直接或间接影响。既有积极的，也有消极的；既有正面的，也有负面的；既有有效的，也有无效的；既有强影响，也有弱影响。影响形式变幻多样、影响力度有深有浅、影响渠道多种多样，他们共同作用于人的思想道德和人格心理，使人受到环境的教育感染和熏陶。可以说，人们的思想观念、价值取向、行为方式是基于现实的社会关系、社会存在、社会条件等环境因素，在它们的广泛影响下逐渐形成的。通过广泛的环境因素，发挥知、情、意、

行等多种教育影响作用。所以，客观的环境对人的思想政治品德的形成、发展具有广泛的作用范围。

2. 高校思想政治教育环境具有复杂性

复杂性是世界存在的一种状态，是指由于整体与部分之间的非线性关系，使得我们很难通过局部来认识整体，或者从整体无法推导出每个部分。“从主观的角度而言，复杂性是一种思维方式，这种思维方式表现为非线性思维、整体性思维、关系性思维、过程思维等。”[①]正确认识高校思想政治教育环境的复杂性，需要从立足环境自身的复杂性和环境对人的影响的复杂性两个维度来分析。

（1）高校思想政治教育环境自身的复杂性

高校思想政治教育环境自身就是一个各种复杂因素的综合体，其复杂性从整体与部分的关系分析，主要表现在以下两个层面。

第一，环境整体的复杂性。高校思想政治教育环境是个宏观的总体性概念，其既是整体的部分，又是部分的整体。一方面，高校思想政治教育环境包含的组成部分众多，一切与高校思想政治教育相关的环境因素，都可以纳入其中。这些无法计数的环境因素相互之间存在包含、互斥或交叉关系，比如：网络环境与舆论环境之间存在交叉关系；社会环境与文化环境之间也存在交叉关系；文化环境与学术环境之间又存在包含关系，等等，各种不同的环境之间难以进行明确的类别或性质划分。另一方面，高校思想政治教育环境处于动态的发展变化之中。世界上的一切事物都是发展变化的，自然环境无时无刻不在发生变化，社会环境的发展变化更快。比如：在新中国成立以前，人民群众生活在半殖民地半封建的社会环境中，遭受“三座大山”的压迫是那个时代的社会环境的最真实写照，而新中国的成立，将人民带进了独立自由的新的社会环境之中；在党的十一届三中全会确定实施改革开放的政策后，我国的经济环境就由计划经济逐步转变为社会主义市场经济，并且带来了人民思想观念和精神面貌的深刻变化；中国特色社会主义进入新时代，在党的建设、深化改革、治国理政等方面的创新性发展，更是当来了政治环境、经济环境、文化环境等方面的巨大进步。所以说，

① 张耀灿，郑永廷，吴潜涛，骆郁廷. 现代思想政治教育学[M]. 北京：人民出版社，2006：298.

环境整体是变化的、动态的，更是复杂的。

第二，环境构成部分的复杂性。从整体与部分的关系逻辑上分析，整体发生改变，部分不一定会发生改变；部分发生改变了，整体也不一定就发生改变。体现在思想政治教育环境中，就是宏观环境与微观环境间的关系。宏观环境没发生改变，但微观环境可能发生改变；宏观环境改变了但微观环境可能未发生改变，等等。比如：一个国家在民主与法治制度的层面做出新的修订，但民众的民主和法治意识丝毫没有提高，这就是微观的民主与法治环境未变，而宏观的民主与法治环境已经改变；再比如：中国特色社会主义进入新时代，从微观角度，我国社会的基本矛盾发生了改变，但从宏观角度，我国处于社会主义初级阶段的基本国情依然没有发生改变。这些都是整体与部分关系下环境复杂性的重要体现。

（2）高校思想政治教育环境对人的影响的复杂性

高校思想政治教育环境对高校大学生的影响也是复杂多变的，在影响的性质、方式和力度上，都有不同的体现。

首先，影响性质的多重性。高校思想政治教育环境的初衷是对青年大学生产生积极的影响，但现实中，对于环境因素的片面解读或错误理解，导致了环境影响性质在客观上存在良性与恶性、积极与消极、先进与落后等各种良莠不齐的因素，鱼龙混杂，共同影响着高校大学生的思想观念和行为习惯。另外，同样的环境对不同群体的影响往往也存在较大的差别，不同群体在环境的选择和适应方面也存在很大不同。

其次，影响方式的多样性。高校思想政治教育环境对高校大学生的影响一般可以分为以下几种方式：“教育与环境的相互影响，环境对教育的单一影响，直接的影响，间接的影响；广泛的影响，个别的影响；深入持久的影响，浅层的偶然的影响；真实的影响，虚假的影响，等等。同时，这些影响方式又是交织在一起的，从而进一步增强了思想政治教育环境的复杂性。”①

最后，影响力度的多变性。微观环境通常是与某个特定群体关系较为密切的环境因素，对特定群体有较大的影响力，而有些微观环境与某个特

① 张耀灿，郑永廷，吴潜涛，骆郁廷．现代思想政治教育学 [M]．北京：人民出版社，2006：298.

定群体的关系不太密切，环境的影响力也就要弱一些。同一个微观环境对不同的群体，其影响力度也是不尽相同的。同样的社会环境，对古稀老人和青年大学生的影响是决然不同的，呈现出不同力度的影响力。

3. 高校思想政治教育环境具有开放性

高校思想政治教育环境是一种属人环境，而人又处于时间与空间的不断变化之中，因此，高校思想政治教育环境是一个具有开放性的系统。

（1）高校思想政治教育环境在状态上动态发展

马克思主义告诉我们，运动是绝对的，静止是相对的，不存在绝对的静止。事物的发展亦是如此，整个世界都处于不断变化和发展变化之中。伴随着社会基本矛盾的转变，社会环境的各个方面也在发生着变化，改变了思想政治教育的环境，变化了的环境又引发人们思想观念和行为习惯的改变。可见，高校思想政治教育环境处于永恒的动态变化中。高校思想政治教育环境涉及的方面众多，是一个开放的、动态的系统。环境的开放性加速了环境的发展变化，使思想政治教育环境呈现更加多变的特征：一是随着思想政治教育对象年龄的变化而变化，二是随着思想政治教育对象生活、学习、工作的环境变化而变化，三是在不同环境中，影响因素的主次顺序发生变化。因此，高校思想政治教育要根据教育对象的变化、教育环境的变化，不断调整教育目标，更新教育内容和教育方法，保持教育者与受教育者与环境的动态平衡，实现教育目标。

（2）高校思想政治教育环境在时空上无边无界

高校思想政治教育环境在空间上早已突破了传统校园环境范畴的界限。思想政治教育是作用于人的思想的教育活动，而人的思想观念和道德行为养成受到的影响因素相当广泛，是不可能在空间范畴上划分明确的界线的。因此，高校思想政治教育环境在空间上并没有明确的界线。尤其在信息化社会，科学技术和移动互联网的普及，更是拉近了不同空间的距离，实现了更大空间内的交流与互动，使全球都处于同一个网络空间之中，无限拓展了思想政治教育环境的空间边界。高校思想政治教育环境也突破了时间上的界线。高校大学生的思想观念受到高校思想政治教育环境的影响，但却并不一定和高校思想政治教育环境保持完全同步：既可能出现超越于环境的超前性，也可能出现落后于环境的滞后性。这种时间的异步性，就是思想政治教育环境在时间范畴上开放状态的重要标志。

4. 高校思想政治教育环境具有可塑性

思想政治教育环境具有可塑性是指思想政治教育环境中的部分因素可以在人的干预下发生改变，其目的是为了更好地提高思想政治教育活动的实效性。对于高校思想政治教育环境，我们研究其可塑性，要从以下两个角度去准确掌握。

（1）环境可塑性的相对性

思想政治教育环境并非抽象的概念，而是具体的、特定的概念。因为，对于每个人来说，其生活所处的空间就可以称之为外部环境，但每个人都不可能接触到所有的外部环境，因此，与这个有着密切联系，对其产生影响的环境是局部的，是具体的、特定的环境。对于具体的、特定的环境，人类可以发挥能动的作用，对其产生影响，并在一定程度上改变环境。而这种改变，对环境的塑造具有相对性。

一方面，思想政治教育环境的可塑性具有相对性。高校思想政治教育环境既包括社会环境，也包括自然环境。从高校思想政治教育工作者角度来看，社会环境属于大环境，超出高校思想政治教育工作者所能发挥能动作用的范围，无法改变它，因而属于不可塑环境，只能选择被动接受这个环境。同样是社会环境，对于从事国家管理的高层管理者来说，这个环境又具有可塑性，可以通过政策手段、法治手段、经济手段、文化手段等措施，产生能动的影响，促使环境发生缓慢的变化。因而，对于思想政治教育的环境来说，其可塑性是一个相对概念，体现为不同社会角色作用力的大小不同，对环境产生的能动作用和塑造力或大或小、或有或无。因此，环境的可塑性是一种相对属性。

另一方面，对环境的塑造力也具有相对性。对于思想政治教育工作者来说，其塑造力大小也是相对的，例如：思想政治教育工作者可以对本校的思想政治教育环境塑造产生作用，塑造更有利于提高思想政治教育实效的环境，但对于社会环境的塑造却无能为力；同样，一个国家的治理者和管理者可以对本国经济环境制定政策，影响和塑造本国的经济环境，但却对国际环境无能为力。同样的主体，面对不同环境的塑造力度也不尽相同。

（2）环境可塑性的局部性

从思想政治教育环境建设者的角度看，教育环境可分为两部分：一部分是不可塑的，一部分是可塑的。对于社会环境，思想政治教育工作者不能改变它，但可以提供建议并净化它。思想政治教育的小环境，即学校环境、工作环境、家庭环境和社交环境等，则是可塑的或局部可塑的。其中，学校环境、工作环境是可塑的，社交环境是部分可塑的，教育者可以调节家庭成员之间的关系、转变态度和提高家庭成员的认识角度来看，家庭环境也是部分可塑的。思想政治教育环境的建设者应当尽一切可能按照教育目的去设计、塑造和影响小环境。所以，“从思想政治教育角度看问题，不论是大环境，还是小环境，都不是纯粹自在的环境，而是人为的或者有人为因素的环境，是教育者设计、塑造、影响和净化的结果”[①]。思想政治教育工作者正是根据环境能够被认识和改造这一特征，积极构建和优化思想政治教育育人环境，充分发挥环境育人功能。思想政治教育工作者只有最大限度地控制和利用好教育环境，才能取得最佳的教育效果。

5. 高校思想政治教育环境具有意识形态性

对于高校思想政治教育环境的认识，必须要紧紧围绕思想政治教育这个中心，关注一切与高校思想政治活动有关的环境因素，深刻认识思想政治教育活动的本质。思想政治教育工作是中国共产党领导下的，以马克思主义为指导思想的，改造人的思想实践活动，以思想教育、政治教育、道德教育、心理教育等为主要内容，以传播马克思主义及其中国化的理论，培养社会成员的社会主义共同理想和共产主义远大理想，完善人格，实现人的全面发展为主要目标。从阶级意义上来说，思想政治教育实践是为了服务于治国理政，服务于中国特色社会主义现代化建设的，具有一定的阶级性和意识形态性。在社会主义国家，工人阶级是领导阶级，权力属于人民，人民是国家的主人，社会主义国家的思想政治教育工作代表着最广大的无产阶级的阶级意识形态性质。

我们的教育事业是服务于人民，服务于中国特色社会主义现代化建设。作为国家教育事业重要组成部分的高校思想政治教育工作，更是如此。作

① 陈秉公. 思想政治教育学原理. [M]. 北京：高等教育出版社，2006：260-261.

为直接关系到高校大学生思想发展和健康成长的灵魂科学，必须要具有强烈的意识形态性。思想政治理论课是高校思想政治教育工作的主阵地，对于营造良好的高校思想政治教育环境尤为重要：一方面，思想政治理论课课堂应当坚持马克思主义的方向性，不是说杜绝其他理论在课堂上出现，而是要把握好马克思主义的核心指导地位，其他学说与理论都要服务于马克思主义，有助于更好地帮助高校大学生认识和理解马克思主义理论。另一方面，思想政治理论课课堂要科学地“灌输”意识形态，这里并非指强制性的单向教育活动，而是基于双主体性基础上，具有新时代特色的思想政治理论课教学方式，用生动活泼、形式多样、喜闻乐见、易于接受的教学形式，使大学生科学认识中国的政治制度、经济制度、法治体系和国际上重要国家的基本国情等，帮助高校大学生树立“四个意识”，坚定“四个自信”。这是高等学校要培养德智体美劳全面发展的社会主义合格建设者和可靠接班人的必然要求。因此，高校思想政治教育环境的创设，要坚持意识形态的方向性和科学性。

高校思想政治教育环境可以划分为社会环境和自然环境。思想政治教育的社会环境是围绕在人周围的环境，其很大程度上取决于人们的社会生活环境，受到人们社会生产、社会活动、社会行为的影响，从宏观的国家制度、国家治理、社会意识，到微观的个人意识和行为，都会受到管理阶层的意识的影响，社会生活环境难免不具有意识形态的特征，而作为其重要组成部分的思想政治教育环境也难免不具有意识形态的特征。同样，即使是自然环境，在不成为思想政治教育环境组成部分的时候，属于纯粹的自然因素，不具有意识形态特征，但作为思想政治教育的因素时，就具有意识形态色彩，同时也就成为思想政治教育自然环境的组成部分。

三、环境与思想政治教育的关系

在《辞海》中对环境的概念界定有两种：一种是指围绕所辖的区域即环境；另一种是指一切围绕在人类周围的外部世界的统称，是人类赖以生存和发展的社会和物质条件的综合体。前者是广义的环境，是包括人在内的一切事物。后者是狭义的环境，专指以人为中心项的外部客观存在，具

体来说，就是指“环绕在人的周围并给人以某种影响的客观现实，即人的生活的所有外部条件的总和”[1]。一般包括自然环境、社会环境和精神环境。

（一）环境与人的关系

关于环境与人的发展的关系，历史上许多哲学家和教育学家都有过论述。马克思在分析环境在人的个性的形成中的作用时说：“人创造环境，同样，环境也创造人。”[2]这就指明了环境与人的辩证统一关系。一方面，人生活在环境中，不能脱离环境独立存在，“观念的东西不外是移入人的头脑并在人的头脑中改造过的物质的东西而已”[3]。即个人思想品德、行为方式、价值观念的形成与社会存在密切相关，随着社会环境的改变而变化。因而是环境决定人。另一方面，马克思也不认同环境的作用被夸大化、绝对化，认为人能够作用于环境，人在接受环境的影响时并非是消极、被动的，而是积极、能动的，是可以进行有效的过滤和选择的过程。

（二）环境与思想政治教育的关系

思想政治教育作为培养人的思想品德、行为方式和价值观念的教育活动必然会与环境密切关联，并且在教育过程中受到思想政治教育环境的重要影响，其影响力主要体现在三个方面：感染力、约束力、推动力。

所谓感染力，是指思想政治教育环境通过其自身无形的感染力量，影响人的情感认同，陶冶人的情操，使人在潜移默化中受到影响和改变。不同的环境对人的感染力是不一样的。好的环境能促使人积极向上、情趣高雅，坏的环境会带给人消极颓废、情趣低劣的影响。平等有爱、和谐欢乐的家庭环境对人会产生阳光且积极的感染力，淡薄冷漠、急躁暴力的家庭环境会对人产生消极悲观的影响；同样，干净整洁、优美宜人的自然环境和脏乱无序、杂乱无章的环境对人的影响是决然不同的。这些都说明环境的感染力和熏陶力之大。

---

① 陈万柏，张耀灿主编. 思想政治教育学原理（第 2 版）[M]. 北京：高等教育出版社，2007：96.

② 中共中央马克思恩格斯列宁斯大林著作编译局编译. 马克思恩格斯选集（第一卷）[M]. 北京：人民出版社，1995：92.

③ 中共中央马克思恩格斯列宁斯大林著作编译局编译. 马克思恩格斯选集（第二卷）[M]. 北京：人民出版社，1995：112.

所谓约束力，是指环境通过对人产生的巨大精神力量，可以有效控制人们的行为，促进好的行为习惯的养成。良好的环境可以约束和控制不良风气的滋长，不良的环境则有可能助长歪风邪气的滋长和蔓延。环境对人的约束通常是通过舆论的道德力体现出来的。这种约束力使身处环境中的人，对于不符合环境运行规则的行为方式产生抑制作用；对于符合环境运行规则的行为产生传播认同和推动弘扬作用。

所谓推动力，是指环境在人的思想道德品行的形成中的后天促进作用。好的环境能够激发人积极向上，引导人走向真善美；坏的环境，则更容易驱使人走向假恶丑。无论社会环境还是自然环境，都具有巨大的推动力。全社会形成崇尚教育、崇敬人才的氛围，对于人才的成长有积极的养成作用，对于培养大量的社会主义合格人才具有积极作用。“文化大革命”结束后的拨乱反正和改革开放以来的实践就很好地证明了这一点。优美的自然环境对于人的身体健康、身心和谐具有积极的作用，有科学研究显示，人在不同的环境中工作的效果有着很大的差别，这就说明自然环境对于人也同样有着重要的影响。

第二节　思想政治教育环境的影响

一、国际环境对高校思想政治教育的影响

历史和现实表明，一个政权的瓦解往往是从思想领域开始的。思想防线被攻破，其他防线就很难守住。进入新时代，世界面临着百年未有之大变局，世界大调整大变革加速展开，国际环境更加复杂多变，不仅影响着我们的经济生活和社会生活，而且也越来越影响着我们的精神领域，高校思想政治教育工作面临的国际环境中的不确定性与不稳定性明显增大。

（一）全面介入高校大学生的思想空间

近代以来，西方列强就十分重视通过新媒体，推行文化渗透，宣传殖民主义思想，为其侵略中国、控制中国的行径制造合理性舆论。时至今日，

西方一些国家依然惯用此伎俩，在中国高校大学生的成长过程中，千方百计、拐弯抹角地涉入以达到自己不可告人的秘密。进入21世纪以来，移动通信技术及移动终端广泛普及，互联网和智能手机用户大幅增加，高校大学生是利用网络媒体最广泛的群体，最容易接触到各种外来信息。以美国为首的西方国家依靠其对网络技术的垄断，利用网络推行“民主化进程”，以Twitter、Facebook等社交新媒体为主要平台，综合运用其他多种媒介开展意识形态活动，全面渗透进高校大学生的学习、生活和思想的方方面面。比如：通过著书立传、创办刊物、传播多媒体信息等方式来宣传西方的政治制度和价值观念，潜移默化地诱导高校大学生的价值观倾向；举办学术性研究和研讨，以带有倾向性的所谓“权威”解读，弱化中国现有制度的合理性和合法性，间接贬低中国的政治制度和价值观；通过各种媒体煽动“中国威胁论”等极端观点，极力挑拨中国和其他国家的关系，抹黑中国作为“和平崛起大国”的正面形象；炒作和放大中国国内的负面新闻，歪曲事实、片面解读、大肆宣传，企图给全球人民塑造中国社会乱象横生的假象，使大学生形成错误的解读和认知。

（二）在意识形态上的隐性入侵

西方社会对高校大学生思想价值观念的影响，已经由初期直接的、显性的价值观输出，逐渐转变为间接的隐形入侵。进入新时代，西方国家企图通过多种言论混淆是非黑白，搞乱中国思想界，干扰和误导中国舆论走向，借此达到控制中国知识分子的意识形态，影响中国决策的阴谋从未停止；不断抛出“普世价值观”“人权”“自由”“多党制”等意识形态方面的讨论，企图影响人民群众、企事业单位人员、高校大学生的家国情怀，干扰社会主义国家的和平稳定，颠覆社会主义制度在中国的地位，实现其“和平演变”的阴谋。一段时间以来，随着中国综合国力的不断增强，“中国威胁论”不断升级。“西方国家逐渐转变战略，将争夺人心、文化渗透作为遏制乃至控制中国的最重要手段，千方百计地抹黑中国，将中国正常的行政监管措施污蔑为专制、独裁，大肆指责中国图谋霸权、进行扩张。”[①] 西方国家在意识形态上的入侵从来没有停止，不断变换着形式对中国人民，

---

① 李士珍，曹渊清，杨丽君．警惕西方对我国的文化渗透[J]．红旗文稿，2018（05）：34.

尤其是对以高校大学生为代表的青年一代已有价值观造成冲击，不利于高校思想政治教育工作的开展。

（三）多元文化侵蚀主流价值观

随着信息流通越发通畅，文化更新越发快速，人类社会也越来越复杂，各种文化的生长面临着不同的机遇与挑战，引发了多种价值观念的形成和发展，产生了层出不穷的多元文化。同时，现代社会的复杂结构，必然产生服务于社会发展的不同文化需求，这些不同的文化需求进一步促进了多元文化的产生。多元文化的传播给高校大学生带来价值选择上的困惑，阻碍思想政治教育主流价值观教育顺利推进。文化的发展和繁荣离不开相互间的交流，多元文化背景下，既有文化之间的相互包容，也存在文化之间的冲突；既有文化的积极因素，也有文化的消极因素；既有针对不同民族的文化公平，也有针对同一个民族的文化不公。这种冲突与包容并存的状态下，如何取舍和吸收成为不小的难题，尤其对于正处于世界观、人生观、价值观尚未定型的高校大学生来说更是不小的挑战。由于对社会的理解程度不够，对国家、民族、政治制度、民族意识等概念还缺乏较为系统性的认识和科学性的理解，多元文化中包含的非科学社会主义的思想与价值观念往往容易让高校大学生难辨其真伪，迷失其中，甚误入歧途，客观增加了大学生价值观教育的外在阻力和选择困惑，严重阻碍和冲击着高校主流意识形态教育。

（四）淡化家国情怀和民族意识

家国情怀是中华优秀传统文化的基本内涵之一，是公民对国家和民族的一种认同感，在增强民族凝聚力、建设幸福家庭、提高公民意识等方面都有重要的思想价值。民族意识，即民族共同心理素质，是指各民族在形成和发展过程中凝结起来的表现在民族文化特点上的同一的心理状态。极端、狭隘的民族意识会给民族稳定团结造成严重威胁，而民族意识淡漠，则会导致民心难聚，中华民族的复兴之梦难圆。经济全球化带来了国家间依赖性的增强，带来了相互间交流的常态化，当前大学生面临的国际环境呈现出前所未有的开放状态，国家间的地理界线淡化，人员的自由流动和往来，文化和生活空间的自由切换相互交融，客观地造成青年大学生家国

情怀和民族意识的淡化。西方国家正是利用青年大学生认识肤浅、思想片面，尚未形成较为稳定价值观的特殊阶段，不用突破国家地域边界，就可以打着“局外人”“公正第三方”的旗号，大肆宣扬其价值观和政治取向，弱化青年大学生对国家和民族的热爱之情，给高校思想政治教育工作带来负面影响。

（五）误导高校大学生行为习惯养成

行为习惯是由一再重复的思维方式、处世态度在长期生活中形成的，具有很强惯性的一种思想和行为方式。无论是好的习惯还是坏的习惯，人们往往会在生活中不由自主地启用自己的习惯。对于高校大学生来说，养成良好的行为习惯，会对其一生都产生积极的影响。20 世纪 80 年代以来，西方社会，尤其是以美国为首的国家开始利用电视、电影、音乐、广告等文化产品，以肯德基、麦当劳、星巴克、迪士尼等大众消费品为载体，潜移默化地输出资本主义的生活方式、思维方式和价值理念。高校大学生正处于价值观和行为习惯的养成时期，对于新鲜事物的接受和模仿能力较强，不喜欢与身边人“雷同”，崇尚更加“个性化”“与众不同”的行为方式。这些产品所带来的西方生活方式中潜藏着拜金主义、享乐主义和极端个人主义等错误观念与生活理念，很容易被高校大学生所吸收并追捧，潜移默化地改变着高校大学生的消费观，引发了拜金主义、享乐主义和极端个人主义错误思想在高校大学生中的潜在蔓延，不利于高校大学生养成良好的行为习惯，也在某种程度上冲击着中国的传统文化与价值观念。

二、文化环境对高校思想政治教育的影响

进入新时代，我们面对的不仅是新的政治环境和新的经济发展状况，同样面对的还有新的文化环境。在意识形态领域，马克思主义指导地位更加鲜明；在党的建设领域，党的理论创新全面推进，党对意识形态工作的领导进一步加强；在文化传承与发展领域，社会主义核心价值观与中华优秀传统文化一脉相承并广泛弘扬；在群众性文化领域，群众性精神文明创建活动扎实开展，中国特色社会主义和中国梦深入人心。社会文化环境的变化直接影响了高校思想政治教育的文化环境。新时代的高校思想政治教

育文化环境呈现出多种文化并存的复杂局面。

（一）中国特色社会主义文化与外来文化并存

中国特色社会主义文化是指渊源于中华民族五千年文明史，植根于中国特色社会主义的实践，具有鲜明的中国特色的文化形式，以中华优秀传统文化、革命文化和社会主义先进文化为主要内容。中国特色社会主义文化反映着我国历史、社会、经济和政治发展的基本特征，是凝聚和激励全国各族人民的重要力量，是综合国力的重要标志。中华民族内部不同民族、不同地域、不同语言背景的多种文化，都是中国特色社会主义文化生成的土壤，是中国的本土文化。但在经济全球化背景下人口自由流动频繁的今天，来自本国外部不同意识形态、不同历史文化背景、不同民族习俗观念的文化，在国际交流过程中逐渐传入中国，并在中国生根发芽，与中国的本土文化相互交融中，我们称这些文化形式与内容为外来文化。比如：源自西方的情人节、万圣节、圣诞节等西方节日，以肯德基、麦当劳为代表的西式快餐式饮食等都是外来文化的重要形式。

中国特色社会主义文化与外来文化都是高校思想政治教育文化环境的重要组成部分。高校思想政治教育文化环境的创设直接关系和影响着中国高校办学的社会主义底色问题，关系着“为谁培养人，培养什么人”的核心问题。伴随着高等教育的开放性和国际化，外来文化进入高校与中国特色社会主义的文化产生交流与交融，促进了中国特色社会主义文化的繁荣与发展，但同时外来文化中也不乏对社会主义文化贬低、否定的文化因素存在，尤其是一些西方国家不怀好意地“唱衰”中国，不可避免地对高校大学生的思想产生消极影响。面对两种文化并存的局面，如何把握住中国特色社会主义文化的主线，合理利用外来文化并扩大其积极影响，降低其消极影响，成为当前高校思想政治教育文化环境建设所面临的问题之一。

（二）历史文化与创新时代文化并存

历史文化是历代文化主体创造的文化成果的积淀，代表着文化要素的历史阶段性。时代文化是文化主体在实践中创造的新的文化成果，它体现着文化要素的现实性和时代性。由于二者不同的历史背景和创造主体，形成了相互区别的价值意识体系，从而可能导致价值冲突和激荡。历史文化

与时代文化是辩证统一的，他们的继承和创新推动着文化环境不断丰富和发展。冯友兰说：“中华民族的古老文化虽然已经过去了，但它也是将来中国新文化的一个来源，这不仅是过去的终点，也是将来的起点。”[①]因此，时代文化不是对历史文化的全部否定，而是对历史文化批判继承基础上的再创造。

无论是历史文化还是时代文化，都是高校思想政治教育文化环境的重要组成部分，高校大学生都会同时面对二者的选择问题，如何正确认识和科学选择就成为思想政治教育工作的难点之一。习近平总书记曾经形象地描述：“博大精深的中华优秀传统文化是我们在世界文化激荡中站稳脚跟的根基。”[②]中华文化源自中华民族五千多年的文明历史，熔铸于中国共产党领导人民在革命、建设和改革中创造的革命文化和社会主义先进文化，植根于中国特色社会主义伟大实践。抛弃传统、丢掉根本，就等于割断了自己的精神命脉，不但要继承和弘扬优秀传统文化，还要努力实现传统文化的创造性转化和创新性发展。要有选择地合理利用历史文化，取其精华，去其糟粕，使历史文化与时代文化相融相通，努力构建充分反映中国特色、民族特色、时代特征的文化体系，增强中国文化的传播力和亲和力，建设文化强国，提高文化软实力。

（三）精英文化与普及大众文化并存

精英文化主要是指雅文化，它呈现为内容完整、结构严谨、逻辑严密的知识体系。其创造主体是专门的思想家和知识分子群体，马克思、恩格斯从阶级关系的视角对此进行了精辟的分析：“分工也以精神劳动和物质劳动的分工的形式在统治阶级中间表现出来，因此在这个阶级内部，一部分人是作为该阶级的思想家出现的，他们是这一阶级的积极的、有概括能力的玄想家，他们把编造这一阶级关于自身的幻想当作主要的谋生之道，……”[③]与之相比，大众文化是指以现代传媒为依托进行大量生产、以

① 冯友兰．阐以辅新命 [M]．上海：远东出版社．1994：230.

② 习近平在中共中央政治局第十三次集体学习时强调：把培育和弘扬社会主义核心价值观作为凝魂聚气强基固本的基础工程 [N]． 人民日报，2014-02-26.

③ 中共中央马克思恩格斯列宁斯大林著作编译局编译．马克思恩格斯选集（第一卷）[M]．北京：人民出版社，1995：99.

满足大众审美和感性愉悦为旨归的日常文化形态，其创造主体是大众，具有通俗性和易懂性，渗透到日常文化生中并反映大众的文化状况。精英文化与大众文化并存于社会文化体系之中，共同构成了文化环境的要素形态。伴随着中国社会的不断开放，精英文化传入中国，逐步为广大人民群众所知晓和接受。在中国的教育系统中，高校作为培育有理想、有道德、有文化、有纪律的高层次社会主义合格建设者和可靠接班人的教育场所和文化场所，在培养人才和文化育人方面占据着独一无二的特殊地位。

一方面，高等学校是培养精英阶层的主阵地。当前社会教育系统下，高等教育作为培养高层次人才的主渠道，培养的学生毕业后大多数都成为社会中的高层次人才、专家学者、企事业管理阶层，也就是通常所说的精英阶层。因此，在高校接受教育，成为普通大众向上进入精英阶层的首选通道。另一方面，高校是连接大众文化与精英文化的桥梁。由于高校的文化育人属性，高校融合并连接了大众文化与精英文化，使得受教育者在受教育过程中潜移默化地实现了由大众文化向精英文化的过渡，为进入精英阶层做了文化与思想上的准备。

（四）先进文化与落后文化并存

先进文化和落后文化体现了文化要素的不同性质，二者的对立统一成为思想政治教育文化环境不断发展的动力之一。文化是主体为获得自由而创造的，其价值意义也是对作为主体的人才具有存在意义。因此，要弄清先进文化与落后文化之间的界线，最根本的就是要认识到人是判断文化进步与否的根本尺度。这里的“人”具有双重内涵，既以个体的形式存在，即与“物”相对立的概念；又以集体的形式存在，即人民群众的集体概念。因此，人民应当成为判断文化进步与否的根本标准。毛泽东同志用“人民性”规定了新民主主义文化的性质：“民族的科学的大众的文化，就是人民大众反帝反封建的文化，就是新民主主义的文化，就是中华民族的新文化。”[①] 并把为人民服务作为新文化与其他文化相区别的根本标准。先进文化是指有利于人民自由而全面发展、代表社会发展方向的文化，而背离这一标准的则是落后文化和腐朽文化。高校思想政治教育文化环境的发展亦是在先

① 毛泽东选集（第二卷）[M]. 北京：人民出版社，1991：708-709.

进文化和落后文化的斗争中不断丰富与发展的。

三、社会环境对高校思想政治教育的影响

社会环境是一个较为复杂的综合体,属于宏观概念,其中包含政治因素、法治因素、家庭因素、校园因素、社会风气因素、就业因素等多种环境因素。这些因素都或多或少对高校思想政治教育产生影响。本节只探讨政治因素、法治因素、社会风气因素对高校思想政治教育的影响。

(一)政治因素

政治环境是一个普遍存在的客观概念，世界上任何一个国家都有政治环境。政治环境对人的政治观念、民主意识的形成有着重大影响，是实现人的政治社会化的客观条件，是形成人的政治观的外在重要因素。政治生态建设作为党的建设作中的一项重要内容，不仅影响到政治建设总体工作的进度和效果，同时也关系到党和国家发展的质量与水平，是保证中国特色社会主义各项建设工作顺利开展的前提和基础。

政治生态是党风、政风、社会风气的综合体现。政治生态的状况，直接决定着从政环境的好坏，关系着党的形象和人心向背。自然生态要山清水秀，政治生态也要“山清水秀”。营造良好政治生态是党的政治建设中基础性、长期性、经常性的工作。

高校思想政治教育环境与社会政治环境之间存在交集，社会政治环境中的因素必然成为高校思想政治教育环境的组成部分，直接影响着大学生的政治观念、政治认同与政治价值取向，同时作为客观的社会存在，又反过来影响着党和国家政策的落实，影响着人民民主专政的落实和人民权利的实现。

第一,政治环境关系着高校大学生的政治价值观。马克思主义告诉我们,社会存在决定社会意识，社会意识是人们对周围环境、社会生活、社会关系的认识，是对社会存在的反映，它依赖于社会存在又反作用于社会存在。在互联网技术发达的今天，国内外形势的变化、重大事件的发生，任何事件都有被放大和歪曲的可能，歪曲的解读和传播背后往往隐藏着不可告人的政治阴谋，传递着不符合我国国情的政治价值观，这些都很容易引发大

学生思想的波动，影响着他们的政治态度和政治价值观。

第二，政治环境关系着人民民主专政的真实性。我国是工人阶级领导的、以工农联盟为基础的人民民主专政的社会主义国家，一切权力属于人民。这就决定了人民拥有国家最高的政治权力和政治地位。同时，政治环境中的政治理论、政治纲领规范着人民的政治意识和政治行为。中国特色社会主义政治环境的建设必然需要紧紧围绕保障和实现人民权力这一中心。随着我国民主法治环境的健全与不断完善，当代大学生的法治意识和维权意识不断提升，对于自己的政治权利的维护和实现意向也更加强烈。营造良好的政治环境，对于人们的政治意识、政治热情、政治态度和政治行为具有重大影响。高校思想政治教育环境建设要把政治教育作为其中的重要内容，这既是政治环境建设需要实现的目标，也是保障人民权利实现和人的全面发展的应有之义。

第三，政治环境关系着党和国家政策落实的时效性。在政治环境的诸多要素中，党和国家的路线、方针、政策是引发人们政治思想变化的最经常性因素。大学生的政治思想意识就是在正确认识和贯彻党和国家路线、方针、政策的过程中接受影响、实现转化的。不同时期党的路线、方针、政策往往容易对这一时期人们的思想状态和精神面貌产生重要影响，提高人们执行党和国家路线、方针、政策的自觉性，也正是思想政治教育的基本任务之一。因此，思想政治教育需要将视野投向政治环境，把握政治环境与人的思想道德形成之间的规律，才能全面提高思想政治教育的实效性。

（二）法治因素

依法治国、建设社会主义法治国家，是党领导人民治理国家的基本方略，也是国家和社会治理趋向文明过程的客观要求。法治环境是指全社会主张法律主治、依法而治所形成的特定意义上的社会环境。法治环境的立足点在于控制权力的滋生与腐败，法治环境的出发点与归宿点都是维护和改善公民的权利。好的法治环境有利于维护、保障、促进、规范和巩固生产力，对生产力的发展起着促进作用，对于社会文明进步和管理制度化起到积极的维护作用。

随着我国法治环境建设的加快，社会的民主化程度不断提升和法治环

境的持续完善，极大地增强了人们的民主、法制意识，而且这种民主意识和法治观念是相统一存在的，民主权利需要以知法、懂法、护法的法制观念为保障。法治环境的极大改善对高校大学生的思想道德与法治意识的培养有积极的作用。

首先，大学生的法治意识逐渐增强。社会成员法治意识的增强，通常体现在其日常生活和政治生活的方方面面。在日常生活中，社会成员的权利意识、维权意识日渐强化，契约精神日益增强，遵守法律规章的自觉性有很大提高。大学生作为社会成员，一方面，身处社会之中必然受到法治环境的影响，潜移默化地增加了自身的法治意识；另一方面，其在高校接受教育的过程中，培育法治意识、掌握一定的法律常识也是高等教育的必修内容，这些都为高校大学生的法治意识提升提供了外在环境和客观条件。在政治生活中亦是如此，人具有政治性，政治生活是人全面发展所必需的组成部分。我国是人民民主专政的社会主义国家，人民民主权利需要依靠立法、执法作为保障，才能保证人民民主的普遍性、真实性。

其次，法治意识的增强有助于良好道德的养成。“法律是成文的道德，道德是内心的法律。法律和道德都具有规范社会行为、调节社会关系维护社会秩序的作用，……”[①] 法律与道德一样，都是规范人们言行的准则。大学生法治意识的强化，有助于他们更好地理解法律法规，理解社会规则和道德准则，在此基础上接受这一行为的约束标准，最终在行为上表现为遵守道德、遵纪守法。法治意识的强化可以促进良好道德的养成。

最后，道德水平的提高可以支撑法治国家的建设。道德具有一定的教化作用，全社会道德水平的提高，有助于社会形成和谐有序的社会秩序和社会环境。道德在其目的上和法律上具有一致性，都是为了营造良好的公共秩序和规范个人行为。道德水平的提高，可以降低法律实施的成本，有利于法治环境的构建和法治国家的建设。

（三）社会风气因素

社会风气就是社会风尚和习气，是一种无形的教育资源，主要包括：社会道德风尚、社会治安秩序和社会心理状态等。社会风气是社会中经济、

---

① 习近平. 习近平谈治国理政（第二卷）[M]. 北京：外文出版社，2017：133.

政治、文化、道德状况等各类社会状态的综合体现，是广大社会成员精神风貌的总体表现。社会风气是对社会经济状况的反映，是社会意识形态的表现形式之一。但社会风气并非直接反映经济状态，而是要经过社会制度、社会文化和社会道德状况折射后间接反映。社会经济状况、社会政治、文化、教育和道德状况都是社会风气好坏的重要影响因素。社会风气一旦形成，具有较长时间的稳定性和巨大的能动作用。它以强大的社会舆论和社会习惯势力，广泛渗透在社会生活的各个领域，约束着人们的言论和行动，推动或阻碍社会发展。一个社会的风气正，就必然对人们具有强大的正面教育力和感染力，就会促使人们的思想朝着健康、进步、向上的方向发展，即使少数人价值观念不正确，思想行为不规范，也会受到集体风气的感染和同化，在潜移默化中发生改变和转化。相反，如果一个社会的风气不正，歪风邪气盛行，正确的思想观念得不到弘扬和提倡，错误思想行为受不到批判和纠正，良莠不齐、是非不分、黑白颠倒，必然会挫伤人们的自尊心和正义感，产生思想混乱，否定社会现状，甚至使原本拥有正确价值观的人产生错误的价值判断。社会风气通过潜移默化地影响高校大学生的思想行为对高校思想政治教育工作能够产生积极、正面或者是消极、负面的作用。良好的社会风气会带给大学生正面的引导，有助于培养大学生乐观进取、精神振奋、道德高尚、勤劳朴实的精神风貌；不好的社会风气则会传递给大学生消极悲观、斗志涣散、道德败坏、懒惰奢侈的不良习惯，不利于青年大学生的健康成长与思想政治教育工作的开展，更关系到整个中华民族的精神面貌和民族兴衰。因此，必须坚决谴责和抵制各种歪风邪气，努力营造良好的社会风气。

社会人际关系也是社会风气中的重要因素。大学生作为独立的社会成员个体，不可避免地参与到社会环境的人际关系中来。例如：以前高中时的同学关系，自己与亲人之间的亲情关系，在社会实践中与陌生人的路人关系，社会生活中和兼职过程中的契约关系，等等，都是大学生活中所要经历和发生的关系，这些关系或是阶段性的，或是长期发生的，但都在大学生的不同人生阶段出现过。这类人际关系环境，不同于校园内师生关系、同学关系、室友关系，但依然会对大学生是生活和思想产生影响。概括来说，社会环境的中的人际关系协调得好，既能提高学习和工作效率，又能使人

心情愉悦，有益身心健康发展；人际关系处理得不好，就会降低学习和工作效率，还容易陷入人际纠纷的困扰之中，不利于身心和谐发展。因此，营造良好的人际关系环境是高校大学生健康快乐进行生活和学习的重要基础。

第三节　思想政治教育环境的作用

在思想政治教育实践活动中，环境的作用与个人的能动作用是辩证统一的。马克思分析环境在个性形成中的作用时说：“人创造环境，同样，环境也创造人。”[①]指明了环境和人之间的辩证统一关系。一方面，人生活在环境之中，一刻也离不开环境的影响，因而，是环境决定人，客观决定主观。马克思认为，人是社会的人，从出生到离开世界，都生活在环境之中，受着各种环境的制约和影响，人也是在环境的感染和熏陶下，才逐渐形成思想道德和心理素质，成为社会的人。另一方面，人不是环境的奴隶，而是环境的主人。马克思认为，人们接受环境的影响不是消极的、被动的，而是积极的、能动的实践过程。人在不同环境条件下，会做出不同的反应和选择。人的这种能动性主要表现在两个方面：第一，同样的环境，不同的人，接受环境的影响力度不一样。有时，在同样的环境条件下，不同的人所形成的思想道德和心理素质有着天壤之别。第二，人们在接受客观环境影响的同时，能动地改造着客观环境，又同时改造着自己的主观世界。总之，人是环境的产物，同样，人也创造着环境。

马克思对于人与环境的认识具有科学性，一方面从唯物主义的观点出发，承认环境对于人、对于教育的决定作用，另一方面更坚持辩证法，强调人对环境的能动改造作用。因此，我们在认识环境与人的影响作用问题上，要明确反对两种错误倾向。首先，要反对环境决定论。环境决定论片面夸大了环境的决定作用，认为人的一切思想道德和能力的养成都来自外界环境，人与人之间的造差异也是由外界环境成的，个人和教育在环境面前是

① 中共中央马克思恩格斯列宁斯大林著作编译局编译．马克思恩格斯选集（第一卷）[M]．北京：人民出版社，1995：92.

无能为力的。这种观点片面夸大了环境的作用，忽视了教育的主导地位和作用，也否定了人的主观能动性，因而是片面的、有害的。其次，要反对环境无用论。环境无用论认为人的生理和遗传因素是人们思想道德养成和社会成员行为差异的根本原因和决定因素。这片面夸大了生物因素对人思想和行为的作用，否定了社会环境和教育的决定作用。马克思对环境与人、环境与实践的辩证关系作出的科学论述，体现了思想政治教育环境在人的社会实践过程中所起的重要作用，具有物质保障、价值导向、感染熏陶、精神动力和行为约束等五个主要功能。

一、物质保障功能

环境为人的生存和发展提供了客观物质条件。马克思、恩格斯指出："我们首先应当确定一切人类生存的第一个前提，也就是一切历史的第一个前提，这个前提是：人们为了能够'创造历史'，必须能够生活。但是为了生活，首先就需要吃喝住穿以及其他一些东西。因此第一个历史活动就是生产满足这些需要的资料，即生产物质生活本身，……"[①] 在这里，马克思和恩格斯指出了物质环境是一切人类活动的基本条件。高校思想政治教育也是如此。高校思想政治教育作为人类的社会实践活动，需要一定的物质条件作为前提，需要各种资源、设施、场所等作为开展实践活动的物质保障。

物质环境是保障高校思想政治教育工作顺利开展的基本前提，可以为思想政治教育工作的开展提供全方位的物质保障。国际环境为大学生的成长和发展提供了国际交流的平台和空间，为其专业学习在深度和广度上的拓展都提供了更大的可能性，为其拓宽视野、开拓思维，理解和掌握不同文化背景下的人类交流与沟通技能提供了机会，有助于高校大学生提高专业技能、增强心理健康、树立报国之志。经济环境是高校思想政治教育活动开展的根本前提。经济基础决定上层建筑，国家的经济发展状况决定了社会物质财富的增长，决定了人民生活水平的高低，决定了国家在思想政治教育工作上的投入多少，影响到思想政治教育活动的物质保障基础是否

① 中共中央马克思恩格斯列宁斯大林著作编译局编译. 马克思恩格斯选集（第一卷）[M]. 北京：人民出版社，1995：78-79.

充实和丰富，也关系到思想政治教育活动的体验感是否深入。没有强大的经济基础，很难做到对思想政治教育工作的全面保障。文化环境是高校思想政治教育实践的重要环境，文化环境的好坏直接关系到教育对象文化水平的和文明素养的高低。对于教育对象来说，文化程度越高，越是容易通过思想政治教育实现道德约束和行为规范；对于社会成员来说，社会文明程度越高，思想政治教育的力度就越低。社会环境为高校思想政治教育提供了社会氛围和物质保障。社会稳定、和谐有序的社会环境更有利于高校思想政治教育实践的开展，也有利于高校思想政治教育实效性的提高。布局合理、设备齐全、设施先进的校园教学环境、图书馆、生活宿舍，可以为大学生提供良好的学习、实验环境和充足的文献资源。自然环境为高校思想政治教育实践提供了自然空间。优美的自然环境，可以让身处其中的人心情舒畅，产生愉悦的感觉，对身心健康和提高学习效率都具有积极作用，另外自然界中的很多资源也成为高校思想政治教育的重要资源。网络可以帮助大学生在校园、家庭和所能接触到的社会资源之外，突破空间和时间的局限，以低成本、高效率快速获取世界各地的有用资源，使自己轻松地融入世界文明及交流之中。

二、价值导向功能

在高校思想政治教育环境的构建和优化过程中，人是可以发挥主观能动性、有意识地塑造环境的。因此，高校思想政治教育环境在设计、布局、构成、特征、形式等方面都可以有意识地形成对人的思想道德素质的价值导向作用。

首先，价值导向功能体现为全过程、全方位的影响。第一，从时间上看，大学生从入学到毕业的全过程，都会受到思想政治教育环境的影响。他在高校的学习、生活、社会实践中，会受到辅导员、专业教师、教职工和后勤工作人员等的价值引导，也会受到校园环境和校园文化中正能量、生活中积极因素的价值引导，还会受到社会上各类模范、榜样人物带来的正面引导。第二，从空间上看，大学生成长过程中所接触的校园环境、家庭环境、社会环境、网络环境等，都不同程度地对大学生的价值观念产生导向作用。

尤其是在面对重大的社会事件、人生重大的挫折或坎坷时，大学生的思想通常是最为脆弱的，极易在外界环境的引导下，发生世界观、人生观和价值观的改变。总的来说，环境不仅能够多层次、多角度、生动具体地引导大学生的价值选择，而且能够为高校思想政治教育的发展开辟新途径，提供丰富的新资源。例如，我国实行改革开放后，社会环境发生了很大变化，空前地调动了人们的干劲儿和积极性，使人们的观念发生了重大变化，使一大批人才脱颖而出，出现了新中国成立以来前所未有的大好局面。这就是社会环境巨变的结果。

其次，价值导向功能的实现途径多种多样，主要有以下三种。第一，舆论导向。舆论导向就是通过社会舆论引导人们的思想和行为。其主要通过媒介环境、校园文化环境对大学生产生价值引导作用，这种导向作用具有非强制性的特征。对于社会突发事件、重大群体性事件、重要国际国内新闻等，媒介环境中的舆论导向可以营造具有某种特定倾向性的舆论导向，引导大众的价值判断。第二，规范导向。规范导向就是通过一定社会的法律法规和规章制度规范人们的行为，引导人们树立正确的价值观念和思想意识。规范导向由于涉及法律而具有了部分的强制性特征。大学生作为社会成员，其言行既要受到国家法律法规的规范，又要受到校纪校规的约束，同时为了顺利完成学业，还需要受到关于学籍、学业、学位授予等规定的限制。这些法律法规和制度规范共同构成了约束社会成员言行的基本规范，引导社会成员在规范的言行下养成正确的价值观念。第三，利益导向。利益导向是人们在满足自己对物质利益追求过程中形成的导向。满足个人需求是形成利益导向的内在动因，社会整体经济氛围是形成利益导向的外在动因。对于大学生来说，继续升学或理想的就业状况就是其最现实的利益追求。在升学方面，学校的学习氛围、同学的求学欲望会对大学生产生积极正面的升学导向；在就业方面，创业氛围、就业岗位供求、社会对工作的价值宣传等都会对大学生的就业取向产生价值引导作用。在现实生活的诸多环境要素中，这三种导向功能都是同时存在的，共同对人的思想道德和行为品质产生影响。

三、感染熏陶功能

全媒体时代，随着生活节奏的加快，人们更乐于接受图片、短视频这类直观而形象的信息展示与传播方式，计算机与新媒体技术的发展又为信息的直观、形象传播提供了技术可能。需求与供给端的同步发展，为思想政治教育的形象化提供了必要性和可能性。思想政治教育环境可以充分利用形象化展示的方式，作用于人的感官，产生一种有形的和无形的感染力量，实现影响人的思想、陶冶人的情操的目的，使人的思想和观念在不知不觉中受到潜移默化的影响。

首先，大学生在不同的环境中受到环境的感染和熏陶作用是不同的。良好的环境能促使人奋发向上、情趣高雅，不好的环境却让人消极颓废、情趣低劣。一方面，校园环境不同，大学生所受环境的感染和影响也不同。校园文明整洁，自然环境优美宜人，传递了一种不用语言的教育，具有积极且清朗的教育影响力。另一方面，学校所处的城市不同，感染和熏陶的作用也有很大的不同。学校位于经济社会繁荣、教育事业发达、信息资讯丰富、文化生活多种多样的大城市，与位于经济欠发达、教育事业落后、信息资讯缺乏、文化生活贫乏的较小城市相比，大学生在视野、思维、交际和进取性上都有明显的差别。另外，高校大学生的家庭环境不同，对家庭中子女的人格养成所具有的感染力也不同。长期生活在家庭关系融洽、教育方式科学有爱的家庭的孩子，要比生活在家庭关系紧张、教育方式简单粗暴的家庭的孩子性格全面、情绪稳定，思想品行和学习都能获得较好的发展。家庭风气、父母言行、教育方式等对孩子性格的形成有决定性的影响。

其次，高校大学生在同一中环境中受到环境的感染和熏陶表现方式也是不同的。比如，社会环境的感染主要表现为情绪感染、形象感染和群体感染。第一，情绪感染。情绪感染是指社会成员受到社会舆论和社会潮流的影响，产生情绪的波动，并以此对社会行为作出价值判断和选择的过程。情绪是指个体受到某种刺激所产生的一种身心状态，社会环境的任何变化都有可能引发人的情绪变化，特别是社会中出现影响力大的事件或变化时，处于青年时期的大学生的情绪更加容易受到影响。例如：自然灾害能够激发社会成员的人道主义情感；外敌的入侵能够激发社会成员的爱国主义情感；和平发展能够促进社会成员致力于经济建设、维护稳定和谐的情感。第二，形象感染。形象感染是指社会成员受到生动直观的社会事物和典型事例触发，引发情感的变化过程。直观的事物，具体的形态更容易、直接地影响人的情感，诱发人们思考。比如：实地考察、参观访问、形象的图片、真实的声音等都具有强大而震慑心灵的作用；先进典型、人物形象以其具体化、生活化的形态特征，更易于被社会成员接受和仿效，具有很强的感召力。第三，群体感染。群体感染是指在一个群体中，个体成员之间相互作用、相互影响的过程。朝气蓬勃的集体能促使身处其中的成员精神振奋，死气沉沉的集体则让其成员心情沉闷。大学生正处于朝气蓬勃的心理和生理状态，一方面易于受到周围群体的影响，另一方面受到周围影响的反应更加强烈，容易产生行为上的从众心理。因此，群体感染对于大学生来说，影响作用非常明显。

四、行为约束功能

人们生活在一定的环境之中，环境可以对社会成员产生行为约束力。高校思想政治教育环境可以对大学生的思想和行为产生无形的约束力，使不符合环境氛围的思想和行为得到抑制，使符合环境氛围的思想和行为得到发扬。这里的约束力可以从以下四个方面来理解。

第一，不同的思想政治教育环境会对群体产生不同的行为约束力。环境与人之间的关系是永恒影响的。良好的思想政治教育环境可以规范和约束人们的行为，不良的思想政治教育环境则会助长歪风邪气。一个风气很正的环境，会抑制不道德和不积极的行为的发生，促使人向积极和进步的方向发展，相反，一个正不压邪的环境则会抑制正确的思想和行为，将人带向消极堕落的方向。比如，由于我国传统文化的影响，熟人环境比陌生人环境更有约束力，学校、单位、军营等环境比社会环境的约束力强。

第二，思想政治教育环境对不同群体中产生的行为约束力也有所不同。高校思想政治教育环境是具有相对独立性的环境系统，在相同的高校思想政治教育环境下，来自不同的地域、不同的家庭、不同的爱好、文化水平

也存在差异的大学生，会因为在校期间的学习和自我锻炼、自我提高程度不同，产生不同的学习动机、不同的就业取向、不同的人生追求和不同的行为习惯。经过几年的校园生活，入校时候相差无几的两位同学，可能会存在知识水平和价值追求方面的巨大差异，这其中固然有个人主观因素，但也不可否认客观环境所起的作用。因此，面对同样的高校思想政治教育环境，不同学生群体受到环境影响而产生的自我行为约束力也有所不同。

第三，思想政治教育环境对人的约束力是通过舆论力的作用表现出来的。大学生的言行，会在宿舍、班级、校园，甚至是更广泛的网络空间中产生效应，在这些环境中形成舆论评价。由于认识和观念的差异，同样的言行通常都会产生正面的、中庸的和负面的评价。这种评价虽然是个性化的、简单粗略的，不一定全面，但却能对人形成压力并反思，促使人们再次衡量自己的言行举止，同时也在不自觉地适应这种压力、适应环境。而他的行为又会引起新的舆论评价，加深或改变人们对他的印象。如此循环反复，推动了行为人向舆论的指向和约束行为的方向慢慢转化。这便是舆论约束力的表现形式和作用过程。

第四，思想政治教育环境能够通过行为约束影响人们的思想道德实践。思想政治教育环境本身就是在人的实践活动中构建形成，而人的实践又离不开人的思想意识的指导，因此，在一定思想意识指导下的思想政治教育环境必然具有某种价值取向和行为导向性。高校思想政治教育环境的创设，就是要通过对大学生正确行为的弘扬、错误行为的惩戒，达到弘扬正能量的目的，从而在更广大的学生群体中产生正确的行为价值判断，引导他们在行为上做出正确选择，养成正确的思想道德观念。

五、精神动力功能

人的思想道德和精神品质不是天生的，很大程度上是受到后天教育和环境影响的结果。在人们思想道德、精神品质的形成和干劲儿的激发中，环境起着巨大的推动作用。高校思想政治教育环境对于大学生的思想品德和心理发展具有巨大的刺激作用，蕴含着巨大的推动力。新时代，激发大学生的精神动力是我们赢得青年、建设创新型国家和全面建成小康社会的需要，要深刻理解高校思想政治教育环境的精神动力功能具有两个前后相继的传递阶段。

第一阶段，环境围绕人产生的外在环绕力。高校思想政治教育环境的创设，可以对大学生施以各种环绕力，这种力的作用，能促使身处环境之中的人被环境同化，在环境的感染下养成一种符合环境所承载价值要求的人格特性。比如：在高校中经常出现“学霸”在学习上的引领力量，先进模范同学在品行人格方面的榜样力量，博学多识的教授在知识上的感染力量，学校历史上优秀校友的激励力量，先进人物和事迹的感动力量、后勤工作人员在服务学生过程中的温暖力量，等等，都能够对大学生产生积极的力量推动。马克思说：“既然人天生就是社会的生物，那他就只有在社会中才能发展自己的真正的天性，……”[①]这里，马克思明确指出了环境对人格形成的重要作用。大学生正处于思想观念、道德素养和人格品行形成的关键时期，高校思想政治教育环境建设要有目的、有计划、有组织地进行环境动力因素开发、合理运用舆论评价体系、科学研制竞争机制，为大学生的成长提供源源不断的精神动力。

第二阶段，外在环绕力转化为主体的内在行动力。在好的环境中，能产生很多正面的力量，刺激人们积极向上，引导人们走向真善美；坏的环境，则包含了很多负面的力量，诱惑人们堕落，引导人走向假恶丑。高校思想政治教育环境建设的目的是通过给高校大学生提供强大的刺激和推动力，促进大学生探索人生意义、树立远大理想，从而约束和规范他们的思想和行为。因此，外在环境的环绕力要最终实现向个人行动力的转化，实现力量的先内化再外化，这才是一个完整的力量传递过程。高校思想政治教育目前存在的一个难点问题就是，大学生对于环境建设中的优秀精神动力资源都十分了解，也十分认可其精神价值，但落实到行动上就出现了严重的不足，表现为语言上的巨人，行动上的矮子，使得这种正面的环绕力量仅仅停留在第一阶段，没有外化成行为的第二阶段，思想政治教育的效果也就大打折扣。

在思想政治教育环境精神动能的两个阶段中，第一阶段属于思想政治

① 中共中央马克思恩格斯列宁斯大林著作编译局编译. 马克思恩格斯全集（第2卷）[M]. 北京：人民出版社，1957：167.

教育环境建设与优化的重点，第二阶段属于思想政治教育工作所要落实的工作实效。只有第一阶段做好了，才有可能产生第二阶段的力量之源；而第二阶段的动力产生又反过来为第一阶段创造了更多的精神动力之源。如此循环往复，才能营造更加健康活泼、积极向上的高校思想政治教育环境。

第四章　高校思想政治教育融合发展研究之网络育人

互联网时代的来临是无法抗拒的时代潮流，任何个体和组织都不可能逆潮流而动。网络的发展深刻地改变着我们每个人的学习和生活，并由此产生了一种网络时代背景下的思想政治教育新形态——大学生网络思想政治教育。本章主要对大学生网络思想政治教育特征、原则、主要内容、理论依据和实现路径等进行分析，以便为下一步的研究奠定理论基础。

第一节　大学生网络思想政治教育概述

对于什么是网络思想政治教育，可以说学界经历了一个不断研究和探索的过程。在不断研究探索的过程当中，学者们对于“网络”与“思想政治教育”的关系有了新的认识和理解，逐渐摆脱了过去单纯地把“网络”作为“思想政治教育”的工具这一认识，开始重新审视和思考二者之间的新定位。那么到底什么是大学生网络思想政治教育？对于这个问题的认识可以说学者之间的分歧是巨大的。由于不同的学者研究的切入点不同，所以也就产生了不同的概念解读。综合前人研究成果及教育实践，大学生网络思想政治教育的概念事实上可以从狭义和广义两个维度来理解和界定。

狭义维度的大学生网络思想政治教育意在突出“新途径”。对于网络思想政治教育的概念从很早就有学者进行了探讨，但由于当时正处于网络技术发展的初级阶段，所以更多的学者是把“网络”作为“思想政治教育”

的一种新载体来认识和研究的，这也就造成了在相当长的一段时间，我们在理解网络思想政治教育的时候更多是从工具价值的范畴进行理解和探讨。

网络思想政治教育是随着网络技术运用的发展而发展的。在互联网技术刚刚在中国推广的初期，尽管很多学者意识到了网络可能会对思想政治教育产生一定的影响，但远远没有预想到会产生后来如此深远，如此深刻的教育变革。可以说在这个阶段的网络思想政治教育的研究出发点和研究目的是更好地将网络传播手段运用于思想政治教育的实践，借助网络途径达到教育宣传的目的。然而随着互联网技术的不断发展与推广，这种狭义的仅把网络作为工具的界定也暴露出越来越多的问题。比如互联网的发展已经超出了工具价值领域，开始成为一种生活理念存在于人们的意识当中，进而渗透到我们生活的方方面面，甚至网络虚拟空间的生活成了一大批年轻人更加热衷的存在方式。鉴于这些问题的不断暴露，越来越多的学者尝试对其进行完善。然而虽然一些学者对网络思想政治教育的概念进行了不同角度的扩展，但基本上仍然延续了把“网络”作为“思想政治教育”的从属和工具这一研究思路。

广义维度的大学生网络思想政治教育重在凸显“新环境”。网络时代大潮下所引发的各种变革让学者们也逐渐意识到了不能单纯地把“网络”视为“思想政治教育”的新途径和新工具，必须以一种全新的方式来定义网络对于思想政治教育的功能引领。并且随着实践的逐步推移，我们发现网络并不再是单纯的工具了，而是渗透到生活的方方面面，甚至在改变着我们的生存方式。于是有的学者开始从人的生存方式，从人的本质属性层面来进行研究和定义，进一步拓展了网络思想政治教育的概念范围。如曾令辉等学者进一步完善了“网络思想政治教育”的概念界定，认为：“所谓的网络思想政治教育，是指一定阶级、政党、社会团体用一定的思想观念、政治观点、道德规范，通过现代传媒——计算机网络对其受众施加有目的、有计划、有组织的影响，使他们形成符合一定社会、一定阶级所需要的思想品德的社会实践活动。”[①] 这个概念的界定可以说是在前人的基础上从内容上进一步做了有效的扩展，并对网络思想政治教育的各个要素进行了界定。

① 曾令辉，邓军，陆慧．网络思想政治教育概论 [M]．南宁：广西民族出版社，2002：47.

伴随着以互联网为代表的网络信息技术的兴起和普及，网络实现了与人类活动的“捆绑”，网络思想政治教育已经不仅仅是对于传统思想政治教育的手段和方式的延伸，而是一种基于人类全新生存方式的适应。以互联网为代表的信息网络技术所形成的教育平台和教育资源，通过其数字化手段实现了对现实政治教育内容和方法的创新和突破，推动了新时代下思想政治教育的新发展。正是基于以上原因，我们也可以把网络思想政治教育视为当时代的思想政治教育。

一、大学生网络思想政治教育的主要特征

尽管网络思想政治教育是时代发展的必然产物，但这并不代表大学生网络思想政治教育仅是“网络”与“大学生思想政治教育”的简单叠加和组合，而是一种区别于传统的全新教育理念。

（一）教育主体间的平等性和互动性

传统思想政治教育活动中，由于教育者所处的权威地位，教育活动基本由教育者所控制和掌握，教育者处于主导，受教育者则被动接收。网络的出现一方面实现了教育主体间的地位平等，另一方面也增强了主客体的不确定性。网络作为一种全新的信息载体传输方式，不仅为多元化思想的并存和交流提供了公共平台，而且也使得教育主体之间实现了真正的平等性。网络交往消除了传统社会交往中人际关系的不平等性，参与主体自身的差异性统统不复存在了，彼此之间实现了无差别性的平等交往。同时，在网络领域，青年人往往能够更加快速的学习和掌握先进技术，能够通过网络获取需要的知识和资料。相反，一些高校教师由于没有及时更新教育理念和技术，常常处于信息获取的弱势地位，反而需要向年轻人虚心求教。正因为在网络领域中真正实现了教育主体的无差别化，施教者与受教者之间传统的师生关系发生改变，教育者的角色从“独奏者”过渡到“伴奏者”，从对学生机械式的灌输转变为沟通和引导，师生间通过各种网上和网下途径进行沟通互动，大大增加了互动的频率。

（二）教育环境的虚拟性和复杂性

在过去的教育活动中，教育环境是相对稳定的实体，通过视觉、嗅觉可以直接接触到，实实在在。网络以虚拟数字技术构建了一个虚拟空间，它的存在状态是无形的，万事万物都以比特的形式存在，人们之间的情感表达和交流通过符号而传递，世间的一切构成都可以转化为数字化的虚拟存在。同时，现实环境中的教育活动因网络技术的介入有了更加多样化的形式，人们可以通过网络课堂学习知识；通过网络平台进行在线讨论；通过网络手段进行答疑解惑，网络手段可以实现现实当中的一切教育诉求，在现实环境中不可能实现的教育活动，都可以通过网络手段变为现实。同时，由于网络的开放性特征，致使网上信息鱼龙混杂、良莠不齐，而由于受到网络技术的限制，很难做到完全的把控，这就大大增加了教育环境的多变性和不可控性。大学生自身由于正处在人格发展的关键时期，抗干扰能力相对较弱，极易成为网上不良信息的干扰对象。鉴于此，只有不断强化对大学生思想信念的价值引领，才能应对网络时代的考验，将网络不良影响降到最低。

（三）教育内容的开放性和丰富性

互联网的开放性特征决定了网络教育的内容也必须是开放的、多样的。大学生可以借助网络手段扩大知识范围，这很好地解决了因为课本知识的滞后性而造成的教育信息的更新。同时，网络传播的快捷性也打开了党和国家最新政策、方针的传播大门，突破了传统视域下由于客观因素而造成的传播弊端，打破了时空限制，提高了传播的效率。此外，网络传播的便捷性还体现在教育主体在获取信息的无差别上，大学生可以足不出户就获取当时代最新的资讯，扩大了视野范围，实现了主体间信息的同步交流互动。也正是由于网络思想政治教育的开放性特征，极大地增强了教育内容的丰富性。一方面，无数网络终端不断制造和传播着各种信息，网络思想政治教育信息甚至以几何级数递增，可以及时满足受教育者的学习需要；另一方面，网络思想政治教育信息的传播方式是多样化的，可以满足不同层次学习者的需要，实现立体交叉和动态传播模式，极大地增强了教育信息的传播力度。

（四）教育效果的实效性和广泛性

传统思想政治教育的模式下学生处于被动的地位，主要通过“满堂灌”等形式进行知识的传授，学生的能动性和积极性受到了严重的束缚，不利于学生的知识吸收。在这种教育方式下，由于学生的主体地位长期得不到重视，极易造成学习注意力不集中，甚至还可能会产生逆反心理，非常不利于教育目标的达成。与传统思想政治教育相比，网络思想政治教育恰恰注重学生主体作用的发挥，更加注重教育过程中的互动性和交流性，将学习的主动权交还给学生，让学生真正成为自己学习的主人。这极大地提高了学生学习的积极性，大学生可以通过网络平台参与交流讨论，培养大学生主动发现问题和解决问题的能力，实现自我教育，提高了教育内容内化的效率，增强了教育的实效性。同时，教育效果的广泛性主要表现为教育对象的广泛性。网络教育打破了时间和空间的束缚，可以轻松实现“一对多”或“多对多”的教育实践，比如你的个人主页可被任意多的网络实践主体访问，你也可以通过网络平台实现与任意多的主体交换思想政治教育信息。

二、大学生网络思想政治教育的基本原则

原则是人们在做具体工作中应遵循的基本要求和规定，它是人们实现预定目标的重要保证。大学生网络思想政治教育的原则是指在教育过程中，正确处理各种矛盾关系所必须遵循的标准。在互联网时代，由于高校思想政治教育存在的物质基础与生存环境发生了很大的变化，有了更加深入的内涵和解析，其具体原则也发生了转变。

（一）坚持政治导向与人文精神相结合的原则

方向决定一切，教育工作的开展必须以坚持正确的政治导向为原则，要坚持马克思主义的科学指导，把党和国家最新的理论成果作为教育开展的基本内容和原则导向。意识形态领域的教育最需要方向性的指导，如若偏离了马克思主义的指导，就会迷失方向，也会动摇其立足和发展的基础。高校思想政治教育历来重视大学生对马克思主义理论的学习，通过各类思想政治教育课程来期望达到用马克思主义理论武装学生的头脑，要求学生对马克思主义不仅有表面意义的认识，更重要的是能够领会马克思主义的

精神实质，并且可以通过日常生活实践学习运用马克思主义的基本理论分析和解决问题。无疑这是高校思想政治教育活动最首要、最根本的指导思想。无论是对传统的优秀发展成果的继承，还是根据时代发展要求所做出的创新，马克思主义指导思想是贯穿始终的，不断发挥着思想引领的作用。大学生学习马克思主义，不能将其固定化，限定在某个历史发展阶段，而是应该努力将马克思主义这一认识世界和改造世界的强大理论武器的威力发挥出来。在确保坚持正确的政治导向的同时，也要保证政治性内容与人文关怀协调发展。思想政治教育工作终究是做人的工作，要促进人自身的全面发展。思想政治教育工作在讲政治的同时，也从“现实的人”的需要出发，满足个人发展的需要。党的十八大报告中明确提出：“加强和改进思想政治工作，注重人文关怀和心理疏导，培育自尊自信、理性平和、积极向上的社会心态。”[①] 教育源于现实需要，人的思想道德归根结底是由人的实践方式决定的。因此，网络时代的思想政治教育不能流于形式，必须坚持扎实有效的政治教育为核心，在显性教育和隐形教育双重作用下，让大学生在实际生活中逐步认识社会发展规律，清醒地意识到自身所肩负的国家发展和民族振兴的历史使命。高校网络思想政治教育应高度重视政治教育的细节性问题，对“该教什么”和“如何教”等基本问题要有清晰的认识，并能够活化到具体的实践中。就“该教什么”这一问题，高校网络思想政治教育首先要培养大学生扎实的理论功底、高远的政治视野以及敏锐的政治观察力，要帮助学生通过纷繁复杂的政治现象认识事件背后真正的政治动因，以此培养大学生的民族自信和爱国情怀。同时也要让当代青年学子切实体会到伟大中国梦的可行性，坚定不移的跟党走，各族人民同心协力，坚定不移地走中国特色的社会主义伟大道路，这个梦想就一定会实现。

（二）坚持继承与创新相结合的原则

传统思想政治教育历史悠久，并积累了大量成功的教育经验和教育方法，这些经验和方法曾在我党历史上发挥了重要的政治堡垒作用，是无可取代的精神财富，需要我们继承和发扬。同时，网络时代的教育环境又需

① 胡锦涛．坚定不移沿着中国特色社会主义道路前进　为全面建成小康社会而奋斗——在中国共产党第十八次全国代表大会上的报告 [M]. 北京：人民出版社，2012：32.

要我们在前人的基础上不断发展和创新。创新是教育的原动力，教育者只有在掌握网络思政工作的规律的基础上结合当代大学生的教育实际，创新发展新型教育手段和方或，利用最新的教育内容和成果，在继承前人优秀方法和经验的基础上研究新方式、新方法和新载体。失去了创新引领，大学生网络思政工作就会裹足不前，最终被时代所抛弃。在大学生思想政治教育过程中坚持创新，首先要解放思想，更新观念。观念的落后是导致教育实践发展不理想的内在因素，更新观念、创新机制是推进教育发展的关键。要突破和摆脱陈旧、不切实际的观念和思维方式的束缚，创造出符合时代要求的全新教育理念。同时，要强调大学生网络思想政治教育对子师生需求的满足，要立足实际需要，用更加灵活的手段和表现形式打造思想政治教育的新天地。

当代大学生群体独立自主意识强，接受新事物的速度较快，网络的虚拟性、开放性、交互性、共享性等特征，赋予了他们对于教育更加挑剔的眼光。基于这个现实因素，要求思想政治教育工作者在教育过程中应综合运用多种教育教学方法，注意对大学生群体进行思想的启迪和行为的引导。此外，在网络等新兴技术与教学的结合上，一些高校教师虽然也能使用网络多媒体教学，但在教学过程中仍高高在上，照本宣科，拘泥于书本的纯理论。既不会理论联系实际，也不谈自己的心得体会，缺乏激情的调动、情感的渲染、理性的启发以及与学生必要的交流，从而忽视了大学生个体的主体性；还有的教育工作者，在网络等信息技术与教学的结合上，仅仅停留在以PPT代替板书上，只是简单地把书本的内容搬到了电脑屏幕上而已。其实，大学生思想政治教育的方法手段可以有许多，可以是课堂讲授、社会实践、论坛讲座、志愿服务、自我教育等，尤其是网络在教育领域的广泛应用更加创新和丰富了教育的方法和手段，使得网上课堂、在线课堂等新颖的教学方式走进了教育教学领域。因此，广大高校思想政治教育工作者应在继承前人的基础上，与时俱进、开拓思维，不断创新教育方式和方法。

（三）坚持教育与服务相结合的原则

思想政治教育是塑造人，教育人的。要充分挖掘网络对大学生思想政治教育的有利因素，不断开发和创造有利的网络教育资源。要坚守网络宣

传阵地，弘扬正能量，在坚持政治导向不动摇的基础上，根据受教育者的特点不断调整教育策略。要把先进思想文化渗透融入网络中，夯实共同思想基础、营造和谐舆论环境、提供强大精神动力、培育文明道德风尚等方面下功夫，把网络真正建设为思想政治教育的坚强阵地，让网络教育功能在提高受教育者的思想政治素质过程中发挥重要作用。要进一步发挥网络信息传播的新闻功能、教育功能、宣传功能和娱乐功能，用网站的海量信息使大学生足不出户而知天下事、不进校门而拜天下师、不费分文而品天下文，在多姿多彩的信息高速公路和虚拟世界中查阅资料、学习知识、周游世界，感受更加丰富有趣的文化生活，切实提高网络思想政治教育的的效果和质量。高校应组织一批理论功底深厚、教学经验丰富的马克思主义理论课教师，制作出一批既具有理论性，又具有说服力的教学课件，发布于网上，既可以扩大马克思主义的宣传，也可以提高理论教育的广泛性，切实引导大学生形成符合马克思主义价值要求的思想观念。同时，校园网的建设应满足不同使用者的需求，可以根据大学生学习和生活的实际需要开辟有针对性的服务板块，满足使用者的多层次需求。

此外，教育的内容设置要“以人为本”，要致力于为大学生的成长和成才服务。网络的“双刃剑”效应决定了其一方面可以促进大学生学习生活的便利性，但同时也造成了大学生群体的思想困惑，不利于主流价值观的引导工作。高校教育工作者应从当代大学生的实际需要和困惑入手，切实为学生们服务，为他们的健康成长助力。如果高校思想政治教育只注重宣传课本上抽象的理论知识，同学们就会感觉到离自己的生活很遥远，没有多大关系，对思想政治教育产生厌烦和抵触情绪，教育效果肯定不会理想。大学生群体中，每个人都是充满个性的、独一无二的，要想让思想政治教育受到每个同学的欢迎，教育者必须深入到学生们的生活中去，利用网络媒介融入大学生的思想世界，了解他们的生活困惑、思想动态、情感状况和就业需求等，结合思想政治教育理论，为他们排忧解惑，解决他们的实际问题，获得他们的尊重和信任。

三、大学生网络思想政治教育的主要内容

高校网络思想政治教育是推动大学生群体思想认知水平与社会发展同步的有力武器，能够保证受教育者的思想道德水平不断进步发展，在网络条件下，这种功能和优势要想继续发挥，就必须紧跟时代脚步，适时调整内容设置。当然，大学生网络思想政治教育的内容可以具有一定的自主性，在不偏离时代发展的大背景下，既要坚持吸收传统思想政治教育内容中的合理因素，又要突出社会主义核心价值观的引领作用，坚持与时俱进，勇于创新，使大学生网络思想政治教育内容富有强烈的时代感和感染力。

（一）社会主义核心价值体系教育

理论创新归根结底要反映在内容创新上来，作为思想政治教育核心内容的社会主义核心价值体系教育同样需要更新教育内容，迎合时代发展的潮流。因此，网络思想政治教育工作者要突破惯性思维，总结和摸索大学生网络思想政治教育的新途径和新规律，要增强社会主义价值体系的引领作用。

1. 网络理想信念教育

理想信念是人类在社会实践中逐渐形成的、对未来发展的向往与追求。人们之所以能够对生活充满憧憬，努力生存下去，很大程度上是由理想信念支撑的，它也是人类最显著的超然个性体现。对于大学生而言，他们身处在人生的黄金时期，对于这个时期的他们开展理想信念教育将会让他们受益终生。开展高校理想信念教育活动的核心目标是通过教育手段引导广大大学生树立正确的人生理想，并倡导大学生自觉地将个人理想与伟大的社会主义事业相融合，让他们成为中国特色社会主义事业的忠实接班人。具体而言，对于大学生的理想信念教育应从以下几个方面入手：首先，帮助大学生将马克思主义的理想信念深植脑海之中。马克思主义的信仰教育是高校开展一切教育活动的根基，如果失去了其价值引导，就失去了产生社会主义理想信念的价值基础。要想让广大大学生树立坚定不移的共产主义理想，就必须要先让其具备马克思主义理论素养，形成正确的世界观。就我国大学生现状而言，我国大学生对于社会主义和马克思主义的认识是从感性到理性的过程，他们最初在感性阶段很难形成马克思主义信仰，只

有上升到理性阶段才对马克思主义有更深刻的认识，也只有在这个阶段他们才会逐渐形成以马克思主义为核心的个人信仰。其次，引导大学生毫不保留地信任中国共产党的领导。自觉接受党的领导是以毫不保留地信任党为基础，同时对党的信任也是促使大学生坚决贯彻党中央最新的方针路线的先决条件。作为共产主义事业接班人的广大大学生，他们是中国特色社会主义道路的建设者和见证人，所以我们应进一步强化对这一群体的思想引导，强化其接班人身份，坚定其对党的信任，坚定其一心一意跟党走的决心。“全心全意为人民服务”是中国共产党的宗旨所在，党的执政地位是历史和人民的选择，是实现人民幸福的决定性因素，在这短短数十年中，在中国共产党人的领导下推翻了“三座大山”、实现了改革开放，让广大人民群众看到了未来美好生活的曙光，只有中国共产党才能领导人民走上繁荣富强之路。历史表明，已经积累了丰富执政经验的中国共产党是中国人民的希望所在，共产党人勇于修正错误、敢于坚持真理、能够包容异己的广阔胸襟给广大群众展示了建立中国特色社会主义国家的决心与能力，大学生作为这一伟大事业的接班人应拥护党的领导，自觉投身中国特色社会主义建设伟大事业当中去。最后，要坚定大学生对于投身社会主义建设事业的决心和勇气。社会主义道路是中国人民和中国共产党在漫长斗争中摸索出的一条最适合中国未来发展之路。邓小平同志就曾为此做过深刻的阐述:“我们说，中国搞资本主义不行，必须搞社会主义。如果不搞社会主义，而走资本主义道路，中国的混乱状态就不能结束，贫困落后的状态就不能改变。所以，我们多次重申，要坚持马克思主义，坚持走社会主义道路。但是，马克思主义必须是同中国实际相结合的马克思主义，社会主义必须是切合中国实际的有中国特色的社会主义。”① 历史证明，只有社会主义道路才是适合中国的革命发展道路，也唯有坚持走社会主义道路才能迎来中国崛起的新曙光。思想政治教育工作者要积极引导大学生树立起坚定不移的社会主义理想信念，让他们意识到社会主义制度是中国的必然选择，也是唯一出路，从而激励他们好好学习，为中国特色社会主义事业做出更大的贡献。可以说，理想信念教育是网络思想政治教育的重要内核，我国广大大学生

① 邓小平. 邓小平文选（第三卷）[M]. 北京：人民出版社。1993：63.

是未来建设的中坚力量，通过正确的途径引导他们形成坚定不移的社会主义信仰，激励他们不断提升自我的素质修养，成为一名合格的社会主义建设者和接班人。

2. 网络道德素质教育

道德素质教育即道德行为、道德规范以及道德观念这三个方面的教育，对于高校网络思想政治教育工作而言，道德教育是其关键内容，它指的是利用互联网多媒体技术来引导大学生形成正确的是非判断力，增强网络伦理道德意识，自觉按照网络道德规范要求自己的言行。网络交往与现实生活中的交往不同，网络人际交往关系的建立往往是间接性的，很大程度上削弱了现实交往中伦理道德的约束力。基于这一情况，社会舆论对个体行为的约束力度被大大削弱，唯有依赖以个体道德自律为主的网络道德。这种网络道德需要大学生网民具有极强的自律性和自觉性，所以加强对大学生自我意识和自身道德素质的培养是极其必要的。首先，加强伦理意识和道德责任感意识。随着各个领域技术的突飞猛进，社会伦理的内容得到了进一步延伸扩展，比方说随着我国经济的迅猛发展，现代工业给地球环境带来的破坏、“克隆”技术的出现对人类的生命伦理提出了挑战，以及现代信息技术对各个国家政治生活的冲击等等。在互联网虚拟世界中，一些别有用心的人通过发布虚假信息、网络诈骗信息、传播计算机病毒，对大学生网民的伦理、道德意识造成冲击和影响。一些意志不坚定的大学生极易在这种网络环境中迷失自我，甚至忘掉自己的社会角色和社会责任，成为这些网络不良信息传播者和制造者的一员。因此，要帮助大学生们提高自觉和自律意识，使其在网上的行为符合自身的道德责任，并自觉抵制各种不良信息的干扰。其次，进行网络意识教育。高校思想政治教育工作者应帮助大学生正确看待网络的本质，了解网络的两面性，并能够正确的使用网络来提高获取知识和学习的便利性。最后，加强网络道德规范教育。自律是净化网络环境的核心所在，因此要想营造一个健康积极的网络环境，就必须要以提高网民素质为主要途径，比方说要求网民发表的评论必须基于客观、公正、理性等原则，不应发布、传播、轻信缺乏正规消息来源的网络谣言。我国互联网协会在《文明上网自律公约》中打出了“摒弃造谣诽谤、提倡互相尊重、摒弃弄虚作假、提倡诚实守信”的口号。

3. 网络爱国主义教育

爱国主义教育是思想政治教育的重要构成，因此，网络爱国主义教育同样也是大学生网络思想政治教育的重要组成部分。爱国是公民的基本义务，也是公民重要的政治原则。网络爱国主义教育主要包括中国革命史教育、中华民族传统优秀文化道德教育和国家安全观教育。对于各大高校而言，不仅要建立起培养大学生爱国主义情操的课堂，同时还要通过一系列网络技术手段强化学生的爱国意识，比如通过主题网站内容建设，宣扬爱国主义精神。只有充分利用网络这块新兴宣传阵地，用先进的科学思想熏陶我们的大学生，让广大大学生树立正确的爱国主义情操，形成强烈的爱国主义情感，为民族的复兴和国家的富强奋斗终身。

（二）大学生综合素质教育

素质教育一直是中国教育工作者所追求的重要目标。1999 年 6 月，国务院印发《关于深化教育改革全面推进素质教育的决定》，指出："实施素质教育，就是全面贯彻党的教育方针，以提高国民素质为根本宗旨，以培养学生的创新精神和实践能力为重点，造就'有理想、有道德、有文化、有纪律'的、德智体美等全面发展的社会主义事业建设者和接班人。"① 我国实行的素质教育模式实际上是以培养学生综合素质为核心，旨在为建设中国特色社会主义事业输送人才。作为高等院校，有责任为国家培养高素质劳动者，开展全方位的素质教育也是现阶段各大高校的重要使命。

素质教育是未来教育的发展方向和目标。那么，到底该如何解读素质教育呢？首先，素质教育的培养目标是确定的，即培养全面发展的社会主义事业接班人，为建设中国特色社会主义奠定坚实的人才基础。其次，素质教育与传统教育的区别在于教育的方式不同。传统教育更多的是以灌输式教育为主，忽视了受教主体的主观能动性，不利于知识的有效内化；而素质教育通过营造良好的学习氛围，让受教育者耳濡目染，在不知不觉中得到全方位提升。再次，素质教育是一个完整的整体，在于培养大学生的全面发展。素质教育主要包括四个方面，即创新素质、心理素质、人文素质及思想政治素质。这四个方面互为依托、相辅相成，形成了我国素质教

① 中共中央文献研究室编．十五大以来重要文献选编（中）[M]. 北京：人民出版社，2001：859.

育体系。最后，素质教育是时代使然。如今我国高校开展的素质教育具有典型的时代特征，那就是教育对象一出生就生活在互联网的环境下，这也造成了很难通过单纯理论说教就达到教育的效果，这对高校思想政治教育工作者提出更高的要求。只有加强和改进大学生思想政治的教育方法和途径，把受教育者自身的发展与思想政治教育相结合，才能真正被大学生们所接受。

中国是否能够成功崛起，人才是关键。大学生是最重要的人才资源，是实现中国梦的重要保证，加强大学生综合素质的培养，对国家和社会的发展都有着积极的意义。首先，实施素质教育是对中央教育方针的坚决贯彻，也是为了满足人才全面发展需求的重要举措。马克思主义的最终极追求就是要实现人的自由而全面的发展，这也是教育的终极目的。素质教育的内容极其丰富，而大学生的思想政治素质是素质教育当中的重要内容。也正因为如此，是否能够真正做到“育人为本，德育为先”，它关系到素质教育是否能够取得真正成功。其次，实施全方位素质教育是培养合格社会主义接班人的客观要求。素质教育以培养全面发展的高素质人才为核心内容，旨在提高学生的综合能力，要着重培养学生的个性。同时，作为中国社会主义事业的接班人，大学生素质教育能否落到实处也同样影响到未来我国社会主义的建设。最后，全面实施素质教育是时代进步和社会发展的需要。目前我国已经进入到经济体制改革的关键阶段，在这一阶段中优秀人才的输送可以说关系到整个国家经济调整的成败，所以我们必须要通过全面实施素质教育来为国家建设输送源源不断的高素质人才资源，努力建设创新型国家。综合素质教育正是以培养学生的创新意识、创新精神和创新能力为目标，为未来创新型国家的建设输送大量的人才，为实现中国梦奠定坚实的人才基础。

（三）大学生网络行为教育

互联网技术的普及与发展对人们的生活、交往、教育、传播以及消费等各个领域产生了深刻的影响，同时网络信息的复杂多变也冲击着大学生主流价值观的形成。大学时代是人生最美好的时期，也是人格健全的重要阶段，在好奇心和生活压力的驱使下，青年学生容易通过互联网寻求心理

上的安慰。然而不正确的互联网使用习惯也会导致大学生形成消极思想，甚至出现网络异化行为，对其个人成长是极为不利的。所以，帮助大学生群体规范网络行为方式也是大学生网络思想政治教育义不容辞的使命。

大学生网络异化行为的成因是复杂的，它既有外界环境的干扰，也有自身内在因素的构成。互联网上充斥着各种各样的信息，既有正面的也有负面的，这些信息成为大学生出现网络异化行为的关键外因，而其内因则主要是大学生缺乏坚定的理想信念以及尚未树立正确的价值标准。首先，网络信息环境的诱惑。网络时代也是信息时代，在当今这种信息爆炸的时代里，每个人无时无刻不在接收着各种信息，如果掌握的信息量太少，就会处于信息竞争的劣势地位。网络无疑是当今获取信息最方便、最快捷的途径，大学生们可以通过网络获取和发布大量的信息，这让不少大学生沉迷于网络的便利性。同时，网络也给大学生提供了一个表达和展示真实自我的平台，缓解了他们的心理压力，并从中体会到快感。其次，理想信念的误区。我们正身处一个大变革的时代，各种思潮、各种理论冲击着我们的生活和思想，对我们的传统主流价值观形成挑战。很多大学生在上大学之前，把考大学当成人生理想和价值追求的终极目标，所以一旦考上大学，随之而来的就是目标实现后的空虚和迷茫。再加之受到社会不良思潮的影响，就极易产生享乐主义或功利主义的人生态度，沉迷于网络世界不能自拔。最后，价值标准的多元化。网络信息包罗万象，这里交织着各种伦理价值观念、政治信仰和生活习俗等内容。大学生正处于价值观和道德观形成的关键时期，极易受到网上一些价值观的诱惑和引导，对他们过去原有的主流价值观造成冲击。同时，一些网站经营者为了迎合“眼球经济”，标新立异，将一些不良的信息传送给大学生们，这进一步对大学生造成不良影响。

“网络成瘾是大学生网络异化行为当中比较突出的一种，它不仅会严重影响到大学生的学习成绩，还会造成大学生出现思想道德方面的问题，它已经被人们界定为心理疾病的一种，这种疾病的病理特征和冲动及习惯控制障碍十分相似。”[①] 一旦患上网络成瘾综合征，就会对大学生的学业和生活带来负面影响，甚至还会影响大学生人格的形成，所以对已经成瘾的

① 教育部思想政治工作司组编．大学生网络思想政治教育 [M]．北京：高等教育出版社，2011：113.

大学生进行有效干预就变得十分的重要。网络成瘾综合征可以通过提前干预达到很好的预防效果，通过引导大学生合理使用网络来达到预防效果。首先，加强大学生思想道德教育。当一个人缺乏人生理想和目标的时候，常常会变得无所事事，利用上网冲浪来打发休闲时光。因此，我们需要从正确引导大学生树立远大理想为突破口来进行其网络异化行为的预防，指导其正确规划生涯，形成坚定的奋斗目标，让其明确人生的方向。另外，还需要积极开展大学生网络道德教育活动，促使其形成正确的道德观，养成正确的道德意识。其次，引导学生端正上网动机。网络是一把双刃剑，我们应该正视其积极的一面，如它帮助人们更加便利的获取信息、为大学生提供更为便捷的学习窗口和交际平台等等。所以对于大学生网络异化行为的预防不应讳疾忌医，更不能隔绝网络和学生的联系，而应该正确引导大学生形成健全的价值观、人生观和世界观，充分发挥出互联网的作用，让互联网能够成为大学生自发学习的工具。再次，营造宽松、友好的校园氛围。良好的校园文化氛围对于大学生健全人格的养成有着积极的作用，能够大大提高学生的学习积极性。丰富有趣的校园文化活动可以满足大学生拓展社交面、展现个性等方面的需求，以此来激发其积极性，更加主动地参与学校组织的活动中去，不知不觉中减少了对网络的依赖。最后，提高大学生的抗压能力。随着当前社会节奏的不断加快，大学生自身的心理压力在不断增加，比如人际交往压力、学业压力、发展压力等等，这些压力对大学生心理健康的形成极为不利，若无法及时调整心态，则极有可能滋生严重的负面情绪，很多大学生为了逃避现实生活的种种压力，选择在互联网虚拟世界中度日，最终沉迷其中不能自拔。为了避免这种情况，必须有针对性的训练大学生应压力时的技巧，通过外部的积极干预和自身的适当调节来疏导负面情绪，让其形成强大的自我调控能力，敢于直面生活中的种种困境。

（四）大学生网络素养教育

大学生网络素养的好坏直接决定网络对于大学生所起到的是积极的还是消极的作用。因此，有针对性地对大学生进行网络素养教育，是时代发展的必然要求，也是新的历史时期下对大学生网络思想政治教育提出的新

任务。

具体来说，主要包括以下几个方面。首先，帮助大学生理解网络的本质，正确处理虚拟与现实之间的关系。尽管网络对于人类社会生活的影响和渗透越来越大，但网络毕竟是虚拟空间，与真实的现实生活存在较大的差距。教育者在培养大学生网络素养的过程当中，要帮助大学生认清虚拟与现实的区别，理性、客观的看待网络生活，发挥网络的积极作用，在进行网络生活的同时也要积极参与现实生活，要承担现实生活中的各项责任，遵守现实生活中的各项规范，尤其要避免由于过度沉迷于虚拟空间而模糊了现实与虚拟之间的界限。其次，帮助大学生正确理解网络的工具属性。虽然当今时代背景下网络已经渗透到社会的方方面面，但从根本上来说，网络仍然是一种人类信息传播工具，所以，要客观看待网络的工具属性，理性看待人与网络之间的关系。最后，提高大学生的网络主体意识。人是网络的主体而不是从属。大学生应培养良好的网络交往能力，能够较好地进行角色转换和行为协调。在这个过程当中，要促进大学生自我意识的形成，帮助大学生群体形成完整的网络人格，具备一定的心理承受能力，形成健康向上的心理素质。

1. 提高大学生的信息素养

信息素养是网络社会发展的必然要求，它主要表现为对于网络信息的应变和处理能力，主要包括：信息意识、信息能力和信息道德三方面内容。首先，增强大学生的信息意识。所谓的信息意识也可以将其理解为对于信息的处理态度，或者也可以理解为大学生对于信息的认知能力。大学生信息意识的培养主要侧重于引导大学生树立正确的信息观念，以及信息需求和信息注意力。一方面是指能够对信息形成科学、正确的认知；另一方面是指能够形成正确的信息需求认知。开发大学生的信息潜能，引导他们理性对待信息的经济价值、社会作用，使之能够敏锐地从众多信息中提炼中某种特定信息，强化个体信息意识，激发个体内在的信息需求，利用信息意识驱动个体信息行为。其次，强化大学生信息能力。信息能力指的是获取、分析、加工信息的能力，是信息素养的重要内容。对于个体而言，能够在较短时间内对所需信息进行获取、筛选、存储、分析，并充分运用这些信息达到某种目的，然后跳出定式思维，对信息进行分析、加工和创新。信息能力教育就是通过引导，使大学生获得了解、运用信息源和信息工具的一种教育形式，通过教育，大学生可以对信息作出较为准确的分析。最后，提升大学生信息道德水平。拥有信息道德的个体一般都能自觉抵制不良信息的传播、尊重他人的个人隐私、保护知识产权，这种道德是针对信息领域而言的。信息道德教育的宗旨就是确保社会个体的行为与活动能够遵循一定信息伦理与道德准则。信息道德教育包括信息的合理利用、知识产权、信息传播法规、信息安全等。大学生具备信息道德之后，能够主动对自身行为进行调整，避免信息犯罪的发生。

2. 提高大学生的媒介素养

培养大学生媒介素养的前提是充分肯定其在媒介信息领域的主导地位，引导他们合理使用媒介，理性对待媒介信息，清楚媒介的负面作用，准确的接受网络信息，并针对信息提出一些有见解的看法和观点，同时利用网络信息实现社会发展、服务个人生活。培养大学生媒介素养，主要针对正确引导大学生有效的使用网络媒介、树立正确的网络媒介认知。首先，增强大学生有效使用网络媒介的能力。引导大学生正确认识和运用网络媒体技术，及时调节自身不当的网络信息使用行为。需要指出的是，要结合网络的特点和用户的媒介需求培养大学生的网络媒介素养，培养过程中全面传递共享、兼容、交互、平等、自由的理念，不但要理性对待和使用网络，还要充分发挥网络的作用与价值。其次，引导大学生正确看待网络媒介。网络中充斥着各种各样的信息，且信息每天都以无法估算的速度更新着，网络的出现颠覆了人们的传统社会认知，海量的网络信息明显超出了人们感性经验的范围，这可能会使大学生错误地认为网络信息所构筑的世界就是真实的世界，忽略了对现实世界的探究。所以，要引导学生正确看待网络媒介，培养他们辨别虚拟世界和真实世界的能力，使之懂得分辨哪些信息是可信的，是可以利用的，哪些信息是需要加以排斥和拒绝的，这样才能使之在浩瀚的信息世界中保持自我。

第二节　大学生网络思想政治教育的理论依据

理论依据是学科体系构建的基础，只有明确了大学生网络思想政治教育在理论体系当中的地位，从基本层面确定本研究的理论基调和切入视角，为后续的探讨奠定夯实的基础。尽管大学生网络思想政治教育是一门年轻的学科，但我们仍需对其进行理论探讨，探讨其指导理论、基础理论和理论借鉴。

一、大学生网络思想政治教育的指导理论

毋庸置疑，马克思主义理论是思想政治教育学的根基，大学生网络思想政治教育必须且只能以马克思主义理论为基础。大学生网络思想政治教育的指导理论主要包括：关于社会存在与社会意识辩证关系原理、关于人的本质学说与全面发展的学说、关于普遍联系与永恒发展的学说和关于实践与认识辩证关系原理。

（一）关于社会存在与社会意识辩证关系原理

网络思想政治教育是在新的网络环境下出现的一种区别于高校传统思想政治教育的新形式。唯物论原理之所以重要就在于它回答了世界的本源问题，为我们解答了遵循事物发展的客观规律的重要性。意识的产生和发展要受制于物质，一切社会意识都不是凭空产生的，都来源于我们客观存在的物质世界。从某种程度上来说，所谓的社会存在就是指我们所处时代的社会生产力水平和物质生活条件，是我们意识之外的客观生存环境。相对于社会存在的物质范畴，社会意识存在于我们的精神世界，是我们社会的意识形态和心理特征，他们从各自不同的方面发挥其独特作用。在现代社会，网络化和数字化进一步扩展了物质世界的范围。贾英健教授在“论虚拟生存”一文中形象地描述了这种状况：我们的社会物质形态已经完成了从现实向虚拟的过渡，我们的物质世界已经实现了从物质“原子时代”

向数字“比特时代”的过渡。[1]但网络的虚拟空间仍然属于物质世界的一部分，仍然适用于马克思主义的唯物论原理。网络世界是对客观世界的扩展和延伸，是借助网络技术通过硬件和软件所构建起的虚拟空间环境，人脑通过辨识可以正确反映其内容，并最终成为人类意识的一个来源渠道。同时，物质存在与意识产生的关系问题作为大学生网络思想政治教育的指导理论，揭示了网络空间中人们思想意识变化的客观规律，为网络思想政治教育工作者提供了正确的方法论指导。指导作用主要表现为以下几个方面。

首先，要在不断运动变化着的教育实践中，积极研究新问题，总结新经验，把网络打造成为新时代高校思想政治教育的新阵地。物质世界是不断变化发展的，故步自封只会被时代所淘汰。作为高校学子思想的“把关人”，高校思想政治教育工作者有责任和义务做好本职工作，有组织、有计划地开展有针对性的思想政治教育活动。客观世界总是在不断变化发展中，网络时代人们的思想观念是对客观现实社会和网络虚拟社会存在的交叉反应。人们在网络环境中所形成各种各样的新思想和新观念中，有些网络思想观念是进步的，有利于客观物质世界的建设发展；相反，有些网络思想观念是落后反动的，会阻碍、不利于客观物质世界的建设发展。作为大学生网络思想政治教育工作者，一方面要着眼于宏观环境的发展变化，同时也要关注时代诉求，要深刻了解和体会网络时代受教育者的现实生活，要善于运用人的思想行为形成发展的规律分析网络时代受教育者的日常行为，真正把握其背后的思想动因。在大学生网络思想政治教育过程中，切勿从个人的主观臆断出发，要注重研究调查，深入了解网络受众的真实情况，要始终根据其思想品德形成发展的客观规律进行引导，并不断从实践中总结经验、把握规律，不断教育和引导当代大学生形成符合时代要求的思想认识。

其次，应进一步加强对于社会“正能量”的宣传，引导网络社会良性发展。尽管存在决定了意识的生成，但意识的变化发展也在决定着人们改造世界的步伐。人类意识的形成从根本上来说是对社会的一种反映，人只有在正确的思想指导下，才能不断地改造客观世界，才能不断完善和发展自身。正确的思想意识对社会的发展会起到巨大的推动作用，而落后的思想意识

① 贾英健．论虚拟生存 [J]．哲学动态，2006（07）：24-29.

会对社会起到巨大的破坏作用。作为大学生网络思想政治教育工作者的主要任务就在于，传播先进的思想、理论，武装人们的头脑，指导社会的实践发展，促进社会的发展和进步。网络受众在网络里并不只是被动存在的，要注意发挥他们的主动性、积极性和创造力，通过网络引导他们的思想品德意识不断提升。当网络中存在错误思想时，就需要大学生网络思想政治教育工作者进行正确的引导，避免因错误思想的传播而给网民带来负面效应。大学生网络思想政治教育工作者要加强对社会主义核心价值体系的网络传播，引导大学生网民形成正确的思想认识，规范其网络行为，自觉抵制网络不良诱惑，共同打造“绿色”网络空间。

最后，思想政治教育工作者必须要从实际出发，深入了解大学生网民的思想状态。人类思想意识的变化和形成归根结底来源于其所处时代社会环境的变化，只有改善所处的物质环境，才能不断促进正确思想意识的形成。大学生网络思想政治教育工作者必须从客观实际出发，遵从客观规律，才能有效地转变人的思想，达到最终的目的。同时，我们还应看到网络这种新生事物的出现和它对人们生活方式的深入影响，使人们的思想发生了巨大的变化，我们只有深入网络世界之中，才能真正了解大学生网民的所思、所想，才能对其进行正确的教育引导。我们必须要深入了解网络技术、网络文化、网络社会融合发展等各方面情况，了解大学生网民的思想形成和发展的规律，并用来指导大学生网络思想政治教育实践。

（二）关于人的本质与全面发展的学说

人的本质理论是马克思主义人学理论的核心基础。人是由劳动创造和改变的，劳动使人完成了从猿到人的转变，从而揭示出人的本质是一切社会关系的总和，人的本质属性是社会属性。人的本质是社会关系的总和，人的本质是由社会关系所决定的，社会关系又可以分为物质的社会关系和思想的社会关系。人从出生起就置身于各种社会关系之中，人是社会的动物，不可能脱离社会而单独存在，并不断处理着这三方面的关系：人与自然的关系、人与社会的关系、人与自身内心世界的关系。人的本质不是一成不变的，它会随着社会生产条件的发展而变化，当人们的实践领域发生了新的拓展，人与人之间交往所形成的社会关系也不同，人的本质也就呈现出了不同的形态。网络世界是对现实世界的延伸，也属于社会存在的范畴，网络实践也是社会实践的重要组成部分。

网络拓展了人的交往方式，体现出新型的社会关系，网络成为人类的“第二种交往方式”，网络文化的崛起正预示着当前各种社会关系正在发生着巨大的变革，这种变革也会对人们的意识形态的变化产生巨大的影响。人的本质学说是大学生网络思想政治教育学科研究和发展的基石。一方面，人的本质学说指导我们要不断研究变化和发展着的社会现实，要时刻紧跟时代发展的脉搏，要不断探索和解决新问题。思想政治教育工作的对象是人，思想政治教育要发挥人的积极性，就必须要了解人。人是各种社会关系的总和，而这些社会关系是历史的、具体的，也正因为如此，每个人都具有个性差异。大学生网络思想政治教育应根据这些差异分析研究教育对象，在研究过程中，对教育对象的认识必须放到网络社会各种社会关系变革的背景中去，而不仅仅将网络看作是一种工具。人的本质学说理论指导我们不断去探索人类思想意识变化发展中出现的新问题、新情况，采取更有针对性的措施应对时代发展的新要求。另一方面，在网络时代发展的大背景下，马克思主义的关于人的本质理论学说可以帮助我们更加清醒地面对和思考教育的本源，更有助于开展成功的教育活动。人是社会的动物，人的各种活动的开展都离不开其拥有的社会关系和生存的社会环境，这也成为开展思政工作的物质基石。

教育要根据环境的发展变化而发展变化，旨在顺应时代发展的新要求，在新的实践领域中不断引导人们思想品德的变化和形成，实现“人的自由全面发展”，指导人们的网络社会实践，营造和谐的网络氛围，规范网络社会的健康发展。深入贯彻人的全面发展理论，遵循人的思想品德形成发展规律来指导网络思想政治教育活动。人的全面发展是马克思对于人类理想生存状态的深刻解读，其宗旨在于实现人类在体力、脑力、道德、智慧等诸多领域的全面发展，网络时代扩展了人类实践的范围，实现了从现实到虚拟的跨越。为此，应着力以下三个方面展开工作。其一，大学生网络思想政治教育的终极目标正是在于帮助学生实现自身的全面发展，在于通过网络思想政治教育提高人的思想道德素养和科学文化素养，以理想信念教育为核心，以培养爱国主义精神为重点，以人的思想道德建设为基础，

培养适应时代发展要求的网络综合素质人才。促进人的全面发展是我们培养新时代大学生的最终目标，也是由人的思想发展的客观规律决定的。其二，大学生网络思想政治教育的出发点和最终目标都在于促进大学生自由、全面、健康的发展。其三，网络环境的复杂性对大学生网络思想政治教育提出了更高的要求。网络环境的开放性加快了多种思潮的传播，扩大了多种思潮的辐射范围，潜移默化地影响着人们思想观念的变化，及时有效地引导网络受众的思想观念是时代发展的要求。网络世界不是“化外之地”，而是聚集了各种思想观念碰撞和融合的“角斗场”，我们要想赢得下一代就必须不断与其他多元化思想进行争夺，就必须融入网络世界，了解网络生活，真正把大学生网络思想政治教育落到实处。

（三）关于普遍联系和永恒发展的学说

物质世界是一个统一的整体，是统一于物质世界的普遍联系和运动发展，在进行大学生网络思想政治教育时要充分运用事物的运动发展规律。事物之间总存在千丝万缕的联系，在推动大学生网络思想政治教育工作中应始终坚持联系的观点。首先，要不断汲取其他学科的营养，加强学习和融合。具体而言就是要综合运用网络传播学和网络心理学的知识与方法，提升受教育者的思想道德素养和网络素养；要吸收网络传播学的传播模式和传播方法，把网络传播与大学生网络思想政治教育传播融合起来，发展大学生网络思想政治教育的理论基础；同时，网络心理学的相关理论也为我们在研究大学生网络行为异化方面提供了新的研究思路。其次，要把“网上”育人与“网下”育人有效地结合起来，形成联动效应，真正实现“1+1 > 2”的实际效果。二者是适应不同实际需求而产生的两种不同的育人手段，在不同的具体环境中各有所长，二者不可偏废其一，只有将二者结合起来才能发挥育人的最大效用。

现实情况总是在不断的运动、变化、发展当中，这也决定了思想政治教育不可能静止不变。大学生网络思想政治教育的时代特点非常鲜明，它的教育过程、对象、环境与内容均出现了重大变化，比如教育对象本身的身份具有可变性、隐蔽性，教育过程体现了交互性与平等性，教育内容具有强烈的时效性，教育环境放性，教育效果也体现出了强烈的不可控性等。

时代持续地发展，社会逐渐进步。网络从最初的WEB1.0时代发展到今天的WEB3.0时代，功能日益完善。而WEB1.0、WEB2.0和WEB3.0的变迁，自媒体与移动终端的快速兴起，迫切需要高校在网络思想政治教育的过程中，坚持发展理念，紧紧跟随网络的变化与发展，适时地调整该领域的知识储备。大学生网络思想政治教育工作的开展正是顺应网络时代的发展而应运而生的，它的内容肯定会顺应和紧跟时代发展变化的步伐，跟随着社会需要、国家政策与受教育者的道德水平与思想政治特征的持续变化，积极地发展和创新思想政治理论和内容。作为高校思想政治教育工作者应该高度重视教育的环境、对象、手段与内容的新发展与新变化。

（四）关于实践与认识辩证关系的原理

实践是检验真理的唯一标准，是促进认识发展的动力、来源，而且也是认识活动的最终目的；认识必须要历经从感性到理性的过程，而且并非一次即可完成的，它是循环往复的无限发展过程，即实践—认识—再实践—再认识，它由认识本身的无限性确定。此类原理准确地揭示了认识与实践之间的关系，展现了认识的辩证发展历程，解释了怎样认知、怎样提升认知、认知如何被转化为实践等多种问题，拓展了大学生网络思想政治教育的途径和方法。有助于高校思想政治教育工作者在实践中不断摸索、总结教育经验，探索教育的未知领域，并指导实践的有效开展。

高校思想政治教育工作者在通过网络开展教育活动的过程时，应该高度重视下列若干问题。首先，应该恪守“实践乃认识之来源”的理论观点。利用网络平台开展丰富多彩的思想政治实践和教育活动，丰富该领域的学科知识，在教育实践的过程中健全该领域的理论内容。其次，应恪守“实践乃认识发展之动力”的理论。教育的对象、介体、环境等要素的变化，会带来该领域的各种新变化，当该领域出现新问题，提出新要求，高校网络思想政治教育工作者根据这些新情况、新问题和新要求进行更为系统的理论研究和实践研究，规定了该领域的研究内容，为其向，在解决问题的过程中促进其理论体系的逐步完善和成熟。最后，应该恪守实践是检验真理的唯一标准的观点。大学生网络思想政治教育过程中，应该以发展着的实践来完善与检验已经形成的相关理论，理论应该被外化成相应的日常行

为，强化理论的权威性与实效性，促进行为与思想、实践与理论的辩证统一，推动教育对象与教育者在思想认识层面上的辩证统一。

二、大学生网络思想政治教育的基础理论

（一）关于交往的理论

从“交往”的概念界定来看，马克思所理解的广义“交往”可以泛指人与人之间所形成的各种社会关系，它不仅包括人们语言和思想上的交互活动，还包括物质层面的交换以及由此建立的人与人之间的联系。具体而言，马克思主义交往理论中的如下三方面内容对大学生网络思想政治教育研究具有尤为重要的指导意义。

1. 交往是人的存在方式

在马克思主义的视域中，社会交往并不仅仅作为一种信息传播的手段而存在。在马克思主义的视野当中，人的本质就在于“一切社会关系的总和”。从某种程度上来说，正是由于人的本质属性是人的社会性，所以人的生存与发展是通过不断进行交往行为而实现的。也就是说，人把社会交往作为自己的存在方式，离开了社会交往，也就失去了存在基础。

2. 交往是促进社会发展的重要力量

交往可以按照不同的标准划分出多种类型，其中最基本的两种类型是物质交往与精神交往。马克思和恩格斯在其著作中对于物质交往与精神交往的内涵做出了明确的表述。需要特别强调的是，物质交往是精神交往的前提和基础。交往对人的发展以及社会发展具有十分重要的促进作用。一方面，人是社会的动物，人类通过交往来实现自身的本质，同时交往也是人的认识发生的必要条件。此外，社会交往的发展是人走向自由全面发展的必要条件。当交往发展到“世界交往”阶段，世界市场就成为交往的基础。当然我们还应看到，社会交往是推动社会发展的重要力量。

3. 马克思主义交往理论的指导意义

交往通过人与人之间的联系和互动而实现，同样，教育也是一种交往活动，也遵循交往的基本规律。正因为如此，马克思主义的交往理论具有重要的指导意义。思想政治教育工作者正是通过与受教育者不断的建立联

系，最终达到教育的目的。网络世界是对现实世界的扩展，是教育者通过网络手段实现教育行为，同样遵循现实交往的基本规律。

（二）关于科技与社会关系理论

马克思和恩格斯通过分析和总结科技进步的历史事实认为，劳动生产力是随着科学和技术的不断进步而不断发展的。科技技术对历史的发展起着无可代替的推动作用，正是科学技术的不断发展将社会向前推进，为社会发展提供了不可磨灭的物质基础。但同时，社会生产也为科学技术的产生奠定了物质基础，社会生产与生活的需要成为推动科学技术发展的决定力量。因此，我们可以认为一定时期的科学技术在根本上从属于这一时期的社会生产，从属于这一时期社会主体的生产与生活需要。马克思主义关于科学技术与社会发展关系的理论最终着眼于人类自身的和谐发展。科学技术的发展程度标志着人类改变自然的能力，是生产力发展水平的基础，人类可以通过科学技术创造更合适的生存环境，从而最终实现人的自由而全面的发展。一方面，科学技术推动社会生产力的发展。1988 年 9 月，邓小平同志明确提出“科学技术是第一生产力”[①]的论断，将科学技术在生产力要素中的地位进一步提升。另一方面，科学技术的发展不断推动历史向前发展。“手推磨产生的是封建主的社会，蒸汽磨产生的是工业资本家的社会。”[②]无疑，马克思对科学技术的发展是持肯定态度的，认为科学技术对人类的发展起着积极的作用。

马克思主义关于科学技术与社会发展的理论对大学生网络思想政治教育具有重要的指导意义。第一，高校网络思想政治教育工作者应不仅将网络思想政治教育局限于技术层面，而应站在时代发展的“潮头”，要勇于将网络技术与社会发展结合起来，意识到网络技术手段将对社会所产生重大推动作用，从而不断实践探索思想政治教育与网络技术的有机融合。在互联网发展初期，社会各界并未充分认识到互联网对人与社会发展的巨大影响，部分学者和教育工作者仅从互联网本身来看待互联网，将其简单的

① 邓小平. 邓小平文选（第三卷）[M]. 北京：人民出版社，1993：274.

② 中共中央马克思恩格斯列宁斯大林著作编译局编译 . 马克思恩格斯选集（第三卷）[M]. 北京：人民出版社，2012：222.

定位于一种“信息传递手段”。因此，在许多人看来互联网只能作为思想政治教育的一种载体，从而无法深入理解网络思想政治教育的价值所在。马克思主义关于科技与社会关系的理论指导我们要从互联网技术与社会、与人的关系的视角来认识网络思想政治教育。第二，有助于思想政治教育工作者正确看待网络所引发的各种社会问题。很长时间，很多高校思想政治教育工作者“畏惧”网络，采取“防、堵、关、管”等手段来解决网络领域当中存在的问题。科学技术可能对人类产生负面影响，但不可能通过阻止它的发展来克服负面影响，这些负面影响产生的根源不在科学技术本身，而在于掌握和利用科学技术的人，更需要通过人类的理性思维来正确运用和掌控它。网络技术是对于当下社会影响最为深刻的生产技术，要有效规避它所带的风险，并不能仅仅依靠对于网络的限制来实现，而应开展更加有效的思想政治教育活动，增强网络受众的网络媒介素养和网络使用能力，发挥网络的正面积极作用。事实上，随着网络的进一步发展，人们对于网络的态度开始发生转变，一些教育者逐渐意识到科学技术发展对于社会所产生的强大动力，开始主动融入和使用网络，掌握网络信息传播的主动权，用积极健康的网络信息引导和教育网民，营造和谐健康的网络生存环境。

三、相关理论借鉴

大学生网络思想政治教育是一门综合性很强的学科，它在坚持将马克思主义理论作为自身学科发展和实践基础之外，还要从相关的学科中汲取营养，不断丰富和扩大自己的知识来源，充实自身的理论体系。思想政治教育研究要想发展壮大，就需要不断研究网络思想政治教育这一全新形态，同时也需要从其他学科中汲取营养。大学生网络思想政治教育可以从很多学科中吸收营养，不断丰富和完善自身的知识来源，下面主要从网络传播学、网络心理学、网络社会学等学科来阐述。

（一）网络传播学理论

网络传播学作为传播学的一个分支，是研究在网络环境下人类传播行为和传播过程、发展的规律以及传播与人和社会关系的学科。传播活动牵涉到多个环节、多种因素，在传播学研究过程中，传播过程的相关理论研究是非常关键的环节和内容，传播学的研究活动紧紧围绕传播过程的相关构成要素而实施。拉斯韦尔（H.D.Lasswell）是美国著名的传播学家，1948年他提出了传播过程的“五要素构成论”，依次是信息（says what）、媒介（in which channel）、传播者（who）、受众（to whom）与效果（with what effect），它变成了传播学领域中普遍认可的“5W”模式，针对这些要素，分成了内容、媒介、控制、受众与效果这五个方面的研究。可以肯定的是，这种“5W”模式同样存在着缺陷，并未研究社会环境如何影响传播活动、传播行为动机与传播效果反馈等多种问题。此后，韦弗（W.Weaver）与香农（C.Shannon）这两位数学家设计了电子信号传输过程的相关直线模式，为了解决单向性传播模式的缺陷，传播学家奥斯古德（C.E.Osgood）和施拉姆（W.L.Schramm）设计了社会传播过程的双向循环模式。这种双向传播循环模式也称为“奥斯古德－施拉姆模式”，即信息传播者和信息接收者之间不再受身份固定的制约，任何一个传播过程中的参与者都可以同时拥有上述两种身份。双向传播循环模式相比单向性传播模式尽管有了很大程度的突破，但随着研究的进一步深入，它自身的缺陷也在逐步显露，那就是它没有把传播循环的过程看作是一个不断上升发展的过程，而是单纯把它归结为一个封闭的过程，如传播学者丹尼斯（D.McQuail）就曾指出：“传播经过一个完全的循环，不折不扣地回到它原来的出发点。这种循环类比显然是错误的。”[①]“奥斯古德－施拉姆模式”最大的问题就在于它没有意识到信息传播过程也是一个运动发展的过程，其内在要素是会不断变化升华的。

网络诞生的初衷就是加快人类的信息传播，其最根本的功能就是信息交流，网络被称为继报纸、广播、电视之后的大众传播的“第四媒体”，网络传播活动也变得越来越频繁，网络传播学应运而生。我国学者谢新洲提出“网络传播基本模式”，以简要展示网络传播过程的要素、影响因素及信息流动方式。在这一模式中，每一个网络参与者都具有传播者和受众双重身份，他们可以通过电子邮件、BBS等网络媒体与任意一个网络参与

① 周庆山. 传播学概论[M]. 北京：北京大学出版社，2004：51.

者进行信息传递。同时，每一个网络参与者的信息传播和接收行为均受到自身人格结构、自我印象以及自身所在的人员群体、社会环境的影响。在提出“基本模式”的基础上，他还借鉴“马莱兹克模式”的基本思路构建了“相对于一个节点的传播模式”以及“网络传播的技术模式”。[①] 网络传播模式与传统的传播模式相比具有以下特点。首先，信息的传播更加高速、高效。其次，手段更加丰富。网络传播的形式是多样的，可以以文字、图片、视频等多种媒介进行传输，使信息的内容更加丰富和生动，促进了信息接收者的接收积极性。再次，以多向立体交流传播模式为主。网络信息传播的出现打破了传统封闭的单向性信息传播方式，以双向或多向信息传播模式为主，弱化了传统信息传播模式下的主客体差别，更有利于发挥主客体的积极能动性。最后，是信息来源更加多元化。传统传播模式中信息传播者的身份一般来说是固定的，而在网络化时代，任何主体都可以拥有话语权，这也致使网络中信息纷繁复杂、良莠不齐。网络传播学理论对于大学生网络思想政治教育的研究和探讨具有十分重要的借鉴意义。

大学生网络思想政治教育可以借鉴网络传播学关于传播过程的理论。一方面，网络传播模式理论探讨的核心问题是网络传播过程，其研究内容既包括传播过程中的传播者和受众、网络信息、网络媒介等，还包括要素间关系、传播环节、各种影响网络传播的系统外因等。这些研究内容与大学生网络思想政治教育研究的基本内容有诸多相似之处，在许多情况下，只是切入的视角有所差别。另一方面，网络思想政治教育作为一种信息传播过程，可以借鉴网络传播学当中的一些理论和方法，构建相应的传播教育模式，如对议程设置理论的借鉴。在网络环境下，个体成为议程设置的元点，“点对点”“点对多点”和“多点对多点”的多元化交互模式已经形成，为人们之间的跨区域、跨民族和跨文化交流提供了便利。议程设置理论为大学生网络思想政治教育工作的开展提供了现实的途径和可操作化的方法。

（二）网络心理学理论

心理学是通过研究人类的情感、认知和意志等信息品质以找到人类心理活动的特征与规律的科学。大学生网络思想政治教育的目的就在于使大

① 谢新洲．网络传播理论与实践 [M]．北京：北京大学出版社，2004.

学生网民的思想意识和认知水平能够适应网络技术的发展。正因为如此，教育过程当中要根据受教育者的心理活动调整教育的方式和内容，要根据教育对象的心理活动特点，进行更加具有针对性和实效性的教育引导。网络心理学是心理学的一个分支，主要是探讨网络条件下人们的心理活动、行为方式的形成、发展及其规律的学说。大学生网络思想政治教育可以借鉴网络心理学关于认知的理论。认知的过程可以理解为对外界信息感知、加工的过程，也就是说，人们对于外界信息的认知不是原封不动的接受而是有一个信息加工的过程，它是人类基础性的心理过程，涵盖了语言思维、想象、记忆、知觉、感觉等。人脑是信息加工的重要工具，人类对于外界的认知都是人脑加工的产物，转换为人们心理的内在活动，对人们的行为进行支配，即信息加工的过程，也就是所谓的认知过程。在认知过程中，个体本身的认知方式会形成比较稳定的一种心理倾向，它体现在人们偏爱某种信息加工方式。认知心理学对于提升人们的认知自主性有着积极的作用，并通过对认知活动的研究，能够在很大程度上帮助人们的决策、问题解决与学习等。心理学为我们研究大学生网络思想政治教育的相关内容提供了较大的借鉴价值。我们在研究该领域的过程中，只有不断汲取多个学科的理论影响，切实掌握受教育者真实的心理需求，指引他们在网络信息环境中正确、科学地选择相关事项，在受教育者做出主动选择的过程中，将先进网络文化的相关内容稳固在他们的头脑中，帮助他们形成优良的品德和素养。

大学生网络思想政治教育就是要提升受教育者的网络思想政治素质，帮助他们更好地适应网络社会最终实现个体自由全面的发展。因此，在大学生网络思想政治教育中，大学生作为受教主体居于中心地位，所有的教育设计和内容都必须围绕这一个中心展开。教育者掌握的思想政治要求必须进入受教育主体内心，使之真心诚意的认同并接受。心理学重视意志、认知、情感训练彼此结合而形成健全的品质与个性，高校思想政治教育工作也正是不断教育和引导教育对象思想品德的不断提升。开展网络思想政治教育工作，必须重视引导教育对象在网络环境中意志、情感、认知训练的彼此结合，它要求教育工作者贴近教育对象的心理需求，建设和打造网上精神家园，密切关注和激发教育对象学习先进网络文化的积极性，使他

们形成崇高的思想道德追求与坚定的政治信念，让他们在正确的情感认同与认知基础上，主动投身到先进网络文化的建设当中去。

大学生网络思想政治教育可以借鉴网络心理学，对大学生的网络成瘾等问题进行预防和干预。美国精神病学家戈登伯格（I.Goldberg）教授在1995年最早提出了“网络成瘾症”这一概念，并进一步将网瘾的定义研究从心理学延伸到精神病学领域。在我国，陶然教授认为网瘾是“个体反复过度使用网络导致的一种精神行为障碍，表现为对网络的再度使用产生强烈的欲望，停止或减少网络使用时出现戒断反映，同时可伴有精神及躯体症状”①。网瘾产生的原因是复杂的，它既包括患者外部的生存环境，如家庭、社会等因素；也包括患者个体的内部原因，如人格、心理、生理等。网络成瘾还常常伴随一些生理特征，如患者一旦上网，其大脑就会产生一系列的化学反应，使成瘾者无法控制自身的行为。

一旦患上网络成瘾综合征，就会对大学生的学业和生活带来负面影响，甚至还会影响大学生人格的形成，所以对已经成瘾的大学生进行有效干预是十分必要的。对于网瘾的干预主要从以下几个方面着手：其一，自我情绪调节。情绪反映的是个体对自身需要是否得到满足的主观体验，不良情绪不仅会影响个体的行为，有时甚至非常具有破坏性，同时还会对个体适应和创造产生障碍。所以，对于网络成瘾者的帮助首先要从情绪的调节着手，这是解决问题的重要环节。戈尔曼博士认为，情绪智力是一个人具备觉察和认识自己情绪的能力，是在认识自身情绪的基础上，管理和控制好自己情绪的能力。对于网络成瘾者的矫正，首先就是要帮助其提高自我控制和管理情绪的能力。当产生不良情绪时，可以通过自我暗示和放松等方法进行自我调节。另外，一些不良情绪的产生来源于错误的认知和曲解，所以当错误认知得到识别和修正的同时，不良情绪也随之得到缓解。尤其是那些为了逃避现实而沉迷于网络的大学生，更需要帮助他们从对现实的厌恶、逆反、恐惧中解脱出来，从而摆脱对网络的依赖。其二，自我行为控制。网络成瘾者的病理心理异常时缺乏自我控制。自我控制缺乏本身不是一种心理障碍，但却可能成为众多心理疾病的致病因素。网络成瘾者在使用网

① 邓验，曾长秋．青少年网络成瘾研究综述[J]．湖南师范大学（社会科学学报），2012（02）：89.

络过程中获得即刻的快乐和满足感，这维持了他们长期使用网络的心理机制。网络成瘤者也会意识到过度使用网络是不好的，但就是难以放弃上网。自我控制的缺乏与冲动有关，做到自我控制就是要控制冲动并遵守原则。对于网络成瘾学生的帮助也可以通过帮助其制定上网计划来完成。通过制定一个具有持续性、渐进性、奖惩性、替代性的计划，一步一步帮助学生达到自我控制的目的。对于网络成瘾者的矫正不可能一蹴而就，其需要一个漫长的过程，作为教育者需要具备足够的爱心和耐心陪伴学生共同战胜这一心理障碍。其三，外部关系改善。很多学生由于现实的人际关系出现问题，进而将所有的希望寄托于网络生活。通过观察我们发现，一些平时在现实生活中性格内向、孤僻的学生，在网络世界里却可以变得幽默有趣、侃侃而谈。对于这一类网络成瘾学生的矫正，就应从帮助其改善现实中的人际关系入手。作为教育工作者可以从学生自身出发，协助他们学习一些人际关系技巧，体验与人交往沟通的乐趣。对于网络成瘾的干预和矫正还需要学校、家庭等共同配合，如因家庭原因而造成的网络成瘾的学生，就可以从家庭入手，改善亲子关系。其四，自我激励。很多网络成瘾者都存在无法对自我进行正确的评价问题，甚至有些学生对自我评价过低，造成严重缺乏自信心等问题。因此，要帮助这类学生摆脱网瘾就要从帮助他们学会自我激励，激发其信心和信念，明确其人生理想着手。要引导学生对自己有一个全面正确的认识，充分意识到自己的优缺点。对自身的评价要建立在客观、公正的基础上，既不能评价过高，造成盲目自信，也不应评价过低，产生自卑心理。在帮助他们形成对自身的客观、真实的认识和评价的基础上，指导他们思考、探索自身内在的价值和人生理想，形成对未来生涯的发展规划，明确奋斗目标和奋斗路径。以上干预法可以帮助存在网络成瘾问题的学生得到一定的矫正作用，但是高校教师和辅导员并非专业的心理咨询人员，对于那些已经具有病理性网络成瘾者，则需要专业的心理医生进行心理和药物治疗，解决其网络成瘾问题。

（三）网络社会学理论

社会学是一门将社会及社会问题作为研究对象的学科，其将社会作为一个整体来进行研究，研究社会发展过程中其各要素之间发展变化的关系。

互联网的出现和发展，拓展对于网络社会的界定有很多，从社会的群体结构来看，“网民”作为一类新的社会族群伴随着互联网的发展而诞生，美国社会学家巴雷特（L. F. Barrett）称之为“赛博族”。网民族群作为一个群体，其内部由各种类型的网络群体所构成，而每一个网络群体又是由网民个体构成。因此，网民个体是构成各类网络群体的基本单元。根据接触网络起始时间的不同，网民可以划分为“网络原住民”和“网络移民”两类，前者是指一出生便能够接触互联网的人，而后者是指成长到一定年龄才逐步接触互联网的个体。由于我国于1994年正式加入国际互联网，因而一般将“90后”的大学生称作“网络原住民”，20世纪80年代以前出生的则称之为“网络移民”。网民个体通过一定的关系组成各种网络群体，然而由于网络群体在形式上相对宽松，由于网民身份的虚拟性，网络群体对成员的强制性和制约性相对欠缺，无法通过外在力量对成员进行约束。思想政治教育必须坚持服从和服务于社会发展的规律，对网络思想政治教育而言，就是要服从和服务于网络社会的发展，而无论是要做到服务还是服从都必须首先深入掌握网络社会的真实境况。因此，网络社会理论对于网络思想政治教育的研究具有重要的借鉴意义。

第一，网络思想政治教育可以借鉴关于个体社会化理论。在社会学分析和研究中，个体社会化理论是网络社会研究的基础，是指社会把自然人逐步转变成可以适应相应的社会文化、履行相应角色行为、参与社会活动的一个社会人的过程。从个体视角来看这个过程，它也是个人从最初的不知到后来的知、从最初的知之不多到后来的知之甚多，最终把一个自然人逐渐培养成为一个社会人的过程。思想政治教育的主要目标是促进人的道德与思想政治方面的社会化，网络思想政治教育应该破解的是在网络背景下的人们应该怎么样遵守相关的社会行为规范，适应正常的社会生活，完成自身在道德与思想政治方面的社会化。它可以参考个体社会化领域的相关理论知识，有利于厘清网络背景下个体社会化的可靠性。此外，每个人都要处理个体社会化这个终身课题，它也清楚地指出网络思想政治教育工作者不能隔离、回避网络，必须和受教育者同时提升在网络环境中的各种生存技能，方可让每个人切实完成全方位的社会化。

第二，大学生网络思想政治教育可以借鉴关于社会群体理论。在社会学研究中，社会群体理论是一个核心。它将研究视角定位于社会群体特征以及成员与群体之间的互动影响，此类研究结果对制定各种公共政策与破解社会问题非常有利。社会群体指的是，凭借某种社会关系而彼此结合、开展公共活动，彼此作用和影响的集体。群体是个人完成社会化的一个重要场所。现实与历史均证实，社会系统涵盖了相当数量的社会群体，群体的稳定是一切稳定的大前提，只有保证群体的稳定才能实现社会的稳定，社会稳定是民族、国家健康发展的基础与前提。网络社会作为一个互动平台，为社会成员和机构提供了施展的舞台，而作为“因网而生”的网络族群也就开始“粉墨登场”了。随着计算机网络越来越融入我们的生活中，网络群体的各种活动被给予了密切关注，各种信息媒介组织都加大了对于网民力量的考量，将其视作是社会发展的重要力量。当代思想政治教育学的社会化发展取向，需要其直接面向社会，以谋求更大发展，在社会生活的方方面面渗透这些内容，真正让思想政治教育成为社会生活发展的重要支撑，实现其价值引领的重要作用。高校在通过网络开展思想政治教育的过程中，应该注意参考社会学的相关理论，要根据理论指导来分析相关特征，要将对于网络群体的探讨摆在一个重要的位置上，明确其发展与存在对网络群体社会化的影响和作用，乃至对我国社会经济发展的作用与影响。必须倡导积极应对网络群体的形成和发展。同时，在面对因网络群体而引发的社会事件时要头脑清醒、客观，应该积极地予以研究和关注，这是由于此类事件直接影响我国的社会稳定，绝大部分群体性事件会深刻地影响网络环境中社会成员的思想品德和政治素养的发展与变化。

第三，大学生网络思想政治教育可以借鉴关于网络社会理论。曼纽尔(M. Castells)是美国著名的社会学家，在自己的学术专著《网络社会的崛起》中指出，互联网的快速崛起这个事件是一起社会学事件，是科技发展推动人类社会改变的重要事件。在网络革命中，信息技术居于中心地位，它在很大程度上挑战了传统意义上的社会概念。他认为，网络社会中的“知识”与“信息”，第一次借助“科技之手”实现了频繁的对接，标志着网络族群社会已昭然若揭。学术界在研究“网络社会”的过程中，指出要和数字化社会、信息社会、虚拟社会与“赛博社会”等多种概念密切结合，共同探讨这些问题。就网络社会一些问题的探讨，一些学者认为应把其看作是一种人类

在网络虚拟空间的交流形式；另一些学者则认为网络社会是一种独立于现实社会的模式，指出它属于新型的社会形态。实际上，传统社会与网络社会之间的关系是无法割裂的，它不仅仅是新型的网络交往方式。这种社会形态并非孤立的，它是传统社会形态在网络背景下的一种新生；它在保留了现实社会的许多传统因素的同时又不拘泥于它，在传统的基础上在很多方面有了创造性的改变，由于网络社会还在形成、生长、发展、变化之中，学者对于网络社会的研究和探索热情也会越来越浓厚。毋庸置疑，网络社会的很多研究议题对于开展大学生网络思想政治教育工作的借鉴作用也比较显著，而且可以深入地、全方位地借鉴这些理论和成果。为了更好地研究大学生网络思想政治教育的对网络社会当前的发展状况给予密切关注，全方位地把握该领域的相关研究成果。它是在网络环境中开展和实施思想政治教育的一种新议程，对于网络社会研究所积累的宝贵经验，有助于用超越的眼光来看待网络对于社会的意义，要以另辟蹊径的视角来对其展开研究和探讨，认清它所处的网络环境，把握受教育者与教育者在网络社会中的互动关系，探讨在虚拟空间中有效地发挥思想政治教育的作用，将思政工作放在整个网络社会的视野中去讨论，有效地发挥它的职能与作用。

第三节　大学生网络思想政治教育的实现路径

大学生网络思想政治教育的实现路径，也可以理解为大学生网络思想政治教育中主要的实施途径。本章主要从大学生思想政治教育在线课堂、大学生思想政治教育主题网站和大学生思想政治教育微媒体途径这三个方面来进行探讨。

一、开设大学生思想政治教育在线课堂

我们可以把大学生网络思想政治教育在线课堂简单地理解为利用网络多媒体的手段来进行思想政治教育的传播，但要想深入进行分析和理解就

需要对其内涵进行探究。大学生思想政治教育通过对大学生受众思想观念上的灌输和引导，使大学生的行为符合社会发展的要求，形成符合社会主流意识形态的正确思想观点和行为。在线课堂是在互联网上构建一个实时在线交互系统，利用网络在两个或多个地点的用户之间实时传送视频、声音、图像的通信工具。进行课堂交流的用户可通过系统发表文字、进行语音会话、观看视频图像，并能将文件、图纸等实物以电子版形式显示在白板上，参与交流的人员可同时注释白板并共享白板内容，效果与现场开设的课堂一样。[①] 在线课堂作为一种新型的教育模式，将网络与课堂教育有机地结合起来，打破了时间和空间的束缚，使教育教学实践变得更加方便和快捷。大学生思想政治教育在线课堂通过网络媒介手段，扩大和丰富了大学生思想政治教育的传播领域和传播方式，是网络与教育结合的新产物。它改变了传统大学生思想政治教育主要以“灌输教育”为主的模式，通过生动活泼的案例、影视、音乐、图片等媒介形式，有计划、有目的、潜移默化地将正确的思想观念传递给受教育者。这种方式突破了时间和空间的局限性，以一种更加平等、便捷的方式让受教育者自主选择，极大的推动了资源的共享和教育的公平。

（一）大学生网络思想政治教育在线课堂的特征

大学生思想政治教育在线课堂是建立在互联网技术推广基础上的新型的教育模式，因此，具有自身的独特性。首先，摆脱时空束缚，传播更加广泛。与传统的思想政治课堂教育相对比，思想政治在线教育把大学生从教室中解放出来，可以实现随时随地的交流与学习，并提供多人多次点击学习，极大地提高了学习的便捷性，降低了教育的成本。同时，大学生思想政治在线教育模式，教育的内容更加丰富，形式更加多样，其覆盖的群体远远超过传统思想政治教育，从而更有利于思想文化建设，提升人们道德素质。其次，实现了资源共享，形式更加丰富。大学生思想政治教育在线课堂打破了高校领域的“藩篱”，为更多有才华的教育者提供了施展的

---

① 周婷，王清．利用在线课堂实现校际协同教育——以繁昌县在线课堂为例 [J]．中小学电教，2014（07）：9-11.

平台，这些各具特色和魅力的教育者的加入，焕发了思想政治教育的勃勃生机，同时也增强了对受教育者的吸引力，通过借助网络的快速传播以及资源共享等特点引发社会群体效应，吸引更多的人加入其中，更有利于提高教育的影响力和号召力。再次，节省人力物力，降低教育成本。资源的共享性和信息传播的快捷性是网络思想政治教育传播的最大优势。在线网络思想政治教育真正充分利用了这一独特的传播优势，拓宽了传播领域、丰富了传播的方式。从传播的内容素材上来看，大学生在线思想政治教育课堂打破了传统课堂教育所存在的单一、乏味等局限性，通过网络视频、动画、图片等形式，使大学生思想政治教育活动变得更加具有娱乐性和感染力，满足了不同学习者的需要。在线教育打破了传统教育时间和空间的束缚，改变了传统教育中采取的通过固定的教材、固定的教师、固定的教室、固定的授课时间、固定的上课人数等传统思维定式，实现了教育时间、空间、内容的自由衔接，不但有利于学习者自由安排学习时间，还可以最大限度地节省人力、物力、财力等成本，而且课程学习资料可以自由下载保存，有利于知识的回顾与更新，极大地节省了教育的成本。最后，体现个性需求，增强学习的自主性。网络环境下，受教育者的情况可以说是千差万别的，每个学习者的学习能力和接受程度是不同的。在网络课程学习过程当中，学习者可以通过选择快进、暂停、重复播放等平台功能自主的安排学习进度，根据自身情况安排学习内容，有利于满足不同层次学习者的多样化要求。此外，网络在线学习内容的安排，更加侧重于满足学生的实际需要和诉求，把以教育者为主导变为以学生为主导，充分调动学习者的学习兴趣和积极性，讲授的内容更容易被学习者所接受。

（二）大学生思想政治教育在线课堂的实现形式

网络技术与教育的深度融合催生了更加现代化的教育手段，实现了教育手段的多样化，在近几年的实践运用过程当中，网络视频公开课和慕课的形式受到学习者的普遍欢迎。

1. 网络视频公开课

网络视频公开课最早产生于西方一些著名的高等学府当中，比如美国的哈佛大学和英国的剑桥大学，这些高校将一些比较受到欢迎的教授的授课视频公开发布到网络平台，供所有学习者自行下载学习。这些视频中讲授者的风格与传统模式相比具有强烈的个人风格，教育者采用推理、辩论、质疑、解惑等方式，深入浅出的将一些深奥的理论问题讲解的简单明了，这种授课方式一经推出就受到各国学习者的热烈追捧，产生了广泛和深远的社会影响力。高校思想政治教育工作者正是关注到学习者对于网络视频公开课这种学习形式的热情和渴望，于是开始尝试通过网络视频公开课的形式进行宣传和推广。由于思想政治教育网络视频公开课是将传统课堂教育与网络在线教育有机结合的全新教育形式，因此在具体的实践过程当中需要注意以下几个问题。

第一，高校应为学习者搭建一个绿色、健康的网络学习平台。许多社会网络学习平台，在利润的驱使下会在网络学习平台设置中增加很多不必要的环节，这无形当中干扰了网络学习者的注意力。高校在打造自己的学习平台时，可以打造一个绿色、无污染的在线学习平台，避免了社会平台中一些不良因素的干扰，加强了学习的效果。同时，学校还应提供师生之间、同学之间的学习交流平台，授课教师可以通过网络平台布置学习任务和测试学习状况，通过探讨、辩论、答疑等方式解决疑难问题，完成相关课程的学习并获得更多的知识。

第二，授课者在进行授课安排时，要注意授课细节的巧妙安排，要突出实用性。并不是所有的课程内容都适合建设成为网络视频公开课，所以教育者在进行课程设计的时候，必须根据课程内容的自身特点，使每节网络视频公开课具有自身的独特风格。大学生思想政治教育课程的相关网络视频公开课在选择内容和案例的时候必须贴近学生的生活，充分考虑到当代大学生的学习特点，要基于教材又不拘泥于教材，选取大学生思想政治教育课程中的爱国主义、社会主义核心价值观等课程重点。在课程设计时要摒弃传统课堂授课中所采用的“你听我说，你教我学”的课程模式，要注重授课者与学习者之间的交流与互动，抓住大学生的兴趣点，通过采用日常化、幽默风趣的语言和翔实的案例，营造出一种生动活泼的课堂氛围，增加大学生自主学习的热情和能力。

第三，授课教师要注意提升自身的讲授水平和人格魅力，成为真正受大学生欢迎的“良师”和“益友”。教师应具有丰富的学识，要转变教学

理念，变“灌输”为“引导”。对网络视频公开课而言，切入的角度比理论的深度更加重要，一个好的角度可以切实地提高受教育者的知识面和科学素养。这就要求教授者必须具有良好的学识修养，在讲解过程当中能够结合时事热点，深入浅出、多维度、多视角的进行解析，避免传统“答案式”的教学方式。授课者的穿着应本着舒适、轻松的原则，避免以往录制网络课程时较为模式化的服饰，在语言上应随着自己的讲解适时调整音调、音量大小，动作和表情也应随着讲解相应变化，当然这并不是要求教育者要有表演的性质，而是当教育者选取了适当的内容和表现形式时也应当有着某种自身的理解和情感的共鸣。授课者应注重大学生的思维培养和教育拓展，要有意识地加强师生互动交流，并同时充分考虑到大学生的思维特性，运用大学生喜闻乐见的典型案例或展示方式，通过对教育情境和教育流程的精心设计，引导大学生积极交流探讨，让大学生融入其中、参与其中，使大学生成为课堂的主人。同时，整合教育资源、组建优秀团队。网络视频课程的质量直接决定了该网络课程能否实现既定的教育效果，这就要求对网络视频公开课的质量要做到严格把关。大学生网络视频公开课的制作环节繁复，需要团队成员通力配合，共同努力。从网络课程制作前期来讲，主讲教师在进行课程讲授之前，还需要助理教师做好前期的大量教学资源的搜集、课程选题、课程内容和流程设计等工作。在后期录制过程当中，还需协调摄影团队进行时间的安排，录制完成的后期制作等一系列工作也必不可少。在整个制作过程当中的任何一个环节和流程出现问题，都会影响最终网络公开课的品质。因此，要想制作优秀的网络视频公开课作品，就要首先组织一支优秀的建设团队，这就需要不断吸纳相关行业中优秀的教育专家和工作人员，通过大家的共同努力和通力配合，不断提高思想政治教育网络视频公开课的制作能力，吸引更多大学生及社会学习者的学习和关注，增加社会影响力。

第四，当优秀的思想政治教育网络视频公开课作品制作成功后，各个高校和社会组织还需要加大宣传力度，吸引更多关注。高校与高校之间还应该实现优秀作品的共享，在实现网络课程效益最大化的同时，也要注意加大宣传的力度。高校可以使用各种宣传途径进行推广，如利用校园广播、校园网、微信公众号等手段，让更多有需要的大学生了解并参与。同时，课程制作者也应不断完善和更新授课内容，加强与学习者之间的交流和互动，真正让课程“活”起来。此外，学习者在学习过程当中，有不懂的问题和困惑的时候，应有良好的答疑解惑渠道，真正解决课程学习者在学习过程当中存在的问题，免除了不必要的后顾之忧。当社会环境和受教育者自身情况发生变化时，课程制作者要及时调整授课内容和授课进度，切实做到“以受教育者为本”。

在思想政治教育网络视频公开课的实践推广过程当中，我们可以有效地将传统课堂教学和网络视频教学结合起来，最大程度地实现教育的最大化。鉴于高校的实际教学环境，可以将网络视频公开课的形式更多地用于基础课程的前期预习和后期的巩固交流环节，这样一方面可以加深受教育者对于问题的认识深度和广度，另一方面也极大地促进了受教育者的学习兴趣和学习自主性，更加有利于学生综合素质的培养。传统课堂教育和网络视频公开课的有机结合，还增强了师生之间的沟通和互动，有助于受教育者对于重点问题的理解和应用，增强了教育的针对性。

2. 慕课

慕课（Massive Open Online Course，即 MOOC），中文可以翻译为“大规模的在线开放课程”。慕课是近年来出现的一种在线课程，它发端于过去的那种发布资源、学习管理系统以及将学习管理系统与更多的开放网络资源综合起来的旧的课程开发模式。慕课是课程教育与网络相结合的全新授课模式，将大学生思想政治教育与慕课相结合，能更有效地加强大学生思想政治教育的效果，但同时，对于慕课的制作要求也提出了更高的标准。

首先，对慕课的设计和制作提出更高的标准和要求。一方面，要加强慕课设计的巧妙性。将慕课运用于大学生思想政治教育主要是为了更好地对大学生进行正确观念的引导和知识的传播。因此，教授者在进行授课内容的选择上一定要注意突出课程的主题，同时，还要根据受教育者的兴趣点进行适当的延伸和扩展。内容选择最好能具有较强的引导意义，如可选择关于社会主义核心价值观、社会精神文明建设、中华优秀传统文化等方面的内容。教授者在进行讲授时要尽量通俗易懂、深入浅出，同时发挥个人的讲授风格魅力，吸引学习者的关注。在慕课的时间安排方面尽量不要太长，一般控制在十五分钟之内，这样更有利于突出课程的重点内容，有

利于学习者的消化吸收。课程安排顺序最好层层递进，逐步加深学习者对于问题的理解。当然，授课的地点也并非必须拘泥于教室当中，授课者可以根据所讲授的知识内容自由选择授课场景，甚至可以采用在讲解中穿插表演的教学形式，增加教育内容的直观性。另一方面，要提高慕课视频的制作水平。慕课视频是慕课的主要授课手段，其质量的好坏在很大程度上会影响学习者获取知识的程度以及课程的进一步推广，所以，要切实提高慕课视频的制作水准。在制作过程当中，要采用更加先进和专业的视频拍摄工具，确保慕课视频画质的清晰度，通过更加先进的手段将慕课视频完美地呈现在学习者面前。在视频的画面处理和剪辑过程当中，能够根据授课情况的要求有序的插入相应的图片资料，在注意画面之间的连贯性的同时，还要注意授课主题的突出。在视频拍摄的场景和道具方面，要注意尽量选择较为清雅、舒适，避免太多干扰因素的授课场景，这样可以通过环境色彩的搭配为受教育者营造一种安静、祥和的学习氛围，增强其学习的注意力，避免因其他因素的干扰而影响了学习的效果。慕课视频的后期处理过程当中还可以增加一些其他元素，比如通过插入与授课者同步的字幕提示，促进学习者对于知识的印象加深；或通过插入一些图片和声音，使学习者产生一种更加直观的认识，对知识的理解更加具体。此外，讲授者与视频拍摄者前期一定要进行充分的沟通，这样拍摄者才能根据讲授的需要对镜头进行合理的切换，这样拍出来的慕课视频才能符合设计者的设计要求。总之，一部优秀的慕课作品是一个团队共同努力的成果，凝结着所有课程制作参与者的心血和汗水。

其次，高校思想政治教育工作者要紧跟时代发展的需要，及时对慕课内容和设置进行调整。大学生思想政治教育慕课视频的网络受众中主要以在校的大学生为主，但同时也包括一些社会人士或专业人士，所以慕课视频制作者应根据大学生的具体特点进行设计，对大学生进行循序渐进的教育和引导，在保证授课知识的准确性的同时，还要加强对多方面知识的更新和补充。每个课程讲授者都有自己的授课风格，讲授者应该根据自身的具体情况，选择适合自己的语言和肢体表达，通过自身的人格魅力增强对学习者的吸引力。此外，还要注意对知识内容进行适当的扩展和补充，增强学习者的学习深度和广度。从慕课的环节和流程设计来看，虽然它是以网络视频作为传播的手段，但仍是对传统课堂的一种延伸，因此也就具备了传统授课当中的作业布置、解惑答疑、测试考核等环节，学习者只有在完成了以上一环节和流程的基础上才能开始下一个阶段的学习。因此，课程设计者在进行阶段设计上一定要遵循循序渐进的原则，引导学习者有序地进行收看和学习。同时，要为慕课学习者提供与授课者沟通的有效渠道，当学习中出现问题时能够和教育者进行及时、充分的交流和沟通，教授者可以在交流的过程当中总结和发现具有代表性的问题，并有针对性地进行解答。此外，我们还需要警惕慕课视频传播中的一些不良现象。比如有的高校为了扩大自身慕课的影响力，于是与一些网络商业平台合作。但网络商业平台为了追求更多的利润，于是在课程当中插入广告或图片链接，这不但分散了学习者的注意力，同时也容易让学习者产生逆反心理，降低学习兴趣，甚至终止学习过程。因此，在高校慕课视频的推广过程当中，一定要禁止商业化运作，保证绿色无污染的学习环境，严格对慕课平台的监管工作。

最后，高校要不断扩大慕课影响力和社会认可度，吸引更多的学习者学习。慕课作为一种新生事物，社会上许多人对它还不是特别的了解，甚至高校对慕课的重视度还远远不够，对其更多的是采取观望的态度，并没有积极主动地加入慕课教学的大军中。同时，由于当前大多数慕课学习还无法进行证书的授予，这在很大程度上也打击了慕课学习者的学习积极性。因此，高校和教育主管部门应加大对慕课的宣传力度，让更多的人了解并接受慕课这种新型的学习方式，并对慕课学习者予以充分的肯定，吸引更多的学习者加入。同时高校在慕课设置时也要考虑不同学习者的需求。我们应该看到，有些慕课的学习者进行学习的目的更多的是出于个人兴趣或为了扩充自身的知识结构而进行的学习，这些学习者对最终是否会取得社会认可的相关证书并不重视。相反，还有一些慕课学习者的学习目的性很强，就是为了通过学习获得相应的专业学习知识，并通过不断完成慕课的相应考核最终能够拿到社会认可的学习证书。对于以上这两种不同诉求的学习者，高校应该对慕课设置进行区别对待。高校在提供慕课时就应该准备两种类型的课程，一类是专门针对非专业背景的普通的思想政治教育科普类慕课，另一类是专门针对具有一定的专业背景知识的学术类慕课。学习者

可以根据自身的需要自由的选择学习慕课。

二、建设大学生思想政治教育主题网站

大学生思想政治教育主题网站也可称为“红色网站”，我们可以将其理解为，高校基于自身的人力资源优势和信息优势，旨在为了更好地从思想、道德、行为等方面引导大学生的网站类型。“我们可以认为，大学生思想政治教育主题网站是指思想政治教育工作者在以社会伦理道德为内在标尺，遵守网络相关法律规则的基础上，通过特定的网络媒介进行后台管理、多样化建设和思想政治教育信息的精心筛选、编辑和扩散，对大学生网民施加一种潜移默化、循序渐进的灌输影响，进而实现用形式灵活多样、理论严谨科学的新颖网络资源培养大学生受众的思想观念、爱国情感、心理素养、法律观念、道德规范和信息素养，号召广大社会群体时刻关注自己的一言一行，使自己的思想与实践符合社会主义核心价值观的要求，努力实现中华民族的伟大复兴的中国梦。”[①] 截止到 2020 年年底，全国红色网站的数量差不多将近有 300 多个，其中具有较大社会影响力的网站很多，比如：湖南师范大学的“星网”、广西师范大学的“红水河”、湘潭大学的“三翼校园”等，这些“红色网站”将思想性、教育性、娱乐性、服务性综合于一身，通过形式多样的网站内容和鲜明的网站特色，一经推出就得到了大学生网民的广泛好评。

（一）网站设计特点

1. 网站的设计风格要具有统一性

网页设计风格的一致性有助于网站访问者的阅读和思考，也有利于对网站内容产生思想的共鸣。风格一致性条件下，访问者只需一会儿时间就能知道在网站的什么地方能够找到他们需要的信息，而不会发生茫然不知何往的情况。一致性原则运用于大学生思想政治教育主题网站建设上，至少包括以下几个方面的一致性：网页色彩要保持一致性；网页结构要保持一致性；网页导航要保持一致性；网页背景要保持一致性；网页图片要保持一致性；网页特别元素要保持一致性。

① 唐亚阳. 网络思想政治教育学 [M]. 北京：人民出版社，2016：219.

2. 网站内容设置要突出实用性

设计者有时为了使大学生思想政治教育主题网站显得生动活泼而加上一些网页特效，如背景音乐、Flash动画、各种Java效果等，但如果处理不好，就会使网站眼花缭乱，特别是同时使用许多风格截然不同的特效，反而无法凸显网站内容的特色。正因为如此，设计者在进行网站设计时要注意侧重于网站功能的实用性，即所设置的网站及栏目应符合本学校自身特点，满足本学校绝大多数受众的实际需要。在贯彻实用性原则时要注意，一方面应尽可能地把栏目细分，让用户能够根据需要快捷、方便地找到所需要的内容；另一方面，导航设计要合理，如果导航明确，用户就能快速找到自己所需要的东西，用户体验好了，自然就愿意常来。在设计导航的时候，首先最好不要把导航做成图片、动画或特效，最好使用文字；其次每个页面都要设置明显的返回频道页和首页。

3. 网站的信息要保证时效性

网页内容的实时更新是吸引用户的重要方面，所以大学生思想政治教育主题网站的内容应经常更新，以保持网站的信息内容具有新意。特别是现代信息的瞬息万变，主页内容的更新及时，将吸引越来越多的访问者和回头客。要想保持网站的访问量，就要不断地更新主页内容和版面形式，给人以新鲜感。主页内容更新后，最好在页脚注明更新的日期，这对经常访问的老用户十分有用。

4. 网站自身建设要突出主题特色

主题网站可以根据定位的不同凸显自身的设计特色，只有这样，才能对大学生产生强烈的吸引力。切勿千篇一律，只有不断创新的网站内容才能吸引更多的本校甚至外校的大学生用户。此外，在美化、优化网站外在形式的同时，更要重视内容的质量，优先把内容建设好才是实现特色制胜的关键所在。这里所说的内容不仅仅是指文章、资讯等，也可以是其他方面的内容，比如特色栏目、优势内容、特色板块、特色服务等。

5. 网页设计要简洁明快

优秀的网页设计者往往追求简洁、大气的设计风格，视觉上要注意浏览者长时间浏览不易产生疲劳感，注重颜色的应用。同时，坚持网站页面设计的简洁性，避免由于网站功能元素过多而失去了网站自身的特色，要

有利于网站浏览者能够根据自身的需要快捷的寻找目标内容，提高网站浏览速度，增加点击率。

（二）网站建设基本导向

大学生思想政治教育主题网站是高校网络思想政治教育工作者的重要阵地，是否能够发挥好这个平台的积极作用，关键还在于在具体的建设过程当中，能否坚持正确的导向。

1. 守好网络新阵地，传播社会正能量

网络信息传播技术的发展，极大地丰富了信息资源，使我们生活在一个“信息爆炸”的时代。在这种时代背景下我们每个人都被各种信息所裹挟，这增加了我们进行信息识别的难度。作为高校思想政治教育的重要阵地，大学生思想政治教育主题网站的一个重要任务就在于用正能量的信息“武装”我们的大学生网民，增强其对负面信息的识别能力和抗干扰能力。当网上出现负面或不实信息时，思想政治教育工作者要勇于理直气壮的进行反驳，要始终保证网络信息正确的政治导向。要对大学生“灌输”先进的科学理论知识，用马列主义、毛泽东思想、邓小平理论、“三个代表”重要思想、科学发展观和习近平新时代中国特色社会主义思想等引导大学生的成长。国内的一些网站内容由于审核不严格，确实出现不少值得注意的地方，比如有些文章公然宣扬马克思主义已经过时了，贬低马克思主义学说，否认马克思主义是普遍真理；有的文章不惜以恶意丑化革命英雄的手段来增加点击率；有的大肆宣传腐朽、落后的价值观和生活方式；有的以恶意篡改的数据否定改革开放的历史功绩等。而我们的一些党组织和思想政治教育工作者在面对网上这些恶意攻击时，不能理直气壮和旗帜鲜明的向群众宣传马克思主义学说。事实上，正是由于过去一段时间我们在坚持马克思主义方面，态度还不够坚决、旗帜还不够鲜明，造成了资产阶级自由化在我国几度泛滥。大学生网络思想政治教育工作者要避免重蹈覆辙应从中吸取经验教训。在对待网络不实谣言时要第一时间内搜索相关证据，查明事情原委，发布公正透明的真相调查结果，还公众一个权威合理的解释。同时，也应该通过邀请专家进行座谈交流的形式，让公众了解事情的原委，防止不良言论的泛滥。我们可以通过在大学生思想政治教育主题网站上开设“学习贯彻习近平新时代中国特色社会主义思想”“求索前线”“党之魂”“伟大旗帜”“领袖风采”“专家讲坛”等专栏，有组织、有步骤地借助网络向广大高校学子宣传正能量。

2. 把好信息关，做好引路人

思想政治教育工作者的一个重要职责就是要做好“把关人”，要对网络中传播的信息进行监控和筛选。由于网络信息传播的拓扑结构是一个离散的空间，网络信息把关的内容和形式较之传统媒体信息把关有所区别，这加大了把关的难度，需要教育工作者通过学习和培训，掌握相关技巧。

第一，要讲求时机性。要增强对社会热点问题的反应能力，及时对舆论关注点进行解答，可以有效地遏止负面信息的产生和蔓延；当一些关键敏感问题已经出现，就要掌握舆论的主动权，引导舆论方向；可以利用传统媒体的公信力，制止网络谣言的肆意传播。

第二，要注意对舆论信息的内容“把关”。要站稳政治立场，明确政治目标，始终把握舆论信息的新动向和新情况；要着眼于党和国家的工作大局，根据国家建设的需要进行内容设置；要坚持以民为本，密切关注大学生的实际需要，为他们提供丰富的精神食粮。

第三，要把关“把关人”。要提高“把关人”的业务水平和个人素质，无论是何种职责的“把关人”都要恪尽职守，做好把关工作。在网络信息时代，只有控制了网络舆论的主导权，才能保证网络信息环境的健康发展。因此，在网络中要主动引导舆论的走向，要抢占舆论先机。对于不实言论，不能采取听之任之的态度，有一些网站一味追求潮流，提倡什么，反对什么，表现模糊，存在旗帜不鲜明等问题。对可能引起炒作的负面情绪，要坚持用事实说话、用数据讲理。尤其对于一些重大政治问题、重大历史问题，要及时准确发声，主动回应，有效化解舆论危机。

3. 讲好中国故事，传播中国声音

讲好故事，树好榜样，在网上大力弘扬中华民族的爱国主义精神，这是当前主题网站建设重要的内容导向。当前，由于网络环境的虚拟性等因素，在给人们带来方便快捷的学习生活的同时，也致使一些青年人沉迷于网络虚拟世界而不能自拔。如何帮助这些青年人走出人生的“沼泽”，这是高校思想政治教育工作者急需解决的一个难题。我们应从中华民族优秀的传

统文化中寻求营养，在网络传播中要大力弘扬中华民族珍贵的精神财富。

要把这些财富经过重新整理、加工和包装后搬上网络，用来塑造我国广大青年网民尤其是在校大学生的灵魂，让他们知道前辈们是如何立志报国的，又是如何为这一崇高理想而献身的。在具体的大学生网络思想政治教育专题网站中可以开设有关爱国主义的分站，如“中华魂”“中国心”“英雄颂”“爱国主义”等专题分网站，高举爱国主义旗帜，弘扬中华民族优秀的革命传统。

4. 坚持做好网上“鼓舞”工作

做好网上“鼓舞”工作，发出好声音、传播正能量，把优秀的作品充实到网站中。教育的最高境界就是“潜移默化：”，板着脸搞教育往往很难获得理想的效果。同时，作为“网络原住民”的大学生群体往往都具有很强的娱乐精神，网络之所以对他们具有强大的吸引力就在于它能使接触它的人感到身心愉悦。因此，思想政治教育主题网站当中的信息内容最好以受教育者喜闻乐见的方式呈现出来，并在其中蕴含相应的教育内容，实现“润物细无声”的效果。这就要求教育者能够及时捕捉受教育者的兴趣点、关注点，及时将这些内容进行整理、包装，将这些信息第一时间推送到网络上，从而实现良好的教育效果。网站建设者要善于不断地开发周围相关的信息资源，为思想政治教育主题网站提供最新的开发成果和信息咨询，提高网站信息的针对性、有效性和创新性，积极把思想政治教育信息开发的最新成果运用到网站建设当中去。

（三）网站内容建设

内容建设是网站建设的核心和灵魂，这直接决定了该网站能否实现最终的价值目标，决定了其是否能承载相应的教育任务。可以说，网站内容决定和体现了题网站的内容建设工作放在首位。

1. 建设原则

主题网站的内容是由其目标和任务决定的，正因为如此，其内容设置需注意以下几点。

（1）政治立场鲜明

立场问题是一切问题的关键，可以说，政治立场的正确与否决定了思想政治教育工作的成败。当前，国际国内形势风云变幻，各种矛盾和问题层出不穷，如果不能将问题恰当的解决就会影响当前安定团结的政治大局。因此，网站内容只有具备鲜明的政治立场，才能在关键问题上确保正确性。作为思想政治教育工作者，在面对网上焦点问题和敏感问题时，要站稳政治立场，要结合党的路线方针和政策予以解答，对出现的问题要用联系的、发展的眼光去看待。对于网上的不当言论，要立场鲜明的予以驳斥，要敢于与一切错误言论作斗争。

（2）要注重内容的引导性

思想政治教育归根结底是作用于人的意识形态领域的，是利用先进的理论和思想引导人们，这也是网站内容建设的基本准则。这就要求主题网站的内容能够以“正能量”的形式催人奋进，要抵制消沉、低迷甚至暴力、色情等方面的内容。网站内容如果丧失了对人们思想领域的正确价值引导，也就失去了其创立的根基，那么也就丧失了最根本的政治立场。作为网站的管理者，要严格把关网站内容，要对不良信息零容忍，要坚决保证进入主题网站的信息内容的正确思想性，对于不符合主流价值理念或可能会对大学生思想意识造成不良影响的内容，要予以坚决的剔除，不留死角，以保证思想政治教育主题网站内容的纯洁性。

（3）要坚持内容的创新性和可读性

大学生思想政治教育主题网站内容建设既要接地气，又要着眼高远，善于体现当代精神风貌，能助力 21 世纪网络人才的培养。一些思想政治教育网站内容的原创性和创新性不强，甚至直接将课本上的内容生搬硬套的复制到网站上，不但达不到教育的效果，反而降低了学习者的学习积极性，因此网站出现了点击率低或乏人问津的现象。大学生求新探奇心理异常强烈，在新媒体时代如果他们这种心理在正常渠道得不到满足，必然会另选它途，从而增加其走上背离社会主义方向道路的概率。因此，能否吸引这批大学生的关注就成为网站内容设置的参考重点。

（4）内容要注意突出民族精神和时代精神

网站的内容建设必须以民族精神和时代精神为内核。思想政治教育主题网站如果没有民族精神作支撑，它就不会获得源源不断的动力。如爱好和平、勤劳勇敢、自强不息的民族精神鼓舞和激励着一代又一代中华儿女

为创造未来的美好生活而奋勇拼搏。时代精神是中华民族在各个历史时期形成的体现时代特征又能彰显先进精神的合力。主题网站的内容建设应切实将民族精神和时代精神作为精神内核，并将二者结合起来，鼓励和引导大学生在中国特色社会主义建设的伟大实践中，不断学习和吸收民族精神和时代精神，并使之逐渐转化为自己的爱国情怀和勇于创新的能力，同时也能够涵养大学生饱满的精神斗志，达到网站的教育目的。

（5）要符合大学生群体的思想形成规律

互联网的出现改变了一个时代的青年人，改变了他们的学习方式，甚至成了他们学习和生活必不可少的组成部分。根据 2017 年的统计数据，中国网民数量已突破 7.72 亿人，而这些网民当中很大一部分是由在校大学生构成的。这些大学生网民是上网人群当中的主力，他们年轻、有活力、思维敏捷、独立意识强，但同时思想意识还没有完全成熟，价值观和思维体系还尚在成长过程当中，因此，很容易受到外界信息的影响和干扰。大学生思想政治教育主题网站要想吸引这个群体的关注，就必须做到以学生为本，真正助力于当代大学生的成长成才，切实为大学生服务，满足大学生的需要，内容要能够真正吸引大学生的“眼球”。

2. 大学生思想政治教育主题网站的内容建设要求

大学生思想政治教育主题网站建设必须坚持以内容为王的基础，要对内容不断进行优化和创新，使其在继承传统的基础上，结合时代特征，为思想政治教育注入新鲜的血液。在时代发展的大背景下，既要坚持吸收传统思想政治教育内容中的合理因素，又要引领时代潮流，坚持与时俱进，勇于创新，使思想政治教育主题网站的内容富有强烈的时代感和感染力。

（1）规范性和差异性相结合

规范性和统一性是大学生思想政治教育主题网站内容的鲜明特征，应该得到有效遵循。但对于规范和统一的过度追求显然就丧失了教育的本意和初衷。当今时代变化莫测，教育环境越来越复杂，各种社会思潮、思想文化观念交流碰撞，大学生面对这些形形色色的新事物该如何认识，面对良莠不齐的信息该如何选择，这些都是摆在教育者面前的难题。如若大学生思想政治教育主题网站的内容设置忽视了时代的发展和教育者的需求，以相同的方式、相同的内容开展思想政治教育活动，必然导致主题网站的教育效果不理想。因此，只有坚持规范性，同时贯彻差异性要求，才能迅速及时地调整大学生思想政治教育主题网站的信息内容和呈现方式，更好地贴近生活、贴近大学生思想实际。要加强对大学生思想意识的引导，只有有针对性地面对各类网络受众群体，并紧跟时代发展步伐和时政变化，通过建设大学生思想政治教育主题网站等多种方式灵活地开展教育实践。大学生思想政治教育主题网站在内容设置时一定要充分吸收相关学科的“营养”，综合考虑高校自身特点、专业情况、地域发展、学生特质和不同层次的需求，尊重大学生的主体地位，从大学生的现实生活维度出发，充分彰显各大高校、教师和学生的不同魅力，使思想政治教育主题网站的教育功能发挥出来。

（2）理论性和生活性相结合

思想政治教育的理论性是指，要对受教育者进行世界观和方法论教育，着重解决主客观相统一问题。大学生思想政治教育主题网站的内容须立足于大学生的思想实际情况，坚持以社会主义核心价值观和社会主义荣辱观为引领，树立科学而又健康的世界观、人生观和价值观，以此来指导大学生的日常生活和工作。网站内容在以科学理论为指导的前提下，也应拉近与大学生实际生活之间的距离，让大学生在实际生活中逐渐认识社会发展的规律，认识到自己的成长与国家发展和民族振兴之间的关系。内容的设置应注重将理论性内容与生活性内容相互融合，从而实现宏观教育内容和微观教育内容的有机融合，这是时代进步的要求，也是社会发展的必然趋势。

（3）交互性和服务性

大学生思想政治教育网站在内容建设上，要运用积极健康的价值导向引领大学生成长成才，还要合理利用各种网络媒体手段扩大影响力，加强与大学生受众进行双向或多向的交流和心灵沟通，要深入大学生的生活现实，了解大学生的真实需要，有的放矢，切实帮助大学生解决生活学习中遇到的问题和困惑，对他们存在的不良倾向能够给予及时的纠正，及时对问题的解决情况进行调查和反馈，把握下一步思想政治工作的重点和方向。为了更好地吸引大学生群体对于网站的关注，网站可以根据学生的实际需求增加一些服务性的栏目，比如网上购票、网上查询等功能，进一步提高大学生对于网站的黏性和关注度。思想政治教育主题网站只有为大学生提

供更加贴心、周到的帮助和服务，才能长久获得他们的支持，实现网站的“育人”功能。

（4）层次性和时效性

大学生受众的思想状况具有多层次性，具体表现为不同年龄或同一年龄的大学生因成长背景、成长环境、专业背景、学识结构等不同而出现思想处于不同的层次或个体在思想品德发展上有较大的差别。根据思想状况不同层次的受众，可以进行有针对性的内容设置。总的来说，对大学生受众，在巩固高中思想政治教育成果的基础上，要注意针对大学生思想日益独立和多元化的特点，引导大学生自觉提高理论层次和政治觉悟，并在大学生思想政治教育主题网站上公布热点问题的官方调查结果，引导他们自主做出正确的价值判断。同时，网站的内容更新必须比传统思想政治教育更加讲究时效性，要紧跟时代发展的节奏，与时俱进，不断创新，用更好的内容和呈现方式来牢牢抓住大学生受众的“眼球”，深入其心，触动其魂，从而把思想政治教育工作真正做到大学生的心坎上。

（5）连贯性和创新性

大学生思想政治教育主题网站只有坚持连贯性和创新性，才能打造出网络文化精品和网络思政品牌，才能更好地服务于育人的目标。大学生网络受众具有不稳定性、分散性和随意性等特征，因此我们必须把大学生思想政治教育网站的内容当作一个系统工程来建设。这要求我们在内容的安排上既要有长远的考虑，又要有近期的安排，要保持内容及教育的连贯性，要及时根据网站受众群体的思想成长和国内外局势的变化调整内容，要引导大学生网民自主选择接受教育，自觉运用科学的指导思想和积极进取的人生态度来处理学习和生活中遇到的各种难题。我们还需要重视网站内容的创新性，要坚持内容为王不动摇，加强各部门协同工作，充分调动起广大教育者的创作积极性，不断勇于尝试内容和形式创新，不断为大学生思想政治教育主题网站注入新精品、新内容、新思想、新理念，只有这样才能打造出具有大格局，同时又是人民喜闻乐见的网络文化精品。

3. 构建大学生思想政治教育主题网站的内容体系

围绕大学生思想政治教育的目标和任务，根据大学生思想政治教育主题网站内容建设的原则和要求，着力构建适合当代大学生身心特点的网站内容体系。针对当代大学生共性特点，大学生网络思想政治教育网站的内容可以归纳为网络思想教育、网络政治和法制教育、网络心理教育、网络形势与政策教育、网络人文科学知识教育、网络中华优秀传统文化教育这几个方面。这些方面的内容相互联系、相互渗透、相辅相成，共同构成大学生思想政治教育主题网站的内容体系。

（1）网络思想教育

正确的思想观念不是凭空产生的，而是源于马克思主义理论的武装。大学生思想政治教育主题网站教育能否成功，就在于其是否运用马克思主义理论影响和指导青年大学生的世界观、人生观和价值观。要着眼于用科学的理论武装大学生的头脑，要求大学生对马克思主义不仅有表面意义的认识，更重要的是能够领悟马克思主义的精神实质，并且可以通过日常生活实践深刻学习马克思主义的立场、观点、方法，能够用马克思主义的基本理论分析和解决问题。在对马克思主义理论思想的宣传教育中，不能将其固化，限定在某个历史发展阶段，而是应该努力将马克思主义这一认识世界和改造世界的强大理论武器的威力发挥出来，真正将其转化为大学生的行动指南。

（2）网络政治和法制教育

大学生思想政治教育主题网站所进行的政治教育主要包括政治理想、政治信念、政治方向、政治立场、政治情感、政治方法、政治纪律等内容，其中党的基本路线方针政策教育、学习贯彻习近平总书记系列重要讲话精神等都是当前网络政治教育的重点内容。网络法制教育就是通过主题网站及各类新媒体进行法制宣传，是社会主义法律体系的普及教育，目的是促使大学生网民保持网上和网下行为的一致性和合法性，培养他们形成强烈的社会主义民主法制意识。

（3）网络心理教育

思想政治教育的根本目的在于促进人的全面发展，这就要求大学生思想政治教育主题网站也应开设心理教育的内容，比如通过开设网上心理咨询热线等方式，对大学生进行有针对性的心理辅导和咨询，帮助他们舒缓压力，打开心中郁结，以积极饱满的精神状态投入到大学丰富多彩的学习和生活当中去。

（4）网络形势与政策教育

在网络上开展形势与政策教育，有利于发挥网站的育人功能，为培养社会主义现代化的建设人才贡献力量。我们可以通过在大学生思想政治教育主题网站中开展形势与政策教育专栏，将权威的信息发布其中，并运用主题网站向各类媒体的推送功能，及时推送关于当前国内形势与政策的最新信息，尤其关注和推送关于习近平新时代中国特色社会主义思想、我国可持续发展与环境保护、国防建设与国家安全等方面的内容。

（5）网络人文科学知识教育

大学生思想政治教育主题网站不仅承载着知识引领、立德树人的使命，也承载着知识教育的使命，因此，有针对性地向大学生受众介绍人文科学知识，是大学生思想政治教育主题网站应有的重要内容。应积极发挥网络人文科学知识教育的育人作用，助力于大学生受众将高尚情操和科学精神内化为人格素质，进而培养他们学会如何做人具有重要的现实意义。

（6）网络中华民族优秀传统文化教育

中华五千年文明源远流长，是我们用之不竭的宝贵精神财富，因此，在网络中为我们的传统文化占据一席之地，是大学生思想政治教育主题网站义不容辞的责任和光荣使命。这些优秀文化是我们民族生生不息的基础，是我们形成归属感、民族自豪感的文化之根，值得大学生思想政治教育工作者去好好整理，开发利用，用来激励、教化我们的大学生。

第五章　高校思想政治教育融合发展研究之中华优秀传统文化育人

习近平总书记多次强调，立德树人是教育的根本任务。而崇德尚善历来是中华民族的优良传统，在历史传承中积累了丰富的教育理念与教育资源。这就将高校思想政治教育的任务、使命与中华优秀传统文化紧密结合在一起。新时代，高校肩负着培育全面发展的社会主义建设者和接班人的历史使命，这是对培养什么人、如何培养人以及为谁培养人根本问题的有力回答。在中生生不息、薪火相传的中华优秀传统文化中，积淀着具有鲜明民族特色的价值观念、精神追求与思想智慧，为实现新时代人才培养目标提供了坚实支撑，是以文载道、以文铸魂、以文化人、以文育人的重要滋养与资源。同时，在当前多元文化碰撞、融合的时代背景下，引导思想尚未成熟、价值观尚未完全定型的青年一代形成正确的世界观、人生观、价值观，牢固树立中国特色社会主义理想信念，科学把握历史规律，准确把握基本国情，以坚定的文化自信担负起传承、创新民族文化的历史使命，同样要回归到伟大而深沉的中华优秀传统文化当中，从民族精神与品格中汲取能量，以古鉴今。因此，从高校思想政治教育的使命担当出发，围绕创新发展的内在需要，深入思考、有效回答好中华优秀传统文化融入高校思想政治教育的理论与实践问题，是思想政治教育学界应当直面的重要问题。

第一节　中华优秀传统文化概述

一、中华优秀传统文化的基本内涵

（一）中华传统文化

传统文化是历史积淀的结晶，不仅仅是陈列在博物馆里的展览品、排列在书架上的古代典籍，其所蕴含的思维方式、价值观念、行为准则等既具有继承性，也具有发展性，是人类想象力和创造力的历史呈现，更是闪烁着思想光芒和智慧魅力的生命体。可以说，传统文化“是人类文化继续发展的台阶和垫脚石”[①]，也是向导和引路人。中华民族传承的文化遗产凝结在“独具特色的语言文字，浩如烟海的文化典籍，嘉惠世界的科技工艺，精彩纷呈的文学艺术，充满智慧的哲学宗教，完备深刻的道德伦理”[②]中，体现出中华民族之生活态度与精神风貌，展示出传统文化之丰富内涵。对于中华传统文化，我们可以归纳为以下几个主要方面。一是物质文化。中国古代在数学、天文、农耕、中医、造纸、印刷、建筑、园林等诸多方面均已达到或超越世界一流水平，取得了辉煌成就。二是精神文化。在历史发展中，中华民族以儒、释、道以及诸子百家思想为主要内容形成了独具特色的价值观念、道德规范、思维方式、审美趣味、宗教信仰、民族性格等，表达了古代人们对精神世界的追求，其中的思想精华经过代代相传已经穿越历史成为现代文化的重要组成部分。三是制度文化。中国古代社会形成了以“家国同构”为特征、以血缘宗法关系为纽带的一系列制度，进而发展成为较严密的制度系统，深刻地影响着中华民族的价值理念、社会发展、国家进步。四是行为文化。主要是指古代人们在日常生活中形成的行为方式或行为模式等，如服饰文化、饮食文化、民居文化、岁时节令、风俗民情等，

① 陈先达．文化自信中的传统与当代 [M]．北京：北京师范大学出版社，2017：51.

② 张岱年，方克立．中国文化概论 [M]．北京：北京师范大学出版社，2004：7.

集中反映了人们日常心理和社会意识，因而也是其重要组成部分。总之，中华传统文化可以理解为以中华民族为主体，在世代传承的民族生活繁衍中积淀凝聚而成，是包括物质文化、精神文化、制度文化、行为文化等相互影响的不同层面的、具有民族特色的、比较稳定的文化形态的历史与实践的结晶。在历史传承中，中华传统文化不断发展、演进，取得了无比辉煌的成就，为中华文明乃至整个人类文明都做出了无比巨大的贡献。

中华传统文化是先辈们传承下来的丰厚遗产，但由于两千多年封建社会的影响，其中不可避免地夹杂着封建腐朽观念和文化糟粕。这就要求我们认识和理解中华传统文化时，必须科学客观地加以辨识和区分，在继承与弘扬时要学会批判地继承和弘扬。

（二）中华优秀传统文化

中华优秀传统文化是在 5000 多年的历史传承中孕育的，它“积淀着中华民族最深沉的精神追求，代表着中华民族独特的精神标识，为中华民族生生不息、发展壮大提供了丰厚滋养”[①]。具体说来，它既包括仁者爱人、立己达人的关爱，也包括天下兴亡、匹夫有责的家国情怀；既包括以爱国主义为核心的民族精神，也包括正心笃志，崇德尚善的人格追求。它以经史典籍、文学艺术、礼仪制度等多种形式载体，生动鲜活地体现着中华民族的精神气度与突出优势，不仅促进了中华文明的延续和发展，更对人类文明和社会进步发挥了重要作用。陈先达教授曾指出：“一种文化的生命力不是抛弃传统，而是在何种程度上吸收传统、再造传统。”[②] 由此可见，中华文化无疑是最具有生命力的文化。这是因为其跨越数千年悠久历史，却能一脉相承、绵延至今，在整个人类文明史上独一无二，时至今日，依旧能为我们提供强大的精神滋养。“欲流之远者，必浚其泉源。”（唐·魏征《谏太宗十思疏》）当今时代，中国特色社会主义文化的繁荣发展也必将从中华优秀传统文化的丰富内涵中汲取营养。

---

① 习近平．习近平谈治国理政 [M]．北京：外文出版社，2014：260.

② 陈先达．文化自信中的传统与当代 [M]．北京：北京师范大学出版社，2017：51.

二、中华优秀传统文化的时代价值

（一）民族的文化基因与精神血脉

中华优秀传统文化在历史锤炼中继承发展而来，是博大而深厚的思想文化体系，是中华民族集体智慧的结晶，是安身立命的精神基础、永续繁衍的文化血脉，更是中华民族绵延不绝的“根”和“魂”。中华民族在漫长的历史发展过程中也曾出现过无数次的内忧外患，政权更迭，水火战乱，正是依靠优秀传统文化塑造了坚韧不拔，自强不息的民族精神，获得生生不息的强大生命力。习近平指出：“优秀传统文化是一个国家、一个民族传承和发展的根本，如果丢掉了，就割断了精神命脉。”[①]中华优秀传统文化体现了中华民族世世代代在生产生活中形成和传承的世界观、人生观、价值观、审美观等，其中最核心的内容已经成为中华民族最基本的文化基因。

中华优秀文化传统是中华民族的文化根基，是民族精神的生动呈现。梁启超在其著名的《新民说》中强调：“凡一国之能立于世界，必有其国民特具之特质，上至道德法律，下至风俗习惯，文学美术，皆有一种独立之精神，祖父传之，子孙继之，然后群乃结，国乃成。斯实民族主义之根抵源泉也。我同胞能数千年立国于亚洲大陆，必具所具特质，有宏大高尚完美厘然异于群族者，吾人所当保存之而勿失坠也。”[②]可见，一个民族在长期生活中所形成的“其国民特具之特质”的本质在于集体的公共认同。中华优秀传统文化就是这种特质的集中概括和表达，代表着中华民族共同体的集体人格、共同的价值取向，是凝魂聚力的民族精神纽带，也是延续民族生命的精神图腾。总之，从历史上看，中华优秀传统文化是中华民族生生不息的文化基因和精神家园，培育了共同坚守的民族精神和理想信念；从时代角度出发，是当今全球化时代，保持民族精神独立性、提升民族与国家认同感，进而形成道路自信、理论自信、制度自信的历史依据与深层基石，是坚定青年一代文化自信的重要基石，为实现中华民族伟大复兴的中国梦、推进社会主义现代化建设提供了源源不断的精神力量。

① 习近平．习近平谈治国理政（第二卷）[M]．北京：外文出版社，2017：313.

② 梁启超．新民说 [M]．宋志明，选注．沈阳：辽宁人民出版社，1994：8.

（二）熔铸和培育时代精神的沃土

中国特色社会主义现代化的过程，也是文化现代化、人的现代化的过程。“当代中国是历史中国的延续和发展，当代中国思想文化也是中国传统思想文化的传承和升华，……”[①] 由此可见，加强对中华优秀传统文化的研究、阐释、传承与创新，是建设社会主义文化强国的重大战略任务，对于更好地传承中华文脉、全面提升人民文化素养、培育担当民族复兴大任的时代新人、维护国家文化安全、增强国家文化软实力等诸多方面都具有深远影响和重要意义。正如习近平指出的那样：“中华民族具有 5000 多年连绵不断的文明历史，创造了博大精深的中华文化，……经过几千年的沧桑岁月，把我国 56 个民族、13 亿多人紧紧凝聚在一起的，是我们共同经历的非凡奋斗，是我们共同创造的美好家园，是我们共同培育的民族精神，而贯穿其中的、更重要的是我们共同坚守的理想信念。”[②] 这深刻表明，正是由于中华优秀传统文化在其自身传承中形成了中华民族独特的向心力、凝聚力，才能在历史演进中逐步融通、熔铸成了民族精神，比如在向着富起来的奋斗目标挺进中，不断与开放的时代特征结合，中华民族形成了以改革创新为核心的时代精神，在新时代新征程中形成了伟大的奋斗精神、创新精神、团结精神、梦想精神。换言之，当今时代，中华优秀传统文化依然是维系中华民族不畏艰险、矢志不渝、团结奋进的精神纽带，是实现中华民族伟大复兴中国梦的精神力量之源。因此，传承与发展中华优秀传统文化，不仅有助于保持对历史的敬畏，对民族精神的尊重，还有益于充分运用其深厚的文化血脉与土壤，滋养时代精神，以文化人、以文育人，培树新时代青年，延续民族共同的理想信念，思想观念与价值追求。

（三）推动世界和平发展的中国智慧

中华民族历来爱好和平，中华优秀传统文化蕴含着丰富的和平思想，是中华民族精神的重要内涵。“礼仪之邦”“协和万邦”“德莫大于和”等观念，深深地扎根于中华民族的文化传统之中。“亲仁邻善”“讲信修睦”

① 习近平．在纪念孔子诞辰 2565 周年国际学术研讨会暨国际儒学联合会第五届会员大会开幕会上的讲话 [N]．人民日报，2014-09-25.

② 习近平．习近平谈治国理政 [M]．北京：外文出版社，2014：39.

等，充分体现了中华民族在处理民族问题上的宽广胸襟。古代丝绸之路、郑和七下西洋、玄奘印度取经、鉴真东渡扶桑……这些史实都是中华民族与其他国家和民族和平共处、文化交流、发展友好关系的历史见证。

当今世界，和平与发展是时代主题，但是国际上的矛盾摩擦依旧从未间断，综合国力的竞争无处不在。这就使文化在国力竞争中的地位和作用更加凸显，越来越成为民族凝聚力和创造力的重要源泉。在当今世界大发展、大变革、大调整过程中，多样化的思想文化交流、交融、交锋更加频繁，国内经济社会也迎来深刻变革的关键时期，思想与价值观念日益活跃。这些复杂变化借助迅猛发展的网络技术而广泛传播，在全世界范围内构成了对和平发展的严峻挑战。中华优秀传统文化在这一背景下，彰显出了特有的魅力与重要价值。从全人类发展的角度看，中华优秀传统文化对于促进世界和平、友好、发展，减少和化解生态危机、不同文明间、国与国之间的矛盾冲突，发挥着越来越重要的参考、借鉴价值。习近平总书记明确提出了“构建人类命运共同体，实现共赢共享”[①]的中国方案。这其中就包含了中华优秀传统文化中“天人合一”的哲学思想、“和而不同”的文化理念与“协和万邦”“万国咸宁”“天下为公”“天下大同”的政治愿景，不仅为构建人类命运共同体提供了重要的思想资源与智慧借鉴，同时，对于促进国际间达成理念共识、促进形成发展、合作、共赢为核心的新型国际关系，发挥着积极意义。纵观中华优秀传统文化，结合中国特色社会主义的理论成果，我们更应具备文化自信，把跨越时空、超越国度、富有永恒魅力的中华优秀传统文化，从过去引向未来，分享属于中国、也属于世界的人类智慧之光。从育人育才的角度看，深刻认识中华优秀传统文化的世界意义，对于坚定大学生的文化自信，形成宏大的历史视野、宽广的世界胸怀具有重要作用。

① 习近平. 习近平谈治国理政（第二卷）[M]. 北京：外文出版社，2017：539.

第二节　中华优秀传统文化育人的现状

一、中华优秀传统文化融入高校思想政治教育的必要性

思想政治教育所具有的鲜明文化属性和重要文化价值使其成为为国家和社会培养具有高素养合格人才、构筑民族与国家思想灵魂支点的精神课堂。高校思想政治教育的过程与内容也无处不体现和渗透着历史文化的影响。习近平总书记多次强调，高校要坚持社会主义办学方向，高校思想政治教育要着力培养社会主义建设者和接班人，服务于中华民族伟大复兴。因此，面向新时代，将中华优秀传统文化融入高校思想政治教育，从中汲取智慧与滋养是解决其自身创新发展问题的重要思路；将中华优秀传统文化的强大凝聚力、引领力、滋养力融入高校思想政治教育，将高校思想政治教育置于中国特有的历史社会文化传承中，是扎根中国大地培育时代青年肩负起文化传承使命、增强文化自信的必然要求，也是思想政治教育在发展中源于自身文化属性和文化追求的理性自觉。

（一）提升文化涵养是高校思想政治教育的内在需要

中华优秀传统文化中自古就蕴含着以文德教化天下的含义，在漫长的历史变迁中，成为积淀在中华民族血脉中的精神基因和滋养民族智慧的思想源泉。当今时代，以中华优秀传统文化涵养高校思想政治教育，进一步贯通其铸魂育人的文化根脉、丰富其育人化人的文化根基是实现新时代创新发展的内在需要。

1. 推进高校思想政治教育创新发展的文化根脉

思想政治教育的文化属性深刻规定了只有将文化作为依托，从文化中借鉴吸收多元营养，才能使其更加生动鲜活，更富有吸引力和感染力。中华优秀传统文化穿越千年、历久弥新，蕴含着丰富的文化精华，是绵延于中华民族过去、现在和未来的思想文化基因。这就决定了它是思想政治教育创新发展的重要文化血脉和育人资源，处于不可或缺的重要地位。新时

代的高校思想政治教育亟须推陈出新，提质增效。寻找有意义的切入点，创造性地丰富思想政治教育的内容，提升育人水平，是着眼中华民族伟大复兴战略全局和世界百年未有之大变局，应对多元文化相互碰撞给青年学生健康成长带来的不利影响的必然选择。在此背景下，中华优秀传统文化丰厚的内涵与思想影响力就显得格外突出，将其与思想政治教育相融合，对拓展思想政治教育发展的空间与路径，进一步提高思想政治教育的针对性、实效性具有重要价值。

首先，中华优秀传统文化为高校思想政治教育带来更加充实丰富的育人资源。中华优秀传统文化本身就是一种倾向于经世致用、利用厚生的伦理型文化，蕴含着丰富的价值理念、哲学思想、道德论述、实践方法等内容。历经千年历史的中国，积累了卷帙浩繁的典籍，爱国英雄辈出，创作了数不清的远古传说与经典故事，创造了美轮美奂的艺术作品与建筑奇观等，这些都是思想政治教育取之不尽、用之不竭的丰富宝藏。在思想政治教育中善于从多种途径，以多种方式灵活运用这些优秀传统文化资源能够极大地发挥其培根铸魂、化人育人的效能，提升思想政治教育的获得感和信服力。例如，传统文化中的民族精神和传统美德，有助于提升当代青年的道德品格；传统文化中的封建因素和过时部分，可以作为反面典型提升青年辨别是非的能力；对于传统文化中的历史事件和历史人物，可以结合具体问题作为案例进行演绎诠释；对于传统文化中的经典艺术作品，可以丰富思想政治教育的形式等。

其次，中华优秀传统文化能够提升高校思想政治教育的思想引领力。随着互联网与信息技术的不断发展，各种良莠不齐的思想与思潮冲击着青年学生的价值理念、思维方式和生活态度。大学时代的青年正处在成长的关键时期，价值观和世界观正在逐步形成，对很多思想观念的鉴别能力不强，易受到片面、偏激，甚至是错误思想的影响。因此，在多元文化的碰撞中，高校思想政治教育不能忽视对当代青年确立正确价值观的引导。党的十八大首次在社会主义核心价值体系的基础上提出了社会主义核心价值观，可以说，社会主义核心价值观既是对当代社会主义先进文化的集中凝练和精准表达，同时也蕴含着对优秀传统文化中价值追求——如“格物致知”“诚意正心”“修身齐家治国平天下”——的继承与弘扬，是凝聚当代中华民族向心力的重要精神支柱。因此，引领青年大学生将社会主义核心价值观内化于心、外化于行，既是高校思想政治教育的时代使命，也是重要目标。然而，要想真正使正确的价值观入脑入心，仅仅开展表面宣传、说教和灌输是不够的，还需要不断丰富青年学生人文社科知识内容的储备，树立精神层面的思想价值理念，帮助他们从历史的维度、理想信念的高度对人生进行冷静思考，不断提升道德品质和人格修养，只有这样才能取得实效。总之，将中华优秀传统文化融入高校思想政治教育过程中，用优秀传统文化支撑思想政治教育的核心内容，能够大大提升高校思想政治教育的深度与厚度。

最后，中华优秀传统文化为高校思想政治提供了具有历史积淀的教育理念与方法。中国古代的思想文化中，千百年来人们对君子人格的追求与塑造积累了丰富的教育理念和教育方法。例如伟大的教育家孔子曾在实际教育过程中形成了“因材施教”的教育思想，他指出“性相近也，习相远也”（《论语·阳货》），“为力不同科，古之道也”（《论语·八佾》）。中国古代历来重视循循善诱、循序渐进的教学方法。从古代“水滴石穿”“积跬步以致千里”等表述中可以看出古人对于这一教学方法的运用与肯定。这些尊重学生个体差异，各因其才，尊重学习规律的教育理念对于当代思想政治教育依然具有借鉴意义。当代大学生的思想认识呈现出新特点和新变化，这些变化向思想政治教育工作提出了新的要求。因此，当代思想政治教育需要不断从优秀传统文化中借鉴和吸收教育理念和方法，获得启迪，创新运用，设计出具有针对性和实效性的思想政治教育新课堂、新活动、新实践，进而全面提升高校思想政治教育的育人效果。

2. 推进高校思想政治教育创新发展的内在动力

纵观历史，我们总能看到文化作为先导推进时代与社会进步的实例，在当今时代，文化的力量对于国家和世界的意义愈加明显。任何文化主体都不能忽视文化在创新发展中引领方向、明确尺度、构建模式等方面的重要作用。因此，以历史发展为背景的高校思想政治教育更要重新审视和解读自身的文化特质，运用好文化对自身发展的天然的驱动力。

从宏观的角度看，思想政治教育的核心内容包含着思想性和政治性的统一，民族性和时代性的统一，历史性和超越性的统一，因此，处在时代

变革中的高校思想政治教育创新发展在很大程度上有赖于对优秀传统文化的深度回归与探寻，以牢固自身文化根基、拓宽文化视野，提升对民族历史、国家发展、社会现实的理论阐释力和确证力。同时，立足于中华优秀传统文化，不仅为高校思想政治教育提供了新的实践路径，避免了盲目跟随西方教育模式和教育话语所带来的游离与迷茫；还为其提供了扎实的根基，以更加自信从容的姿态进行文化比较鉴别，获取丰富有益的文化资源，对自身进行吐故纳新的改造，以实现发展目标。从具体的高校思想政治教育实践出发，高校思想政治教育通过传递人类积累和创造的各种文化财富实现立德树人根本任务，实现人的全面而自由发展。可见，以文化做“化人”的工作，使高校思想政治教育的创新与发展离不开对文化的把握，文化之中蕴含着提升思想政治教育价值与实效的内在动力。在高校思想政治教育发展过程中，曾经借鉴并融入了很多西方德育的积极经验，如心理学、公民教育等，对于推动思想政治教育的发展起到了积极的作用。但这些借鉴带来更多的是教育方法和形式方面的启示，而对于高校思想政治教育来说，传递有助于青年成长和国家民族发展的思想理念、精神价值、社会主导意识形态等才是其核心内容，才是真正要传递给青年一代的主旨意涵。优秀传统文化中蕴藏的民族精神和历史积淀是自我认同的根基，体现和展示着中国特色高校思想政治教育应当从中汲取丰厚的滋养，丰富自身文化含量、文化色彩、文化意趣，因而在多样化的思想、价值、理念碰撞交锋的时代背景与社会环境下，思想政治教育的育人模式与育人内容必然要紧密结合中华优秀传统文化，以落实新时代高校立德树人的根本任务，满足培养担当民族复兴大任时代新人的内在要求。因此，新时代的高校思想政治教育发展创新，必须重视将优秀传统文化融入思想政治教育创新发展的全过程，从优秀传统文化中汲取营养、获得启迪，使其有机内化，与当前思想政治教育的内容融为一体。换言之，中国传统文化与思想政治教育相融合，是思想政治教育自身发展创新的内在要求与必然选择。

3. 应对文化挑战的现实需要

面对当今世界发展大势，人们普遍认同新时代的中国要想在世界文化激荡的21世纪站稳脚跟就必须立足中华优秀传统文化，从历史中汲取应对文化安全威胁和适应复杂文化发展环境挑战的智慧与力量。而高校思想政治教育已经成为国家在全球化发展中坚持自身文化方向、应对文化多元化潜在风险、防止外来文化侵略等多重文化挑战的重要阵地。因此，中华优秀传统文化融入高校思想政治教育是新时代背景下传递社会主义意识形态，坚定青年文化自信，维护国家文化安全的客观需要与必然选择。

一方面，中华优秀传统文化是保持民族精神特色，明确未来文化发展方向的历史基点。由此，在新时代，坚定人民信仰、凝聚价值共识、增强文化自信，建设繁荣兴盛的中国特色社会主义文化，只能在这个基础上渐次展开，而高校思想政治教育抵御多种文化挑战，培育青年一代树立社会主义核心价值观，提升思想文化自觉自信，也就必须坚守中华优秀传统文化立场，把握社会主义文化方向，坚持用优秀的传统文化来滋养和引领青年一代的思想与精神。另一方面，能否妥善应对文化面临的威胁、维护国家文化安全，直接影响到经济、政治、社会乃至国家总体安全与持续发展。这就意味着我们不仅要使自身文化牢牢根植于国家、民族的历史土壤，还要善于运用优秀传统文化中蕴含的思想和智慧提高文化自觉与价值认同，化解潜在风险，抵御西方文化侵略。中华优秀传统文化博大精深，蕴含了深邃的哲学思辨，浓厚的人文关怀，崇高的道德追求，珍贵的价值理念，深入挖掘、阐释其中的精华并融入高校思想政治教育，有助于充分展现中华文化的独特魅力，提升当代文化的生命力、吸引力、感染力，有力地回击西方文化对青年一代的渗透与侵蚀，使青年学生以正确的文化观接力创造中华文化的新辉煌。

（二）推动文化传承是高校思想政治教育的自觉选择

知今宜鉴古，无古不成今。回顾千年历史，中华优秀传统文化是民族的文化根脉；眺望未来时代浪潮，中华优秀传统文化是新时代中华民族自我认同、自我阐释、自我确证的文化标识；面向发展着的未来，中华优秀传统文化是古老民族书写新的历史篇章的坚实支撑。因此，传承与发展中华优秀传统文化对国家乃至整个民族都有重要的意义。新时代的高校思想政治教育在育人实践中传承优秀传统文化，既是高校思想政治教育文化自觉的体现，也是突破自身发展瓶颈的必然选择。

1. 固本守正，传承文脉的理性自觉

中华优秀传统文化数千年的延续与创新锻造形成了中华民族的精神血脉。然而，到了近代，中华传统文化由于未能及时革故鼎新、跟上时代前进的步伐，成为制约国家民族发展的枷锁，因而在一段时间内被束之高阁，甚至是遭到全盘批判和抛弃。直到中国人民掌握了马克思主义科学的世界观和方法论，民族思想与文化的发展由百余年的被动状态转变为主动反思创造，人们才通过重新审视穿越历史积淀而成的民族精神沃土与思想智慧宝藏，重拾中华民族深厚的文化气魄，找回了一度迷失的文化自我。这个对传统文化探寻、回归与传承的过程，深刻影响着现代意义上的高校思想政治教育的形成与发展，为其在原有的文化特性基础上更增加了文化传承的理性与自觉。从本质上看，“思想政治教育”的名称中蕴含着思想性的悠远历史，是自阶级社会以来就广泛存在的一种文化传递活动，与传统文化有着同质共生的紧密联系，共享相同的历史文化根基。因此，当踏上新征程的国家以高度的民族文化自觉、坚定的文化自信，坚守贯通时空的中华文脉时，高校思想政治教育必然积极担负起传递优秀文化精华的历史使命，培育新时代的中华优秀传统文化继承者和弘扬者。

高校思想政治教育的创新发展应以高度的理性自觉牢固把握自身积淀的历史性思想文化根基，明晰民族国家发展的历史起点与思想脉络，以保证始终在时代文化的碰撞中站稳脚跟，由此，才能够在传播社会主导意识形态和核心价值观的过程中，使青年大学生得以沿着历史足迹拾级而上，穿透时代表象和多样化文化思想的迷雾，准确地理解当前所处历史方位的现实和未来，实现高校思想政治教育的根本目标。当然，我们也应当看到，尽管从本质属性和实践需要角度出发，高校思想政治教育都应具有传承中华优秀传统文化的理性自觉，但事实上，这种自觉的水平还需要提高，也需要不断在教育教学探索中逐步将自觉真正落实为实践。具体来看，优秀传统文化的核心思想和经典文本还未实现深入的梳理与提炼，尚未实现与高校思想政治教育理论话语的学术衔接；运用高校思想政治教育的主渠道和主阵地传承优秀传统文化的内容、形式、方法、路径还未成熟；青年学生参与优秀传统文化教育活动的获得感不强，与现实生活连接松散，其对优秀传统文化的理性认知和反思亟待提高。

2. 开拓创新，促进优秀传统文化转化的发展自觉

高校思想政治教育是文化的重要属地，对文化的传承与追寻应然、必然、实然地构成了其存在的重要意义，也是推动高校思想政治教育发展的重要支撑。然而，如何才能科学、合理、有效地将中华优秀传统文化融入高校思想政治教育的理论与实践之中？关键就在于要对优秀传统文化进行转化与创新。我们要从继承与创新的辩证统一关系出发，既不忘本来、善于继承，又在创造性转化和创新性发展基础上开辟未来。从中华优秀传统文化流动于历史进程的视角看，对其进行与时俱进的转化与创新需要坚持一定的原则，通过进行辨别挖掘、意义阐发、话语转换等一系列创新实践，才能较好地融入当代文化，实现民族思想文化精华的延续。这其中必不可少地要依托当前的文化主体、载体、传播形式等，以完成跨越其原生历史时空的转化与发展。而在当前构建“大思政”格局和高校思想政治教育工作体系的框架下，高校思想政治教育本身所具有的文化特质和指向青年思想的教育活动特征，都促使它成为推动中华优秀传统文化创造性转化与创新性发展的重要支撑。从高校思想政治教育角度看，其本身所具有的文化本质决定了高校思想政治教育是历史性的存在，必然要加强对科学理论的彻底把握，在此基础上运用各种有益的教育资源积极与时俱进，保持自身生命力，必然要在实践基础上围绕受教育主体和教育根本任务的内在需要，不断创新理念，化解自身存在的各种矛盾，进而面向未来实现自我超越。概言之，促进优秀传统文化转化创新是由高校思想政治教育追求发展的自觉决定的，是实现其自身突破超越的必然要求；同时，作为思想文化的高地和培育青年人才的阵地，将中华优秀传统文化融入高校思想政治教育也是促进中华优秀传统文化与当代文化融通与传播的重要途径，具有突出的历史意义和时代价值。

（三）增强文化自信是高校思想政治教育的使命追求

新时代的高校思想政治教育肩负着为党育人、为国育才的历史使命，夯实当代青年的文化自信就蕴含于使命追求之中。中华优秀传统文化是支撑五千多年中华民族与文化生生不息、绵延至今的文化血脉，积淀着独特的精神基因，更是新时代坚定文化自信最深厚的力量，对于文化自信进行

的重大战略定位，必然要将延续优秀民族文化基因和促进优秀传统文化发展作为重要基础和必要前提。

中华优秀传统文化作为绵延千百年而未曾中断传承的古老文脉，已经成为国家和民族的文化基因与灵魂，积淀着最深沉的精神追求，承载着整个民族自我认同的核心价值取向，表达着这个民族对历史发展的认知，对现实世界的感受，对未来方向的把握，构成了中华民族伟大复兴的内在动力，更是中华民族文化自信的底气与源泉。党的十九大报告指出："中国特色社会主义文化，源于中华民族五千多年文明历史所孕育的中华优秀传统文化，熔铸于党领导人民在革命、建设、改革中创造的革命文化和社会主义先进文化，植根于中国特色社会主义伟大实践。"[①]可见，沿着中国特色社会主义文化道路发展，努力建设社会主义文化强国的宏伟目标是对千年历史文化赓续的继往开来。着眼当今时代和平发展、互惠共赢的历史潮流，释放优秀民族历史文化精华的价值与魅力，不断巩固文化自信，推动当下文化的发展繁荣，进而转换输出为新时代中华文化的软实力，就要求我们必须结合自身特色和时代需要，对中国传统优秀文化的内涵、意义、价值进行深入的挖掘梳理、深刻的反思创新，博采众长，融古汇今，进而在文化育人中实现穿越时代的发展和升华。由此可见，高校思想政治教育在这一过程中具有突出作用。换言之，转换中华优秀传统文化与高校思想政治教育的内在辩证统一的视角，从更为宏大的中华文化视野出发，将中华优秀传统文化融入高校思想政治教育，能够通过提升新时代青年大学生的文化自觉与自信，进而以点带面地激发全民族的文化创新力、创造力，推动社会主义先进文化的发展。这也构成了铸就中华文化新辉煌的重要方面。这从国家和民族文化发展的高度重新定义了中华优秀传统文化融入高校思想政治教育的历史意义与时代价值，也指明了所有高校思想政治教育工作者和青年学生所肩负的重大历史使命与文化追求。

① 习近平. 决胜全面建成小康社会 夺取新时代中国特色社会主义伟大胜利——在中国共产党第十九次全国代表大会上的报告[M]. 北京：人民出版社，2017：41.

二、中华优秀传统文化与高校思想政治教育相融合过程中存在的问题

（一）对传统文化与思想政治教学关系认识的偏差

1. 高校重专业而轻思想

由于受市场经济的影响，部分高校在培养人才的过程中急功近利，在课程设置中更重视专业技能的培养，而对中国传统文化的教育内容却很少。虽然有些高校也开设了“大学语文”“中国传统文化概论”等选修课，但缺乏对传统文化课的重视，因为传统文化教育的效果是长期的、隐性的，而且无法带来实际的眼前利益，所以很多高校认为传统文化的教育并不重要。无论是从制度上来看，还是从课程设置上来看，都对传统文化的教育和宣传不够重视。这使和传统文化密切相关的道德观、价值观等的教育也都受到了极大的冲击和挑战，最后出现了重智不重德、重专业不重思想的结果。

2. 高校思想政治教学重政治而轻文化

我国高校思政课教学长期以来一直存在结构上的偏失，课程内容以政治理论为主，但缺少文化，尤其缺少中国传统文化内容，导致高校思政课教学只有政治而没有文化。当前，忽视文化的现状虽然有所改变，传统文化也开始回归校园，但高校思想政治教育的整体方向依然是重政治而轻文化。随着市场经济的改革和发展、西方文化思潮的引进，高校思想政治教育也面临着考验：一方面，有利于开阔大学生的学术视野，也有助于大学生进行中西文化的比较、交流和借鉴；但另一方面，西方文化的引进又在一定程度上影响着大学生的政治态度、价值观念和道德意识，导致一些大学生对主流思想文化态度冷漠，排斥高校思政课。

（二）大学生的传统文化意识状况不容乐观

1. 大学生对传统美德继承、弘扬不够

中华传统美德是先祖留给我们的宝贵历史遗产和财富，然而当前相当一部分大学生并未意识到这些遗产的重要性。一些大学生存在过分强调以个人为中心，社会、集体靠边站的意识，在处理物质和精神的关系上，过

分关注眼前，忽视远大理想和目标。不少大学生的人生追求目标就是实现较高经济收入和安稳生活，重物质、求实惠、轻精神，其社会责任感也因此而淡化，甚至还可能陷入极端个人主义的泥淖；在索取与奉献关系上，从不认为个人贡献应与索取相等价或大于索取，一味地强调索取，忽视奉献。还有部分大学生的价值观发生了扭曲。在价值取向上表现出急功近利、敬业意识薄弱、理想追求功利化；思想消极，缺乏对事业献身和对集体奉献的精神。

在一些大学生中还存在“信义失范”的现象。他们缺乏诚信意识，经常做一些失信行为，如考试作弊、论文抄袭、银行助学贷款不还等，这些都与“明礼诚信”的传统美德相违背，更让人担忧的是，很多大学生并未真正认识到这些问题对个人发展的不利影响，反而认为这种现象很正常，并没有什么不妥。此外，当前很多大学生在尊敬师长、孝敬父母方面做得也很不到位，把师道和孝道这两个传统美德抛到九霄云外，经常和老师、父母发生冲突，但就是意识不到自身的不足，很多时候，他们认为起冲突的责任在于老师和父母。

2. 大学生对传统文化的价值认识不足

20 世纪 90 年代以来，一些外国人对于中国传统文化的研究已经达到了相当的水平，甚至超过大部分中国人，中国传统文化典籍在国内已成为一种文化装饰，无人问津，而在日、韩等亚洲国家和一些西方国家却掀起了学习和研究中国传统文化的热潮。自尊心极强的中国人突然意识到自己不能置身事外，因此渐渐地开始回过头来重新研究被我们遗忘的传统文化。

当前，无数年轻时尚男女在享受改革开放带来的物质成果的同时，却与我国优秀的传统文化渐行渐远，他们被所谓的“西化”思想观念所影响。然而他们对西方文化又了解多少呢？我们不难发现，大多数年轻人对于“西化”的了解只是商业带来的、带有炒作的一些表象。而他们对于中国传统文化的精髓与智慧带给我们的潜在价值又能体会多少呢？通过调查发现，现在很多大学生忽视了传统文化的潜在价值，他们的价值取向越来越单一，越来越多的大学生把经济利益放在了首位，他们心中的偶像已不是历史上作出卓越贡献的伟大人物，而是现代商业大亨和影视明星；科学家、教师、医生已不是他们的理想职业，反而能挣大钱的职业成为他们心中的理想。

这些问题的出现已经不再是一个简单的社会事实，它凸显的是中国当今文化走势，这一走势严重偏离了中国特色社会主义文化建设的方向。从传统文化的角度来讲，中国传统文化是维系中华民族的灵魂所在，它造就了中华民族的民族之魂，中国传统文化长期形成的巨大凝聚力和永恒的魅力，对于今天我国的社会主义现代化建设仍将发挥重要作用。

（三）思政课教师的传统文化功底薄弱

中国传统文化与思想政治教育的融合研究要求思政课教师必须要在中国传统文化和思想政治教育这两个领域均有一定的学术功底，并且具有这两种甚至多种学科交叉渗透、综合研究的能力。然而令人遗憾的是，我国大部分的思政课教师均无法满足这一要求，他们的专业知识结构相对单一，学科的综合交叉渗透研究能力相对薄弱。目前，我国高校思政课师资队伍的主体是马克思主义理论专业的教师，这些教师大多是专门从事马克思主义理论与思想政治教育理论的教学与研究的，大多对中国传统文化兴趣不足、重视程度不够，其专业知识结构相对单一，偏重于马克思主义理论和思想政治教育理论，中国传统文化底蕴不足，学术功底相对薄弱，无法有效地运用中国传统文化中优秀的思想政治教育资源，并将其有效地传输给学生；而其中少数中国传统文化功底比较深厚的教师，则主要是专门从事中国传统文化研究的学者与专家，其思想政治教育理论与马克思主义理论学术功底又相对薄弱，在中国传统文化与思想政治教育如何有机融合方面也缺乏相应的综合研究能力。因此可以说，目前我国高校思想政治教育界严重缺乏相关方向的、具有较高专业综合素质，并能将中国传统文化有效地传授给学生的教师，这直接导致中国传统文化与思想政治教育的融合教学与科研任务难以很好地完成，也严重制约了思想政治教育的创新发展。

（四）思想政治教育的培养目标以及教学模式、方法、内容等单一片面

首先，从培养目标以及价值定位来看，我国的思想政治教育根本目的是提高人的思想道德素质，促进人的全面自由以及自主发展，激励人们为建设中国特色社会主义、最终实现共产主义而奋斗。长期以来，我国高校的思想政治教育实践往往片面强调其思想政治的教育功能，而忽视、弱化

了其思想道德的教育功能：思想政治教育政治色彩明显，政治功利趋向性明显；同时，在价值取向上往往强调“社会本位”和“无私奉献”，忽视人的自由全面发展，严重缺乏理性精神与人文情怀。

其次，从教学模式上来看，长期以来，我国高校的思想政治教育在课堂教学中都是采取以教师为主导的教学模式，主要体现为：片面强调教师作为教育者的权威，注重对学生外在的约束管理，忽视了学生的主体地位；忽视了学生的个体差异；在思政课教学过程中，习惯于用统一化的目标和标准来要求和评价学生；忽视学生的情感需求，在思想政治教育引导方面缺乏对学生交互式的引导，等等。

再次，从教学方法上来看，长期以来，我国高校的思想政治教育侧重单一的理论灌输方式，教学方法僵化，很少从人性化的角度出发去关心学生的内在需要、引导学生的自我发展，而更多是从约束性出发，以说教为主，强调学生的无条件服从，缺乏用灵活多变的渗透性的方法来开展思想政治教育。

最后，从教学内容上来看，在高校的思想政治教育实践中教育目标发生了偏离——重意识形态教育而轻思想道德教育。另外，高校思政课教材的内容陈旧单调，没能与我国社会发展过程中出现的新矛盾、新问题以及大学生关注的现实生活中的热点问题和敏感问题相结合，这样就不能从根本上解决学生思想上的一些困惑，难以满足学生的需要，难以激发学生的兴趣，难以引起学生的共鸣。

第三节　中华优秀传统文化育人与高校思想政治教育融合发展的路径

一、全员全程全方位协同推进传统文化有效融入

2016年，在全国高校思想政治工作会议上，新时代高校思想政治工作

的突出地位和重要作用得到了深刻阐释，构建全员、全过程、全方位的“三全育人”工作格局成为发展高等教育的战略要求。正所谓“众擎易举，独力难支”，传承与弘扬中华优秀传统文化作为高校落实立德树人根本任务的重要组成部分和有力支撑，也应纳入“三全育人”思政工作格局之中，应该在马克思主义理论指导下将中华优秀传统文化中蕴含的民族精神、价值理念等与高校思想政治教育的理论与实践结合起来，发挥二者最大的效用。要不断创新育人理念、思路，拓展育人实践，大力提升教师队伍的综合素质和育人水平，摸索和构建中华优秀传统文化融入高校思想政治教育的协同推进的理想模式。

首先，中华优秀传统文化融入高校思想政治教育离不开全体教职人员的协同推进。新时代高校教师的培育工作，关乎高校立德树人根本任务的实现，关乎历史赋予高校教师的时代重任与神圣使命。青年学子的全面发展，离不开民族历史与文化的精神滋养。打造一支专业强、自律严、素质高的思想政治教育队伍，既是立德树人的需要，也是高校传承和弘扬中华优秀传统文化的需要。只有全体高校教职人员队伍率先树立正确的传统文化观，具有较高的中华优秀传统文化素养，才能在教学实践中形成浓厚的文化育人氛围，为中华优秀传统文化扎实有效地融入高校思想政治教育提供坚实的基础和保障。使高校全员参与到中华优秀传统文化的传承、弘扬中，一是要组织一支具有顶尖专业水平的优秀传统文化专家队伍。邀请传统文化、历史、民族学等相关专业、领域的教授、学者组成专家小组，针对融入学科的特点和教学方式选取中华优秀传统文化相应内容进行统筹设计，其结合点的选择要具有理论和现实依据，既要有原则的把握也要有自由的裁量，这样的原则和方法不仅可以提升全体教师对优秀传统文化的认知水平，还能够提高其运用中华优秀传统文化，并使之与学科、工作领域等灵活结合的能力。如融入课堂教学与日常管理服务，融入图书馆、校史馆、学生服务中心、学生活动中心的建设与具体工作，融入校园环境建设等。二是要聘请具有较高理论水平、政策水平、实践经验的校外教育工作者、企事业单位、机关工作人员等都加入优秀传统文化融入、传承的队伍中来，向校内的教职人员介绍相关情况，交流经验，拓宽高校教师的文化传承与文化育人思路，形成更加广泛的优秀传统文化全员育人队伍。三是要健全协作

促进优秀传统文化融入高校思想政治教育的长效机制，一方面，要搭建教师培养平台，不断更新、壮大在传承优秀传统文化，推进文化育人方面专业理论过硬、思想素质突出、理念先进、思维活跃、富有开拓创新精神的思想政治教育工作队伍；另一方面要建立有效团队协作沟通协作机制。根据学科专业、工作属性、工作内容、服务对象、共同兴趣等组成传承传统文化育人小组，定期进行研讨；制定共同的目标和长短期结合的任务清单、实践路线图等，围绕既定方案进行协作分工，共同推进优秀传统文化扎根校园，发挥文化浸润和精神滋养的作用。同时，教师团队还可以作为学生组织、学生社团的导师，带领同学们共同成为优秀传统文化融入校园的推动者，逐步广泛影响全体同学，使之在优秀传统文化的滋养熏陶中全面成长，并将教育效果纳入工作考核之中。

其次，中华优秀传统文化融入高校思想政治教育要依托全过程育人。“全过程育人的实质是要将思想政治工作融入教育教学全过程与学生成长过程。”[①] 对于如何理解全过程育人以及如何依托其开展融入工作，从教育教学全过程角度看，一方面应当进一步推进课程思政建设和融入工作，促进教学改革和创新，努力使融入的目标更加清晰、层次更加分明、环节衔接更加紧密；在课程教育与日常管理服务中将价值引导和知识传授相结合、灌输与启发相结合、显性教育与隐性教育相结合，提升课堂教学的历史底蕴、思想内涵与亲和力，增加学习、传承中华优秀传统文化的针对性、获得感。另一方面从教书育人的内在规律来看，学生从理论认知到价值认同再到实践养成，是一个由向内输入、转化，到向外输出的过程，这其中需要知识性的理解与积累；也需要思想上的接受与把握，还需要在实践中反复验证与固化，这就要求中华优秀传统文化的教育与熏陶也要遵循规律，深入到教书育人的纵向过程中，才能产生对学生精神、思想、价值等方面的浸润与引领。从学生成长全过程来看，应当深入把握当代学生的成长轨迹、精神风貌、心理需求，结合青年思想品德发展的客观规律，具体地、深入地将中华优秀传统文化融入青年大学生的学习与生活，既要注意避免与小学、中学阶段学习内容的简单重复，提升大学本科、硕士、博士不同学习阶段

① 杨晓慧. 高等教育“三全育人”：理论意蕴、现实难题与实践路径 [J]. 中国高等教育，2018(18)：6.

中华优秀传统文化教育的思想性、理论性、创新性、实践性和主体性；同时也要探索如何使优秀传统文化作为民族精神力量之源，与社会教育相衔接，使其教育影响力延伸到学生走出校门后的自我教育与终身学习之中。

最后，中华优秀传统文化发挥其内在价值还要融入全方位育人的框架之中。所谓全方位育人，就是要贯通教育全过程，包括课前、课中、课后，线上、线下，校内、校外等各个方位和领域。就校内来看，应当将中华优秀传统文化纳入学校人才培养目标体系并进行科学谋划；汇聚宣传部、教务处、学工处、团委以及各学院专业等相关部门力量，统合建设中华优秀传统文化融入高校思想政治教育的规划、指导、实施、监督、考评等环节，形成各部门齐抓共管同时又各司其职的良好互动与循环模式。这其中的核心就是要衔接好主渠道与主课堂。基于当今社会科技发展、生活方式转变和青年成长的阶段性特点，中华优秀传统文化融入高校思想政治教育还应当构建线上与线下相结合的育人模式，只有这样才能形成对青年学生文化氛围的有效引领。从校内外角度来看，以学校为中心，向社会、家庭及各界辐射带动，汇聚资源，形成合力是实现全方位育人的重要维度。因此，笔者接下来将深入探讨中华优秀传统文化融入思想政治教育育人实践、发挥历史文化价值和精神引领作用的相关问题，尝试建立有效的实践模式。

二、衔接主渠道与主阵地提高育人化人的实效性

“博学之，审问之，慎思之，明辨之，笃行之。”（《礼记·中庸》）中华优秀传统文化中自古就有倡导知行合一的治学求知之道，认为育人成才“存其心、养其性”（《孟子·尽心上》）是调动学生内心自觉自知，提高理性认识的过程，而“履，德之基也”（《易·系辞下》）只有付诸实践才能使知识真正转化为自身内在的价值与能力。因此，将优秀传统文化融入高校思想政治教育，应当积极借鉴这一教育理念与育人方法。教育部早在 2014 年就强调传承与弘扬中华优秀传统文化对当代青年学生成长的重要意义，并以指导文件的形式明确提出了将中华优秀传统文化纳入高校课堂和日常教育的具体要求，充分体现出优秀传统文化中知行合一的理念。

“思想政治理论课是落实立德树人根本任务的关键课程”[①]，是通过系统化的课程教学方式，不断完善青年学生的思想政治理论和价值理念的主课堂、主渠道；课程思政建设将高校的所有教师、所有课程都纳入了立德树人的课堂教学主渠道，通过协同育人进一步增强了育人的实效性，为“引导学生增强中国特色社会主义道路自信、理论自信、制度自信、文化自信，厚植爱国主义情怀，把爱国情、强国志、报国行自觉融入坚持和发展中国特色社会主义事业、建设社会主义现代化强国、实现中华民族伟大复兴的奋斗之中”[②]奠定了坚实的理论基础。日常思想政治教育工作涵盖社会实践、校园文化、网络阵地、心理健康、管理服务、资助评优、组织建设等诸多方面，是思政课教学的有效延伸和补充，侧重于从理论到实践的转化，注重在学生日常实际中引领青年学生在思想上的成熟，以形成正确的价值观，人生观与世界观，是开展大学生思想政治教育的主阵地。主渠道和主阵地是在高校范围内，在不同的场景下，用不同的方式发挥着其独特的育人作用。因此，推进中华优秀传统文化融入高校思想政治教育，就要充分运用主渠道与主阵地的普遍性，深入性优势，探索构建优秀传统文化融入主渠道、主阵地协同育人的良性互动和长效机制，实现思想理论武装与体验感受的结合。根据以往高校的经验来看，思想政治教育在主渠道与主阵地方面存在着较为严重的相互脱节现象。主渠道具有理论性、知识性强的优势，但是往往远离青年学生的生活实际，不能有针对性、具体地为学生解疑释惑，实效性相对较弱。主阵地贴近青年学生日常学习生活实际，注重在实践中开展教育，但在联系理论方面存在不足，易于出现过度注重现实生活、缺乏价值引领和启示的倾向。两者之间在教育内容、方法途径上缺乏整合与沟通，限制了思想政治教育立德树人的实际效果，也成为制约中华优秀传统文化发挥固本培元、育人化人作用的主要瓶颈。因此，以中华优秀传统文化充分融入高校思想政治教育作为推进主渠道与主阵地有效衔接的契机与内容，具有高度的可行性与可操作性。在具体的实践过程中，主渠道与主阵地的衔接可以从以下几个方面入手。

① 习近平．习近平谈治国理政（第三卷）[M]．北京：外文出版社，2020：329.

② 习近平主持召开学校思想政治理论课教师座谈会强调：用新时代中国特色社会主义思想铸魂育人 贯彻党的教育方针落实立德树人根本任务 [N]．人民日报，2019-03-19.

一是实现主渠道与主阵地教师的有效衔接。以思政课教师为代表的所有课程教师和辅导员都是青年学生成长成才的引路人，担负着立德树人的历史使命，要让学生通过学习掌握事物发展规律，通晓天下道理，丰富学识，增长见识，塑造品格，努力成为德智体美劳全面发展的社会主义建设者和接班人。借助中华优秀传统文化教育融入的契机，高校应当组建以相关领域专家、学科带头人为组长顾问的思政育人一线教师团队，以专业或年级为单位搭建教师和辅导员共同研讨、相互交流的论坛或平台，取长补短、增进理解，加强两者间的有效衔接；探索制定教师和辅导员短期轮岗或阶段性兼职的机制，将辅导员请上课堂，将教师请到日常思想政治教育的各个环节，亲身体验不同的育人模式，提高育人本领，深化工作思考；建立同专业或者同年级学生辅导员与教师的协作机制，围绕特定的育人主题、时间节点等开展贯通课上课下的联合工作，提升思想政治教育获得感，形生协同效应和育人合力。

二是促进主渠道与主阵地育人内容的有效衔接。中华优秀传统文化与思想政治教育的融合点不应是随机选取的，而应是围绕学生成长规律与育人根本任务、高校教学规律与目标，结合青年价值观与道德品质形成、科学理论与思辨能力增强，思想文化素养提升的具体需要以及专业方向和专业课程进度与目标等统筹选取的。课堂教学与日常思想政治教育在融入优秀传统文化内容的选择与设计上也应做到协调互补，避免重复。具体来看，在课堂教学方面，思政课是按照先“基础”“史纲”，后“原理”“概论”，贯穿“形势政策”的方式展开的，体现了由浅入深、循序渐进的育人思路；专业课程一般也是按照先公共基础课，后专业课的方式编排，目的也是先夯实基础理论、搭建专业知识结构框架，再进行深入具体的学习探究。从日常思想政治教育角度来看，低年级一般开展大学适应性教育、理想信念教育、价值观引领等；高年级一般结合具体问题，更加具有针对性、深入地进行思想政治教育，如择业观、职业道德及修养、正确处理人与社会的关系的问题等。不仅如此，在注重中华优秀传统文化融入的针对性的同时，也应注重融入的科学性，做好科学规划。如从通识性教育入手，了解民族历史、文化发展脉络与辉煌成就等，然后运用其中的精华进行思想价值理念引导，再具体深入到优秀传统文化与当今时代、与所学专业等方面的探

究性学习与思考内化等。总之，将中华优秀传统文化融入的内容阶段化、具体化分配呈现，能够使其融入得更加系统、更加深入。

三是推动主渠道与主阵地育人形式的有效衔接。中华优秀传统文化融入思想政治教育的根本目标是立德树人，但是由于主渠道和主阵地的育人侧重点不同，因此在优秀传统文化融入的形式上自然会存在差异。如果能实现两者的协同联动，将极大地提升育人效果。根据课堂教学的特点，融入的中华优秀传统文化往往具有抽象性，侧重于选择能够与课程主干内容相衔接的思想、理论、历史典故、人物事迹等。从形式上看，一般是充分挖掘和利用课程本身的内容、国内外社会热点事件、日常思想政治教育中的典型案例与重要契机等，援引优秀传统文化的内容、理念或方法，通过课堂讨论、头脑风暴、自学展示、主题研讨、学术交流、知识辩论等形式，引导青年学生利用中华优秀传统文化的思想理念分析现实问题，寻找破解现实问题的古代智慧，进一步增强思政课堂的文化魅力与思想活力，使理论课堂变得更有参与度、趣味性、有意义有意思、耐人寻味。从日常思想政治工作角度出发，往往是围绕节点性、阶段性的主题活动，以较为具体的、可体验、可感知的、参与度较高的形式融入中华优秀传统文化，如传统乐器、戏曲、舞蹈的展演，书法、国画展览，经典诵读比赛等。由此可见，课上偏“文”，体验度、参与度不足；课下偏“武”，缺少理论链接与价值升华。这显然是两者受到各自“教育主场”条件制约造成的必然结果，而如果能围绕教育根本目标，制定详细的目标体系，在共同的主题下，运用科技手段，实行协作联动、交互融合的实践模式，将课内外的学习与实践紧密地联系起来，就能够较好地解决这一问题。

三、运用“互联网 +”模式加强线上文化浸润与引领

当代青年大学生的主体已经是“95 后”的一代，“00 后”也已经开始进入校园。他们来自五湖四海，有着不同的家庭环境和成长经历，但他们都是在改革开放后，中国经济高速发展、科学技术日新月异、物质条件空前优渥的时代背景下成长起来的新一代青年。中国特色社会主义新时代就是当代青年大学生们所处的历史方位，奋斗出彩人生的起跑线。他们有热

爱祖国、乐观向上、彰显个性、善于接受新兴事物、富有创新性等诸多鲜明特点，其中，最为突出的就是他们都是互联网的“原住民”，移动网络、智能设备、App、新媒体已经成为他们生活、学习、娱乐、社交不可缺少的重要组成部分，青年大学生几乎是无人不网、无处不网、无时不网。雅思贝尔斯曾说，谁赢得了青年，谁就赢得了未来。而现今，在一定意义上，我们可以说谁赢得了互联网，谁就赢得了青年，也赢得了未来。从高等教育的视角来看，互联网技术的高速革新突破了课堂、学校、求知、治学的传统边界，对学生的影响越来越大。尤其是移动互联、新媒体技术的兴起和发展，在拓展大学生传统信息获取途径的同时，也深刻改变了大学生的学习、阅读、思考和生活方式。由此可见，在当今时代背景下，开展思想政治教育，融入优秀传统文化，引领青年一代的思想与价值，就要直面当代青年学生的成长背景和代际特征，深入把握其思想状态、实际需要和心灵困惑，充分尊重青年学生的主体地位，遵循其发展规律和人格个性，以青年人喜闻乐见的互联网、新媒体、社交平台等形式贴近其精神脉动，实现思想引领。

面对新时代、新媒体、新技术等瞬息万变的现实条件，中华优秀传统文化融入高校思想政治教育也必须要因事而化、因时而进、因势而新。实现优秀传统文化的有效转化，载体和形式创新，应充分运用互联网技术与平台的支撑，构建“互联网+文化传承”的融入模式和工作思路，通过打造精良的中华优秀传统文化网络平台，如公众号、微博、抖音等，广泛传播传统文化的思想精华；通过将节气、传统节日、风俗、典籍故事等生活化优秀传统文化内容嵌入青年一代浏览度较高的互联网媒体；开发制作易于获取、呈现生动的传统文化典籍电子图书馆、传统文化动画作品、游戏产品等多元多样的方式，提高优秀传统文化的“出镜率”，形成线上线下一体化浸润引领的模式。

一方面，在设计“互联网+优秀传统文化”模式的内容时，我们应当结合青年大学生的成长规律，分学龄、专业和人群有针对性地进行设计。要使当代青年大学生能够主动接受优秀传统文化的思想滋养，形成正确的价值追求，就要综合考虑他们在家庭、学业、情感、社会等各方面受到的影响与产生的感受，尤其要把准他们所承受的压力、迷茫、困惑、忧伤，

引导他们坚定信心，帮助他们寻找方向，激励他们成长成熟。在这个过程中，与家长和老师们的说教不同，运用互联网平台将优秀传统文化的哲学理念、思想精华、中华民族历史赓续中涌现的英雄典故、感人至深的奋斗事迹、爱情故事、滋润心神的乐曲诗歌等呈现给青年学生，能够不断给予他们精神世界更多的思想支撑和人文关怀，并且通过适当地给他们的思考与成长"留白"，能够培养他们形成独立的思考力与辨别力，产生与优秀传统文化自然而深刻的联系，成为民族文化的传承者、弘扬者。

另一方面，在实践"互联网＋优秀传统文化"模式过程中，应当充分联合学校党委、学生处、教务处、团委等相关部门与各个学院紧密协作，汇聚合力，整合优势资源，制定统一的优秀传统文化融入思想政治教育网络育人平台实施方案；整合优势资源，形成层次清晰、具有鲜明特色的融媒体中心；加强"互联网＋"模式中的互动、联动与反馈，呈现出更多的具有针对性、亲和力、获得感的优秀传统文化线上育人作品；致力于与线下教育形式呼应互补，切实增强优秀传统文化对大学生思想与精神的浸润与引领。

四、构建文化传承的学校、家庭、社会多维支撑

（一）将优秀传统文化寓于家庭、家教、家风

家之正则国之定。在中华民族的历史文化和社会结构中，家始终占据重要的位置。从历史文化角度来看，中华文化中的家国情怀、忠孝仁义等重要的元素都从家庭中萌发延伸，"孟母三迁""岳母刺字""画荻教子""卧冰求鲤""黄香温席"等历史典故都讲明了家庭对于文化传承的重要意义；从社会角度来看，家庭是组成社会的细胞，维护社会稳定、促进社会进步的基础性力量；从国家角度来看，家国同构、家国情怀都体现出家庭对于国家发展繁荣的重要性；从中华民族的社会理想来看，家庭也是实现"天下大同"社会的立足点和价值指向。历史证明，家庭既是中华优秀传统文化中诸多价值理念、道德修养、思想精华的发源地，同时也是传承优秀传统文化，构建社会文明的基石。因此，在新时代传承和发展中华优秀传统文化，就要将尊老爱幼、诚实友善、勤俭持家、家和万事兴、"爱子，教

之以义方”（《左传》）等传统精华融入新时代家庭教育，通过塑造良好家风和制定家训、家规等感染教导家庭成员，营造相亲相爱、互敬互重、携手并进的和睦温馨的现代家庭。家庭是孩子成长和生活的第一环境，家庭教育、家庭环境与家庭文化氛围对孩子的后天养成是潜移默化的，在家庭的日常生活中要善于以优秀传统文化中蕴含的传统美德、价值理念等进行良好的家庭文化浸润和成长教导，培养青年形成正确的价值观念、良好的道德品质、礼敬传统文化的自觉，主动积极地学习、研究、运用优秀传统文化，从而使家庭教育与学校教育形成合力，为社会文明、社会风气建设注入正能量。

（二）将优秀传统文化融入现代社会建设

中华优秀传统文化作为延续数千年、深深根植于中华民族精神血脉中的基因，其中很多价值理念思想已经成为百姓日用而不自觉的思维习惯和行为习惯，蕴含的深邃思想精华为我们破解当今社会现代化过程中遇到的问题提供了诸多积极的启示。将诚信立业、见利思义、天下为公等智慧延续和运用到当前的社会经济生活、生产生活、社交生活之中已经成为当今时代提升公民道德水平，增强民族凝聚力、向心力，积极培育社会主义核心价值观的重要途径。继承和弘扬中华优秀传统文化中的思想精华更是实现中华民族伟大复兴目标的重要组成部分。社会是青年成长的现实环境和生活中的“学校”，是学校和家庭都不能脱离的大环境，来自社会的具体而现实的教育往往更真实而深刻，具有强大的影响力，可以发挥出学校教育和家庭教育不可替代的作用。大学生在学校和家庭中接受的中华优秀传统文化教育和思想政治教育最终都要在社会中进行实践、体验、反馈和调整。因此，还需要加强社会沟通，凝聚社会共识，联合多方面力量，为大学生传承优秀传统文化、树立传统文化与价值观自信创造有利空间。近年来，在党和国家传承和发展中华优秀传统文化战略部署的推动下，先后播出了《典籍里的中国》《中国汉字听写大会》《中国成语大会》《中国谜语大会》《经典咏流传》等多个既推进立德树人，又涵养文化的电视节目，在社会各界掀起了传承传统文化、传诵历史经典的热潮，进一步促进了各高校借鉴相应的形式，多维并举推进优秀传统文化浸润校园，引领学生从民族历

史文化中汲取滋养、凝聚信念和力量。这再次从实践的角度证明了社会环境、社会氛围对高校育人的重要作用。

（三）发挥中华优秀传统文化铸魂育人的作用离不开家庭与社会的合力支撑

中华优秀传统文化是中华民族共同的财富，其传承，弘扬和发展也应是包含个人、家庭和社会在内的共同责任。家庭、社会、学校所处的环境及发挥的作用各有不同，但相对于学校而言，家庭和社会环境更具有培育和检验文化铸魂育人效果的功能，是大学生思想文化素养和综合能力的演练场。只有构建好涵盖家庭—学校—社会，全方位的立体教育模式，才能推动中华优秀传统文化真正融入大学生成长过程，既满足当代培养人才的内在需要，同时也保证中华民族精神血脉的赓续前进，为迎接各种挑战，抵御各种风浪，实现伟大奋斗目标提供有力的保证。具体来看，依托高校思想政治教育与家庭沟通联系的渠道，运用搭建多种多样的社会平台，更加有效地激活家庭和社会生活化的环境作为铸魂育人的多维支撑，对于增强大学生思想、文化、道德、价值观等多方面培育的实效性具有重要意义。在新时代，应当以高校思想政治教育为关键环节进一步汇聚资源、整合力量，在家庭、学校和社会三方面形成合力引领大学生全面发展。在社会方面，可以通过高校党委、学生工作部（处）、团委、就业处、关工委等部门协调联动、整合资源，促进社会资源走进校园拓宽大学生的视野，带领大学生走出校园、走进博物馆、纪念馆，走进具有浓郁文化氛围和历史传承的街道、社区、企业等、走进社区、乡镇、文化事业单位等，构建一个角度多元、参与立体、辐射广泛、有深入影响的校外活动体系，增强真实体验，激发学生自身学习的热情和动力。在家庭方面，以高校为主导、以学院为主体，通过构建多元化的家校沟通联系平台，开设家长开放日，开展反馈调查等方式，由学校提供助推力、带动家庭融入青年成长支撑体系，进而实现中华优秀传统文化以文化人、以文育人的系统推进。

第四节　新时代高校思政课厚植家国情怀的价值意蕴

家是最小的国，国是千万家。习近平总书记指出：“中华民族历来重视家庭。正所谓‘天下之本在家’。”[①] 厚植家国情怀关乎一个国家和民族发展的长远大计，是社会主义核心价值观的重要内容之一，也是立德树人根本任务的必然要求。特别是正处在百年未有之大变局的新时代，面临着各种机遇与挑战，厚植大学生的家国情怀有着十分重要的意义和价值。

一、家国情怀的内涵

所谓家国情怀，是指人们对家国命运共同体的一种强烈的认同情感，表现为社会成员对自己的家庭和国家的执着坚守和奋力维护，并自觉地承担起共同体的责任。追本溯源，家国情怀是我国以家庭为单位这一社会生存方式下的产物，是我国传统文化衍生出的思维方式。家国情怀具有较为丰富的内涵：从家的角度来看，它主张人们在家庭生活当中家庭利益高于个人利益，做到与家人之间的和谐友爱；从国的角度来看，它主张人们将对家庭的感情延伸和迁移到对国家的感情，实现家国同构，将自身的需要和追求融入国家社会发展当中。习近平总书记指出：“没有国家繁荣发展，就没有家庭幸福美满。同样，没有千千万万家庭幸福美满，就没有国家繁荣发展。”[②] 这是对家国情怀最通俗、最明了的阐释。

中华民族历来就有“天下兴亡，匹夫有责”“修身齐家治国平天下”的家国情怀，有“为天地立心，为生民立命，为往圣继绝学，为万世开太平”（北宋·张载《横渠语录》）的忧国忧民情怀，等等，这些优秀传统文化中蕴含着古人的思想智慧和家国情怀。在长期的发展与实践当中，中华民

① 习近平. 习近平谈治国理政（第三卷）[M]. 北京：外文出版社，2017：353.

② 中共中央党史和文献研究院编. 习近平关于注重家庭教家风建设论述摘要 [M]. 北京：中央文献出版社，2021：71.

族形成了以爱国主义为核心的民族精神，这种独特的精神气质和精神品格始终支撑着中华民族的伟大复兴。

二、高校思政课厚植家国情怀教育的价值意蕴

（一）厚植家国情怀教育对于高校思政课本身的价值意义

家国情怀教育是高校思政课的必然要求和主要内容，同时，是否厚植家国情怀也是思政课教学质量的重要考量。思想政治教育的主要内容与任务，就是动员、组织人们学习和运用马克思主义理论来分析和解决实际当中的问题。[①]

思政课是对大学生进行思想政治教育的主要课程，是落实我国教育根本任务的核心课程。家国情怀是经过几千年文化积淀之后形成的，它蕴含着丰富的思想内涵和文化价值，是中华民族生生不息、薪火相传的力量源泉，是把中华民族始终团结在一起的精神纽带。基于以上原因，厚植家国情怀是思政课的必然要求和重要内容。实际上，一直以来，在整个思政课程体系中都融入了“家是最小国，国是千万家”——家国共同体的思想理念。比如，2018 版《思想道德修养与法律基础》是从正面的角度直接灌输家国情怀理念，特别是第三章“弘扬中国精神”和第四章“践行社会主义核心价值观”就充分体现了这一点；《中国近现代史纲要》从历史的角度，使大学生深刻理解“四个坚持”是历史的选择和人民的选择，增强大学生的历史使命感和责任感，形成把自己的命运与国家的命运紧密联系在一起的高度自觉；《马克思主义基本原理概论》主要从基本原理的角度，使大学生掌握辩证唯物主义和历史唯物主义，深刻理解资本主义社会必然被共产主义社会所取代的社会发展规律，更加坚定“四个自信”，从理论层次上更深入地夯实大学生的爱国之情和报国之志；《毛泽东思想和中国特色社会主义理论体系概论》主要是从我国近代不同时期的基本国情出发，使大学生深刻理解马克思主义中国化的理论进程，使大学生沿着中国特色社会主义道路接续奋进。这四门思政课程，都是依次安排在大一和大二的各个学期当中，而且整个思政课教材体系是都遵循着由表入里，层层递进的理论逻辑。

---

① 郑永廷主编. 思想政治教育学原理 [M]. 北京：高等教育出版社，2018.

（二）厚植家国情怀教育对于大学生的价值意义

在思政课中厚植家国情怀实质上是一种价值观教育，有利于帮助大学生牢固树立正确的价值观，即社会主义核心价值观，这直接关系到其成长与成才。辩证唯物主义认为，实践是人的存在方式，人们在实践活动中总是受着真理尺度和价值尺度的制约，只有做到真理尺度与价值尺度的有机统一，才能达到实践的目的。通俗地说，就是人类的活动可分为两大类：认识世界和改造世界，认识世界的目的是改造世界，在改造世界的过程中进一步认识世界，二者辩证统一。大学生无论是在社会生活还是在学校、家庭的生活当中，都会慢慢形成一定的思想观念，这些思想观念必将主导其的行为。那么，如何使大学生做到真理尺度与价值尺度的有机统一呢？简单地说，也就是如何使其做到真善美相统一呢？目前基于大学生学习的特性，学习书本知识是其继承人类长期积累的精神财富的主要途径。书本中蕴含着真善美。“真”没有阶级性，但善和美属于上层建筑，与道德一样，在任何国家都具有阶级性。衡量善和美的标准是社会核心价值观，不同的社会，不同的国家，甚至同一国家的不同时期，它的社会核心价值观是不同的。新时代，我们评价善和美的标准就是社会主义核心价值观。“才者，德之资也；德者，才之帅也。”（北宋·司马光《资治通鉴·周纪一》）习近平总书记强调：“思想政治理论课是落实立德树人根本任务的关键课程。青少年阶段是人生的‘拔节孕穗期’，最需要精心引导和栽培。”[①]高校思政课就是帮助大学生牢固树立社会主义核心价值观，使其成为社会主义合格建设者和可靠接班人。社会主义核心价值观是涉及国家、社会和个人三个层面的有机统一体，蕴含着浓厚的家国情怀。当一个人只有把自己的命运与家国的命运紧紧联系在一起时，才会感觉到天地的宽广和生命的荣光，才会觉得生命有意义。高校思政课通过厚植家国情怀，使大学生深刻理解家、国的含义和意义以及家国命运共同体的关系，增强其历史使命感和家庭、社会责任感，从而牢固树立社会主义核心价值观，帮助大学生成长成才。

① 习近平. 习近平谈治国理政（第三卷）[M]. 北京：外文出版社，2020：329.

（三）厚植家国情怀教育对于社会的价值意义

在高校思政课中厚植家国情怀教育有利于增进社会和谐，提高人们的幸福指数。家国情怀教育，它是把爱家延伸和迁移到爱国，实现由小家到大家、家国同构的一种情感延伸，不仅仅强调爱国，同时也强调爱家。家庭不只是人们身体的住处，更是人们心灵的归宿，要重视家庭建设，注重家教、注重家风。家庭是社会的基本单位，每一名大学生都来自某一个家庭，都寄托着家庭的希望。爱家是爱国的起点，高校思政课在厚植家国情怀过程中，能够帮助大学生树立正确的恋爱观、婚姻家庭观，这无疑有助于其当前所属家庭的和谐，同时也为其将来建立和谐的小家庭打下良好的基础，从而有利于整个社会的和谐和人们的幸福指数提高。

（四）厚植家国情怀教育对于国家的价值意义

在高校思政课中厚植家国情怀教育有利于凝聚中国力量，实现中华民族的伟大复兴。“一个民族、一个国家，必须知道自己是谁，是从哪里来的，要到哪里去，想明白了、想对了，就要坚定不移朝着目标前进。”[①]“人无精神则不立，国无精神则不强。精神是一个民族赖以长久生存的灵魂，唯有精神上达到一定的高度，这个民族才能在历史的洪流中屹立不倒、奋勇向前。”[②]实现中华民族伟大复兴的中国梦，必须弘扬中国精神。家国情怀作为一种文化理念经过了千年的发展与沉淀，已经成为中国精神的重要组成部分。在高校思政课中厚植家国情怀，目的在于以此为纽带实现价值和思想的认同，凝聚中国力量，使成为社会主义合格的建设者和可靠接班人，这对国家来说有着非常重要的意义。

（五）家国情怀传承、弘扬、创新的价值意义

高校思政课为家国情怀的接续发展注入新的力量。辩证唯物主义认为，万事万物都是变化发展的，社会存在决定社会意识。时代是思想之母，家国情怀作为一种精神力量，其内涵必将随着时代的发展而发展。推动中华优秀传统文化创造性转化、创新性发展，更要揭示蕴含其中的中华民族的文化精神、文化胸怀和文化自信，为新时代坚持和发展中国特色社会主义

① 习近平. 习近平谈治国理政[M]. 北京：外文出版社，2014：171.

② 习近平. 习近平谈治国理政（第二卷）[M]. 北京：外文出版社，2017：47-48.

提供精神支撑。家国情怀是中华优秀传统文化中的核心基因，高校思政课通过厚植家国情怀，激发思想共鸣，使大学生自觉地成为中华优秀传统文化的传承者、弘扬者和创新者。因此，高校思政课为家国情怀接续发展注入了新的力量，为激活传统文化的内在生命力、实现优秀传统文化的创造性转化、创新性发展注入了新的力量。

总而言之，高校思政课厚植家国情怀的价值和意义十分重大，它关系到立德树人根本任务的完成，希望引起越来越多的学者和教育工作者的关注和重视。

第六章　高校思想政治教育融合发展研究之协同育人

新时代，面对高校思想政治教育活动存在的一些不协同问题，我们应该采取相应的措施对其进行完善和发展，促进主体之间、主体和客体之间以及主客体和介体之间、主客体和环体之间的协同。

第一节　新时代高校协同育人机制建构的原则

原则是建构协同育人机制所依据的准则或标准。坚持原则，坚定方向，以人为本，以问题为导向，对于推进马克思主义时代化和大众化、促进新时代中国哲学社会科学体系的丰富和发展、巩固主流意识形态地位具有极为关键的作用。

一、守正与创新相统一

新时代高校协同育人机制建构坚持守正与创新相统一的建构原则。守正是对原则性的坚持，是对基础性、理论性、指导性的思想和原则的坚持，坚持指导思想的核心地位，坚持中华优秀传统文化对现代社会发展的促进作用，坚持文化自信以促进和保障中国特色社会主义文化繁荣。守正守的是立身之本，守的是发展正道，守的是优良传统。尽管波涛汹涌难免泥沙俱下，但中国特色社会主义的发展需要有坚实的核心作为锚定自身不被涌动的暗流卷入歧途的“定海神针”。马克思主义是中国特色社会主义发展的稳定器，特别是在新时代面对诸多新事物的时候，守正是“不忘初心，牢记使命”的时代诉求。讲守正并不是顽固不化，守正是创新的基础。习近平强调：“创新是引领发展的第一动力。”[①]在守正的基础之上创新，是马克思主义的基本要求，也是我们坚持发展中国特色社会主义的重要途径。新时代高校协同育人机制建构作为一种创新实践，坚持守正与创新相统一主要体现为以下几个方面。

第一，守立场之正，创传授之新。思想政治教育的根本出发点和落脚点是始终坚持马克思主义的基本立场，坚持正确的政治方向和政治原则，是加强对大学生进行理论传授和思想武装的根本要求。同时，教育者要认真研究学生的认知规律和接受特点，探索教育规律和方法，最大程度地发挥学生主体性作用，实现理论传授之新，以新方式方法满足学生对知识的需求。

第二，守方向之正，创育人之新。毛泽东指出：“没有正确的政治观点，就等于没有灵魂。”[②]坚持正确的政治方向，就是要始终坚持马克思主义的指导地位和社会主义的根本方向，不断强化对马克思主义最新理论成果的传授，确保坚定正确的育人方向。高校思想政治教育要本着立德树人的根本任务，进行全过程、全课程、全方位育人，构建课程育人、服务育人、组织育人等为主要内容的育人体系，让思想政治教育贯穿学生学习、生活和社会实践各个环节，实现多维度、融合性、交叉式育人。

第三，守方法之正，创手段之新。坚持马克思主义基本方法，是思想政治教育的方法论遵循，守此方法之正，创手段之新：在因材施教方面，坚持实事求是原则，了解和把握学生总体情况、知识需求和个体差异，有针对性地进行思想政治教育，采用科学灵活的方法进行个别引导；在教学方法上，注重将传统方法融入现代教学，实现传统方法与现代方法的交汇和融通。在教学方式上，以传统灌输式教学为基础，善于借助现代新媒体，将知识具象化、直观化，提升学生认知内化的效果和程度，实现教育方式和手段的多样化。

---

① 习近平. 习近平谈治国理政（第二卷）[M]. 北京：外文出版社，2017：480.

② 中共中央文献研究室编. 毛泽东文集（第7卷）[M]. 北京：人民出版社，1999：226.

创新更是成为新时代发展理念之首。新时代高校思想政治教育话语体系的建构应坚持并深入研究先进理论，大力倡导创新能力的培养，丰富和创新中国哲学社会科学体系，彰显新时代高校思想政治教育话语体系的系统性、科学性和时代性。

二、顶层设计与实践探索相统一

新时代高校协同育人机制的建构是完善思想政治教育理论与创新思想政治教育实践的统一，既要注重理论层面的建构，又要注重实践层面的探索。建构过程中要坚持顶层设计与实践探索相统一，确保协同育人机制方向的正确性和方法的科学性、多样性和可操作性。

首先，坚持顶层设计。顶层设计是对实现新时代思想政治教育目标、完成新时代思想政治教育任务、树立新时代思想政治教育精神、创新新时代思想政治教育方式、完善新时代协同育人机制等方面的总体把控。顶层设计具有多方面、多层次性，根本要求是把政治方向摆在首位，用学术讲政治，用政治促学术，以立德树人作为根本任务。一是教育系统要有顶层设计，指明方向，明确任务，提出要求，强调责任，确保高校思想政治教育工作协同机制的科学性和有效性；二是高校层面要做好顶层设计，根据高校性质、学科设置制定方案、出台政策、配置师资，提升高校协同育人机制的针对性；三是各部门要做好顶层设计，马克思主义学院、团委、学生处等部门协同联动，依据各自职责列计划、促实施、求实效。

其次，注重实践探索。依据顶层设计，高校因地制宜，“摸着石头过河”“架桥过河”“乘船过河”，不断探索有效的、有吸引力的协同方式，继承且坚持我们已经拥有的、行之有效的协同方式，而且根据学生特点、时代特点创新行之有效的协同方式，既要“讲”，又要“讲”得受听。信息时代“微”风蔓延，许多高校运用微视频进行思想政治教育，极强的视听效果增强了思想政治教育的亲和力；有的采用话剧形式还原历史，以较强的现场感增强了思想政治教育的感染力；恰当运用“生活就像淋浴，方向转错，水深火热”“人生不能重来，青春怎敢留白”等生活话语及“油菜（有才）”“鸭梨（压力）很大”“秋天的第一杯奶茶”等网络话语，提升思想政治教育的“温度”，提高实效性。

最后，顶层设计与实践探索统一于实践。建构协同育人机制是一个复杂的过程，以顶层设计指导实践探索，以实践探索丰富顶层设计。顶层设计通常是宽泛的、宏观的、长远的，实践探索则是细致的、有针对性的、阶段性的，坚持顶层设计与实践探索相统一原则对于指导新时代高校协同育人机制建构具有重要指导意义。顶层设计与实践探索相统一体现在两方面：一方面通过阶段性的实践探索去完成顶层设计的任务，达成顶层设计的目标；另一方面则需要通过实践探索去检验顶层设计是否真正的科学合理。

三、理论性与实践性相统一

理论与实践相统一是马克思主义基本原则，理论与实践相结合是马克思主义的基本要求，理论性与实践性相统一也成为建构新时代高校协同育人机制的重要原则。毛泽东强调：“马克思主义的普遍真理一定要同中国革命的具体实践相结合，如果不结合，那就不行。这就是说，理论与实践要统一。理论与实践的统一，是马克思主义的一个最基本的原则。”[①]

坚持理论性与实践性相统一的原则建构新时代高校协同育人机制，体现在两个方面：一是协同机制的理论性与实践性；二是协同机制建构的理论性与实践性。

第一，协同机制自身要体现理论性与实践性的统一。协同机制是一个国家软实力和硬实力的集中体现，蕴含着一个国家的文化密码、价值取向、核心理论，因此，协同机制首先是理论体系。中国思想政治教育是中国道路的理论表达和中国经验的理论提升，体现走向现代化的中国智慧、中国方案。高校协同机制必须有理论厚度，讲透中国理论、中国道路、中国制度、中国文化，讲明中共党史、新中国史、改革开放史、社会主义发展史；讲清马克思主义立场观点方法，讲好社会主义核心价值观，以政治意蕴、学术思想凝聚大学生的目标共识、思想共识、价值共识，以理论的魅力提升大学生的理论水平。其次，协同机制要体现实践性，即实践指导性和可操作性。既侧重理论的课堂传授能力，通过思想政治教育工作或活动向受教

① 中共中央文献研究室编. 毛泽东文集（第7卷）[M]. 北京：人民出版社，1999：90.

育者传授一定的原理性、概念性的世界观和方法论，将理论转化为受教育者的思想思维方式、认知分析能力、价值判断观念等，通过相应的传授手段帮助文本理论向思想精神的转变，真正地做到理论的内化于心，又要注重学生自我学习能力的培养，让学生能够主动发掘理论的魅力，认识理论的说服力，促进受教育者实践能力的培养，提高认识问题、分析问题的能力，树立科学的“三观”，将内化于心的思想政治教育内容外化于行，用以指导自身日后的社会实践、工作实践、生活实践等。

第二，协同机制的建构过程要体现理论性与实践性的统一。协同机制的建构是个动态的过程，一要坚持马克思主义理论的指导，在为谁建构的问题上，坚持马克思主义立场，充分体现人民性，话语体系建构为了学生，服务于学生，致力于培养大学生正确的世界观、人生观、价值观，培养中国特色社会主义事业接班人，致力于大学生的健康成长，要坚定正确的政治方向，确保话语体系的政治性、科学性。二要体现实践性，立足于新时代中国特色社会主义的实践，立足于高校立德树人的实践，立足于思想政治教育的实践，立足于新时代大学生的实际，确保协同机制的时代性、客观性和现实应用性。努力构建既仰望星空又触摸大地的高校协同机制，避免成为可望不可及的海市蜃楼。

四、主导性与主体性相统一

新时代高校协同育人机制建构坚持教师的主导性与学生主体性相统一的原则。坚持教师的主导性，是对思想政治教育方向、内容、方法、过程的宏观把控，坚持学生的主体性，是要充分调动学生参与教学的积极性主动性，营造一种施教者与受教育者和谐相处平等互惠的教育氛围，提升施教者对思想政治教育工作或活动的掌控能力，提升受教育者的参与能力和融入效率。

思想政治教育是有计划、有目的地进行教育的培养人的活动，思想政治教育者在思想政治教育活动中居于主导地位，其主导性主要体现在以下几方面。一是对意识形态的主导性。我国的思想政治教育承担着积极宣传贯彻党的思想意识形态、维护人民民主专政的国家政权的责任，随着文化多元化的发展，思想政治教育受到了多元社会思潮的冲击，西方意识形态、价值观念的渗透，给社会主义意识形态带来了挑战。面对挑战，思想政治教育必须发挥主导作用，发挥引领规范作用，新时代高校协同育人机制首当其冲的要体现社会主义意识形态的引领作用。二是对思想政治教育内容的主导性。思想政治教育内容是思想政治教育的核心，加强马克思主义基本理论教育、党的路线方针政策教育、党史国史改革开放史教育、社会主义核心价值观教育、社会主义道德教育，在协同机制建构中确保“内容为王”。三是对教育目标的主导性。高校思想政治教育的目标是促进人的全面发展，新时代高校协同育人机制要加强对教育对象价值观念、行为准则的导向，提升思想引领能力、思想统一能力和精神指引能力，起到思想主导和行为主导的作用，培养有理想、有知识、有担当、有作为的时代新人。

在思想政治教育工作或活动中施教者和受教育者都是主体。新时代高校协同育人机制建构在注重施教者主导作用的同时，还要注重受教育者主体性的发挥。人是具有思想思维能力和创新创造能力的统一体，也是具有理论接受和研发及情感认知的统一体，重视人的主体性是马克思主义“人本性”的时代体现，在建构新时代高校协同育人机制过程中必须注重发挥受教育者的主体性。学生自主性主要体现在：一是大学生学习能力、学习方法、学习态度的自主性，二是大学生学习理论、调研实践的主动性，三是大学生自我实现的创造性。新时代高校协同育人机制建构的原则是主导性和主体性的统一，是思想政治教育内容主体要求和具体实施的统一，集中体现对“人”的综合考量。

五、学术性与生活化相统一

思想政治教育属于马克思主义理论学科，必然带有较强的理论性，而建构新时代高校协同育人机制既要讲求内容的科学性，又要讲求方法的有效性。要坚持学术性与生活化的统一，既保证思想政治教育话语的科学严谨，又要求生动活泼。

理性思维和内心认同是最大效率地完成任务、达成目标的前提。一方面，理性思维依赖于学术性内容的传授和掌握，特别是理论性较强的学科。思

想政治教育内容涵盖马克思主义基本原理、马克思主义中国化的理论体系，中华优秀传统文化、中国特色社会主义文化等诸多方面，是庞大的理论统一体。在学术性层面，客观的、理性的、科学的、系统的阐释能够厘清概念、理顺关系、讲明道理、引发思考，有助于理解理论、应用理论、创新理论、引领价值观，引领实践行为，促进形成理性思维。另一方面，人的内心认同很大程度上来自于生活，包括对某一学科的情感认同和价值认同。思想政治教育是以传授理论为主要内容的实践性活动，理论自身的特点决定了新时代高校协同育人机制构建研究纯粹学理性的传授难免让人感觉枯燥，不太容易引发学生共鸣，自然也不易形成内心的认同。让受教育者亲身经历思想政治教育实践，通过分组讲述、演绎、朗诵、歌唱等形式将思想政治教育内容展现出来，切身体验思想政治教育内容的吸引力。2018 年河北大学学生拍摄思政课微电影《孤岛蓝鲸》，以动画形式描述了一直只蓝鲸在面对环境污染时的内心独白，极大地展现了新时代生态文明建设的必要性，同时也让受教育者群体亲身感悟到了生态文明建设对人类发展的重要影响。动画相比书籍能够更吸引受教育者，提升受教育者的学习兴趣。另外，由受教育者自己制作而成的动画视频是制作者团队自身学习的难忘经历，同时也是对其他受教育者更为直接的鼓励、更为触动的感受和更为熟悉的环境。学理性与生活化的和谐统一是高校思想政治教育工作者面临的课题与难题，也是新时代贯彻新教学理念必须解决的问题。开放性的资源、素材选择，可以大量补充教学案例，增强教学的鲜活性和吸引力；时事进课堂，可以让学生时刻感受生活的变化，在了解时事中增进对理论的理解；适度应用网络话语、生活话语增强思想政治教育的亲和力，培养学生求索精神，提高教学效果。新时代高校协同育人机制建构是学术与生活相统一的话语体系，是以学术性为主，生活化为辅的学科发展模式，促进理论学习向思想认同的转变。

六、民族性与世界性相统一

伴随着全球化进程和中国日益发展壮大，中国的发展越来越离不开世界，而世界的发展同样离不开中国，中国日益走向世界舞台中央，中国对于世界发展的贡献率有目共睹，在新型国际关系调整和全球治理过程中也贡献了中国智慧。当今世界发展一体化程度与日俱增，中国的对外开放政策也在持续深化，也注定了中国与世界的发展密不可分。新时代高校协同机制是在中国特色社会主义事业进入新时代的背景下，着眼于培养时代新人的协同机制，是站在人类发展高度，具有国际视野和世界关怀的马克思主义协同机制，也是应对各种社会思潮，提升中国哲学社会科学影响力和强化中国话语权的协同机制。

首先，新时代高校协同育人机制建构体现民族性。中华优秀传统文化博大精深、历久弥新。崇尚君子之风、倡导仁爱、尊重生命等传统的“仁”“和”思想为中国的发展提供了重要的思想指导。尊老爱幼的传统美德、勤俭持家的艰苦奋斗的精神、只争朝夕的奋发进取精神、主张天人合一的崇尚和谐精神，等等，对新时代中国特色社会主义建设仍具有重要的现实意义。中国共产党人在血雨腥风的革命年代创造了伟大的红船精神、井冈山精神、延安精神、西柏坡精神等敢于斗争、敢于坚持的革命精神，在轰轰烈烈的建设年代创造了“铁人”精神、红旗渠精神、“两弹一星”精神；在革故鼎新的改革年代创造了特区精神、航天精神等，凝聚成了以爱国主义为核心的民族精神和以改革创新为核心的时代精神，中国精神贯穿于中华民族五千年历史，是凝心聚力的兴国之魂、强国之魂。中国精神是中国传统美德与社会主义核心价值观的融合，是建设社会主义核心价值体系的丰厚精神资源，是中华民族的精神财富。此外，以中国人喜闻乐见的形式创设教育环境、进行教育传播也是协同机制的民族性的体现。新时代高校协同机制建构注重民族性，从传统文化的根基之上探索时代发展创新之道，将中华传统文化作为话语体系的鲜明特征，建构符合中华民族思想思维方式、顺应中国特色社会主义发展的新时代协同机制。

其次，在坚定民族性的基础上放眼世界，是新时代发展中国哲学社会科学体系的重要原则之一。自马克思主义传入中国之日起，无数先进知识分子和党的先驱就思考马克思主义中国化的道路，通过数十年的发展实现了马克思主义中国化的多次飞跃，形成了一系列的理论成果，由此可见，民族性与世界性的统一是中国共产党一向尊崇的方式方法，经过历史的检验也证实了其有效性。新时代高校协同机制建构是马克思主义中国化、时

代化、大众化传播机制的建构，是立足中国放眼世界的协同机制，既要讲述中国“天下大同”的理想，又要讲述中国人民崇尚和平、在坚持和平共处五项原则基础上发展同所有国家友好合作关系的实际；既讲述“协和万邦”的理念，又要讲述中国为构建人类命运共同体而努力的实际行动；既要讲述中国人民团结奋斗、努力实现中国梦的决心，又要讲述中国为全球治理、世界大同、人类幸福贡献中国智慧的胸襟和能力。新时代高校协同机制建构是马克思主义中国化、时代化、大众化传播机制的建构，是充满人文关怀和世界关怀的协同机制，是针对人的全面而自由的发展形成的协同机制，始终将人的发展作为出发点和落脚点，坚持将民族性和世界性统一起来，共同为人类命运共同体建设贡献力量。

第二节　高校协同育人机制的运行

一、强化多方联动的育人意识

多方联动的育人意识是高校思想政治教育优化发展的现实需求。当前高校协同育人机制内部因目标统筹层次较低及信息沟通渠道不健全，导致功能发挥的目标指向不明确，所以功能发挥尚未形成育人合力，机制运行实效较低。此外，高校协同育人机制的运行局限于高校教育之内，所以育人力量较为单一，难以应对负责社会环境的负面影响，教育实效性较差，难以满足社会发展现实需求。此外，多方联动育人同样是学生为实现自身全面发展的要求，基于这一现实，要提升育人实效，必须要结合现实需求，将树立多方联动育人理念纳入机制构建的过程之中，以推进高校协同育人机制的优化发展。

树立多方联动育人意识，要从两个层面入手。一是在高校育人这一层面，需要自上而下地在高校育人体系内树立起多方联动育人意识，以意识为引领推进各育人部门之间协调与合作，提升各育人部门功能发挥的整合程度，进而提升高校育人的实效性。二是在校内外联动育人的层面，首先需要明确高校育人的主要地位，同时要提升主要育人部门的合作意识，在完善高校内外沟通机制建设的基础上推进高校育人的协同合作发展。其次要社会中树立多方联动育人意识，一方面增强社会舆论核心、各方成员协同参与育人的责任意识，另一方面促进家庭教育功利性倾向的转变，提升其参与育人的积极性。只有树立多方联动育人理念，并以此为基础推动高校协同育人机制的优化发展，促进校内外多方联动育人合力的形成，才可切实提升育人实效、满足社会发展需求。

二、完善多方联动运行机制建设

各个部分的机制建设为整体运行提供规范化、科学化的框架，保障机制运行的有序性、有效性，没有了机制建设，整体的运行就会陷入无序运转、盲目重复的困境之中。因而，高校思想政治工作运行机制建设至关重要，当前背景中，这一建设要从完善高校思想政治教育管理机制、完善舆论管理机制、完善信息沟通机制、完善评估激励机制四个方面展开。

（一）完善多方联动管理机制

《关于进一步加强和改进大学生思想政治教育意见》（中发〔2004〕16号）指出，高校思想政治教育工作必须要有与其发展实际、社会发展要求以及学生个体全面发展需求相适应的健全的管理体系。完善的制度体系是高校思想政治教育有序、有效开展的重要保障，当前背景下，要建立健全这一管理工作机制，需要从加强校级组织机构功能、完善院级思想政治工作组织领导机构、加强学生党团、社团的建设与管理三个层面入手。

第一，加强校级组织机构功能，首先要从组织建设抓起，要坚持《关于加强和改进新形势下高校思想政治工作的意见》（中发〔2016〕31号）的要求，要坚持社会主义办学立场，严把高校领导班子尤其是校长与党委书记的选任关，为高校发展组建起坚强、有力的高校党委领导班子，强化校级管理机制的领导力与影响力。其次要明确组织责任分工，文件中强调，要坚持并完善党委领导下校长负责制，党委书记作为高校思想政治教育的第一责任人，应统筹全局，主持好全面工作；校长作为高校思想政治教育工作的最高执行者，应积极行使各项法定职权以落实党委领导下的相关决

议。概括而言，高校党委要做好统筹规划工作，做到管好方向、定好大局，为高校思想政治教育工作的稳步开展奠定良好的基础。校长及其他行政领导则要依据党委领导依法行使各项职权，确保高校思想政治工作落到实处。

第二，完善院级思想政治工作组织领导机制。院级单位受学校领导，并与各职能部门保持工作上的统筹合作，是高校思想政治工作贯彻执行的主体，因此，完善院级思想政治工作组织领导机构至关重要。一方面，院级党委组织选任要严格把关，以此为基础充分发挥院级党委的思想政治工作导向作用。院级党委要结合学校领导，基于学院实际与学生特点，积极履行政治职责，统筹安排学院思想政治工作计划。另一方面，要积极推进学院全员育人的思想政治工作队伍的组建，建立起以学院辅导员为主力，专任教师、学生干部等协同合作的院级思想政治工作队伍。把牢选任辅导员、专任教师的标准，保证队伍的纯洁性、先进性，确保育人功能的充分发挥，同时要积极发挥学生干部的模范带头作用，以榜样示范、朋辈教育的方式发挥思想引领作用。

第三，加强学生党团、社团管理机制的建设。高校学生组织团体是大学生学习生活的重要组成部分，也是校园环境建设的重要环节之一，对于高校思想政治工作有着重要的影响，故此，健全学生组织团体的管理机制是推进高校思想政治教育优化发展的重要一环。首先，要强化学生党团管理机制的建设，一方面要规范学生党团组织的日常活动；另一方面要以制度规范提升学生党、团员的组织意识、纪律意识，以保障其在学生群体中的榜样带头作用的有效发挥。其次，要加强学生社团的管理机制建设，一为学生社团建设提供规范化导向，奠定学生社团建设的组织基础；二为学生社团活动的开展提供价值方向导向，保障学生社团活动在学生群体中价值引领功能的有效发挥。

（二）完善多方联动舆论监管机制

任何舆论都带有倾向性与目的性，处于舆论中的个体在思想发展过程中均会受到舆论倾向的影响，因此，舆论环境的规范建设势在必行。在当前社会纷繁复杂的舆论大环境中完善舆论环境监管机制要分清主次，重点针对高校内部舆论环境监管机制建设，同时做好社会舆论环境的监管、引导等建设工作，以及家庭舆论圈的建设和引导工作。

高校内部舆论环境监管机制建设，核心目的是发挥舆论价值引领功能。首先，要拓宽舆论资源引入渠道，以此为指导扩展并完善舆论资源，将高校内党团组织建设、高校思想政治教学成果、榜样模范等纳入舆论资源建设中，充分发挥其价值引领作用。其次，要健全舆论环境的监管，要建立健全高度敏感的监督预警机制，对与高校思想政治教育工作方向相背离的信息要及时加以管理，正清校内舆论环境。最后，要健全高校网络平台的监管，在自媒体时代，网络平台就是一个舆论场，其对于当代大学生思想成长的影响极大。对此，高校要加强高校网络思想引领机制的建设，抢占网络阵地，强化思想政治教育，同时还要加强校内网络信息监管机制建设，削弱不良思想倾向的影响力。

高校舆论环境处于社会舆论大环境之中，只有加强社会舆论环境的建设与监管，才能促进高校舆论环境的建设。首先，必须要健全社会舆论的发展制度，以此为依据支持引导优秀的精神文化成果、社会活动、团体个人等各个环节积极参与到社会舆论环境的建设之中，为社会舆论环境的良性发展奠定坚实基础。其次，还要强化社会舆论的预警监督机制的建设，做到反应及时、应对规范，及时有效地净化社会舆论大环境，为社会舆论良性发展保驾护航。

家庭舆论圈对个体思想成长的影响最为深远，必须要健全家庭舆论圈建设的引领机制。首先，在社会层面，积极推进家风建设，以精神文明建设影响家庭舆论圈的发展趋势。其次，在高校层面，要完善家庭与学校的沟通渠道，以学校舆论环境辐射影响家庭舆论圈的发展趋势。最后，在学生主体层面，发挥其主动性与主导性，以学生主体为媒介对家庭舆论圈实施影响和监管，推动家庭舆论圈的良性发展。

（三）完善多方联动信息沟通机制

完善的信息沟通机制是保障机制良性运行的重要因素。当前高校机制运行因缺乏完备的信息沟通机制建设：一方面，导致各个育人部门间工作目标、工作任务、育人资源的整合度较低，进而使得部门间的合作处于被动状态，最终造成育人实效不理想的结果；另一方面，导致高校育人局限

于高校内部系统，育人力量单一、育人资源不够完善，难以应对复杂的校内外思想舆论环境，育人实效性不理想。因此，当前高校思想政治教育多方联动运行机制的构建必须要完善信息沟通机制的建设，这一建设包含了两个方面，一是完善高校内部信息沟通机制建设，二是完善高校内外各方信息沟通机制的建设。

高校内部信息沟通机制建设的完善，一方面需要健全纵向沟通渠道，即健全自校到院、职能部门再到具体工作队伍的信息沟通渠道，要保证自上而下的领导作用的发挥和自下而上的反馈作用的发挥，保证各层级的功能发挥的指向一致；另一方面需要健全横向沟通体系，即强化各思想政治工作部门间的信息沟通，要保障其工作目标的一致性、工作效果的互补性，以此提升高校育人工作的实效性。概括来说，即通过纵向领导与反馈信息沟通渠道及横向职能协调信息沟通渠道的建设来完善高校内部各育人要素与部门间信息沟通机制的建设，并在此基础之上推进高校思想政治教育多方联动运行机制的建设。

高校内外各方信息沟通机制建设，包含了完善社会与高校间信息沟通机制建设、完善家庭与高校间信息沟通机制建设两个方面。首先，由于社会环境的复杂性，社会与高校之间的信息沟通极易受到负面影响，因此，二者间的信息沟通建设需要充分发挥高校的主导作用，要求高校育人部门积极发挥主动性，加强对社会舆论、社会发展的分析，适时引入积极的育人因素，规避消极的风险因素；同时要发挥社会舆论核心的引导作用，以正清社会舆论环境，保护高校育人成果。其次，强化家庭与高校间的信息沟通机制建设，需要引导家长发挥主动性，加强与学校的联系及时把握和分享学生成长动态，并加以辅助引导，推进学生的全面发展，同时高校学生工作部门与辅导员要加强同家长的信息共享，学生个体也要充分发挥自身的桥梁沟通作用，拓宽家校间的信息沟通渠道。

（四）完善多方联动评估激励机制

评估制度的发展为机制运行提供自我发展、自我革新的依据，而激励制度的建设则为机制发展提供了内部发展动能，所以，推进高校思想政治教育多方联动运行机制建设必须要完善评估激励制度的建设。高校育人模块是多方联动运行机制的主体构成部分，且其制度建设的可操作性较强，因此成为评价激励制度建设的重点。高校育人评估制度包含两个方面。一方面是完善高校思想政治工作领导部门主导的评估制度建设，即强化对高校思想政治教育队伍工作的评估，以此为依据对高校思想政治教育中的成功经验与失败教训进行归纳总结，为后续的发展建设提供具体而明确的指导。另一方面，要完善以学生群体的主体的评估制度建设，即从学生的角度来评估高校思想政治工作的实效性，以此为依据分析机制运行过程中的优势和缺陷，推动机制的进一步完善和发展。完善其建设首先必须要依据不同对象建立起客观有效的评价标准体系，其次要组建客观专业的评估分析队伍，最后要针对评估工作的规范化制定相关的规范性要求，以保障评估制度的有序进行和有效实施。

高校育人激励机制建设也包含了两方面的内容。一方面，要完善高校思想政治教育主体的激励机制建设，保障其工作开展与个人发展有完善的精神、物质激励体系，激发其工作的热情、调动其工作的积极性。另一方面，要完善高校思想政治教育中学生主体的激励机制，充分激发其学习动力，提升其学习效率。完善以上两个方面的激励机制建设，首先要依据不同主体制定合理可行的激励标准，其次要结合不同对象的发展需求完善激励的具体措施，最后要实现激励信息的公开，同时还要跟踪收集反馈信息，保证激励实施的针对性和有效性。

三、建立健全高校协同育人校内运行机制

（一）构建教学管理服务全员育人机制

在高校全员育人机制中，不同的人员并不存在职责的不同，只是分工不同而已。当前的高校更重视教书育人，很少体现出管理育人和服务育人，而全员育人的关键在于能否帮助学生将道德知识内化为道德品质、外化于道德实践，因此要将协同育人理念融入高校思想政治教育育人实践中，整合教学、管理、服务三个领域的长处，取长补短。

1. 建立思政课教师和非思政课教师的协同育人机制

首先，要定期对专业课教师进行思想政治教育理论培训，增强责任的

认同感与责任感，以身作则，为学生做好表率，培养专业课教师的德育意识，在提升学生的专业知识的同时，也提升了学生的职业道德素质。其次，思政课教师和非思政课教师要“组队”，帮助专业课教师制定出既能够适用于各专业课程教学又能够提升学生思想修养的教学大纲。与此同时，思政课教师也要帮助专业课教师解决学生学习过程中的思想方面的问题。

（1）增强高校辅导员的骨干作用

解决辅导员队伍建设“短板”，提升育人工作能力，应以“立德”为出发点，紧扣“为谁培养人”的根本问题，坚持以体制机制为切入点，实现“树人”目标。教育投资是主要渠道，职业培训是有效补充；职业认同是精神保障，工作待遇是物质基础；角色定位是重要保证，明确职责是基本要求。

第一，追加教育投资，增强职业培训。追加教育投资，加强职业培训，能不断增强高校辅导员处理新问题的能力。轻视人力资本投入，忽视职业能力培训，这是高校辅导员队伍建设的“短板”。教育与培训是人力资本投资中最为重要的。高校应制定继续教育政策，继续追加教育投资，鼓励辅导员提升学历层次，增强辅导员学习能力；强调经典著作研读，扎实科学理论知识，为辅导员处理现实问题奠定理论基础；构建基层辅导员培训基地，提供交流平台；制定辅导员培训政策，奠定制度保障；邀请科研专家，开展科研培训，增强科研能力。开展辅导员培训至关重要：应合理安排培训内容，增加基础知识培训板块，开设专业技能培训，扎实科学理论知识；开展分层次培训，针对理工科专业背景的辅导员，系统开设思政专业知识培训；针对新入职辅导员，严格按照辅导员职业标准，全面开展思想政治素质、理论知识、专业技能等方面培训；针对工作年限较长的辅导员，开设职业道德、职业归属等方面培训。

第二，提升职业认同，落实职称待遇。职业化是高校辅导员岗位的发展方向，提升职业认同是辅导员工作职业化的精神保障，落实晋升待遇是辅导员工作职业化的物质保障。辅导员是提升职业认同的内在要素，即辅导员应自觉树立职业认同感。辅导员应正确处理职业需求和职业利益之间的矛盾，严格遵循职业规章制度，调整内在利益驱动，将职业标准内化为职业信念；以积极情感投入工作岗位，消除负面情绪，达到情感认同；以坚强的意志克服辅导员工作困难，树立终身职业理想，实现信念认同。“满足需要是职业认同的动力”[①]，落实职称待遇至关重要。高校应开设辅导员科研项目，鼓励学术研究，报销科研经费，提升学术水平；设立辅导员岗位独立考评机制，根据辅导员工作属性，实行辅导员职级制，参照行政岗位职称，设置相应职称等级，解决辅导员评职难的问题。

第三，找准角色定位，明确工作职责。辅导员既要做好本职工作，还要处理其他琐碎事务，这导致辅导员难以找准角色定位，产生角色认知偏差。从琐碎事务抽身，明确工作职责，能引导辅导员找准角色定位。如何脱离事务性工作，明确工作职责，成为解决问题的关键。学校应理顺辅导员工作顺序，重视辅导员本职工作，将辅导员从琐碎事务解放出来；理清辅导员管理属性，建立明确的人事管理制度，明确各部门各员工职责，打造线上线下沟通机制，消解多部门共同领导辅导员、布置重复任务等现象，防止辅导员在日常思想政治工作中上演独角戏，提升辅导员应工作效率。辅导员明晰本职工作职责，明确日常工作范畴，知道“如何培养人”，增强职业认同感，为工作注入创造性。

（2）发挥思政课教师的主导作用

思政课教师应坚守育人主体地位，树立育人教育理念，发挥育人职责作用；应结合时代要求，满足学生需求，完善实践教学形式，健全德育考核方式，创新课堂教学方法，发挥思政课教师育人主导作用，提升思政课育人实效。

第一，以理论为基础，完善实践教学形式。教育的直接目的并非在于知识传授的量化，而在于学生头脑中留存知识的质化。如何校验学生已内化的理论知识，唯有通过社会实践活动，突破“两张皮”发展瓶颈，构建“课堂教学＋课外探索＋社会实践”教学模式，开展多样化思政课实践教学活动。实践教学要抓重点、聚焦点。思政课教师应立足于校内课堂教学，以理论知识为出发点，面向全体学生，围绕教学重难点，将课程内容划分为不同专题；根据不同专业特点，聚焦学生关注的热点问题，精选贴近学生实际的实践课题；严格把关实践团队建设，鼓励学生走进社会课堂；坚持理论联系实际原则，开展多元化实践教学形式，如经典案例分析、校内外

① 肖述剑．高校辅导员职业认同的内在机理探析 [J]．思想政治教育研究，2019（02）：121.

专题调研、实践成果汇报、人物调查访问等，将实践形式纳入期末考核学分，增强学生解决实际问题的能力。

第二，以智育为前提，健全德育考核方式。思政课具有较强的理论性，以理论知识考试作为学生期末考评的主要方式，德育考核流于评奖评优的形式。思想政治教育的目的并非是扎实学生的思想政治理论知识，更重要的是通过传授理论知识提升学生思想觉悟、塑造道德品质、培养独立人格。期末考核方式应比例化，即合理分配理论知识考试和德育考核比例，结合社会热点问题或学生关注点，在理论知识考试中增加德育考核内容，直接测评学生德育发展倾向。德育考核不应局限于思政课教师视野，应增加同学评价、自我评价、辅导员评价，采用多元视角评价方式。应将德育考核纳入学校考评体系，建立完善的德育考评机制。

第三，以内容为保障，创新课堂教学方法。应借助多元化教学方法将枯燥乏味的基础理论知识趣味化。然而，思政课程较强的理论性导致教师重知识传授轻教学方法，常采用单向灌输法，降低了学习效率和教学成效。思政课教师应自觉学习新理论，创新教学方法，打造“魅力型”思政课程，这也是高校教学改革之所需：融入时代发展，提升媒介素养，将科技因素和时代因素融入课堂教学；将教学内容划分为不同版块，坚持学生主体地位，鼓励学生上台讲课，听取学生对知识的见解，做出内容补充，使思政课“活”起来；设置问题教学模块，以解决学生知识疑点为切入，将问题贯穿于教学全过程；学生媒介素养较高，可利用课余时间，设计相关主题，打造网络展示平台，鼓励学生将学习内容拍摄成微电影，引导学生由被动变为主动。

2. 建立思想政治教育和学校管理队伍协同育人机制

马克思、恩格斯指出：“作为思想的生产者进行统治，他们调节着自己时代的思想的生产和分配……”[①] 首先，管理者要牢记“管理也要育人”，要努力提升自身思想政治素养、提高管理水平、提升决策的科学性、做遵守学校各项规章制度的带头人。管理者应以自身的优秀品质和实际行动潜移默化地影响学生，为学生及教职工树立良好榜样。其次，在管理决策制定中，坚持“以学生为本”，关注大学生的个体发展需要及他们的思想和

① 中共中央马克思恩格斯列宁斯大林著作编译局编译. 马克思恩格斯选集（第一卷）[M]. 北京：人民出版社，1995：99.

心理动态，不断更新工作理念，建立科学的管理模式和良好的校园管理氛围，使各项规章制度真正落到实处，使大学生的思想政治理论素养在校园管理中得到进一步提升。最后，完善师德考评，提升育人水平。树立育人理念是对高校职能部门人员的内在要求，完善师德考评体系是外在约束。完善考评体系旨在通过外在要求约束职能部门人员职业行为，使行为符合职业道德标准，内化为自身职业道德认知，融入职业道德情感，转化为职业道德信念。高校应将师德考评作为职能部门人员职称晋升的重要标准，建立"一票否决"师德考评制，不留"空白点"，避免重师德考评量化、轻师德考评质化的错误倾向。因学生处、教务处、研究生院、校团委等职能部门人员与学生联系紧密，所以考评制度更应重量化、强质化。各职能部门人员是师德考评的对象，注重师德考评主体多样化，学生、同事、部门、自我都应是职能部门人员师德考评的主体。部门考评是常见的方法，但存在视角局限性。学生是职能部门人员提供管理和服务工作的直接对象，应加大学生对职能部门人员师德考评权限，拓宽师德考评视角。自我考评和同事考评能直接判断职能部门人员师德现状，应合理增加自我考评和同事考评在职能部门人员师德考评中的比重。

3. 将育人与服务相结合，思想政治教育工作中的开展要强调服务意识

使思想政治教育更"接地气"，发挥服务育人的特点和优势，因为服务育人"具有贴近生活、以情动人、润物无声等显著特点和独特优势"[①]，使大学生在优质服务中受到感染和教育。例如，校园宿舍里的管理人员以关爱学生的心让每位学生都能在回到寝室时感受到家庭的温暖，校园食堂的服务人员热情的服务、吃苦耐劳的形象，校园的行政部门在学生来办理手续时所体现的负责任且严谨工作态度，都会潜移默化地影响大学生。正是因为这些直接展现在学生面前的良好形象和优秀品质，都能够潜移默化地影响学生，影响他们在进入社会后对待工作、对待身边人的态度与看法。

（二）构建阶段连贯全过程育人机制

"全过程育人就是把思想政治教育融入学生从入学到毕业的各个阶段，

---

① 高斌，类延旭，方仲奇. 新时期高校服务育人路径的思考[J]. 学校党建与思想教育，2009(10)：16.

贯穿于教育的整个过程。”[①]根据不同年级学生的特点和发展规律，建立分级、分阶段的育人机制，使这些机制有机协同，为高校育人工作服务。

1. 搭建新生衔接平台，开展新生入学教育

高中到大学是一个跨度，高校应该提供一个新平台，让学生顺利完成角色转换。大一学期处于衔接适应教育阶段，应该强化理想信念教育。高校可以合理利用军训或是组织多种丰富的活动，将育人理念传递给学生，让新生尽快融入校园，适应大学生活。

（1）利用军训对新生进行有效的思想政治教育

军训是每一所高校新生入学必须组织的实践教学工作，不仅能够培养学生吃苦耐劳、坚忍不拔的精神，而且还能提升学生的身体素质和学生的集体荣誉感。军训期间，高校可以组织思想政治教育工作者对此期间出现心理问题的学生及时进行引导，做好新生思想工作。更重要的是，不能让高校军训流于形式，要注重军训的课程设计，根据学生体质训练强度由低到高，让学生提高安全意识学会防身技能，促进新生间的交流，提升新生集体观念和纪律观念。军训是必要的，这一时期的思想政治教育工作还有很大的发挥空间，有利于促进学生正确树立价值观。

（2）组织形式多样的教育活动，提高入学教育成效

只有组织形式多样的活动，增进彼此间的交流与互动，将育人的思想融入日常生活的各种活动中去渗透、感染，才能不断提高受教育者的思想品德素质和个人综合能力。例如组织社团活动、各种文化活动、各种心理咨询活动及志愿活动等，让新生尽快融入校园生活，提高学生人际交往能力，不断开阔视野。高校一定要坚持将爱国主义精神、集体主义精神和民族精神教育贯穿于各种丰富多彩的活动中，帮助学生树立正确的政治立场。学校可以组织新生联谊舞会、专业发展和职业生涯规划的讲座，让新生了解校园，了解未来的发展状况。思想政治教育工作开展形式多样、生动有趣，更有利于提高入学期育人工作的质量和水平。

2. 搭建主干阶段育人平台，加强正面教育和引导

思想政治教育是一项连续性非常强的工作，高校必须保证各个学年的

① 韩慧莉. 构建研究生思想政治教育“三全育人”新格局 [J]. 青年教育，2012（07）：111.

思想政治教育能够有效衔接。特别是大二、大三两个学期处于高等教育的主干阶段，这一时期也是受教育者的发展过渡阶段，高校必须合理规划育人工作，通过搭建主干阶段育人平台，提高思想政治教育工作的针对性，加强正面教育与引导。

首先，思想政治教育工作要有针对性。大学教育的主干阶段应侧重于社会主义核心价值观的内化教育，加强正面教育和引导。这一阶段受教育者思维更活跃，愿意尝试各种新鲜事物，高校可以组织道德实践、社会实践等活动加强人生观、价值观、世界观教育；还可以树立典型人物，发挥榜样力量，引导学生树立良好的道德品质，树立远大的理想。这一时期育人工作还要注重引导受教育者辩证看待社会的负面问题，加强理想信念教育：高校可以通过开展各种主题的团活、青马工程、诵读经典诗词、红歌比赛、志愿服务等活动，加强爱国主义精神、集体主义精神及团队协助精神，将社会主义核心价值观深记于心。其次，全程育人更强调生活上“润物细无声”的隐性思想政治教育。高校可以通过开设校园广播站，组织大型节日的文艺表演，宿舍文化大赛等各种形式的活动，将思想政治教育贯穿到高校学生生活的各个方面。最后，思想政治教育工作要细化。高校可以根据学生个体的差异，以问题为导向，制定不同的育人政策。例如目前部分高校因疫情开设线上课堂，针对来自偏远地区、没有条件接受网络教学的学生，可以将相关的学习资料免费邮寄给受教育者，灵活采取“一人一策”教学方式，使育人工作更具有针对性。通过深入了解学生的实际情况，尽力帮助学生解决实际问题，把思想政治教育工作真正落于细微之处。

3. 搭建毕业季活动平台，开展职前教育

大四学期处于发展教育阶段，这一时期应侧重于社会主义核心价值观的外化实践教育。高校可以通过管理与规划，组织各种实践活动，搭建各种平台来进行职前教育，帮助学生完成社会职业的角色转变，提高学生的社会责任感。大四是毕业期，高校必须进一步加强毕业季的思想政治教育工作。

第一，高校应该提供一个良好的专业实习平台。高校应将实习期合理安排并提供实习场所，实习期间给予学生指导和关心，为学生及时解决问题，这样既能保证实习的质量，也能保证实习期间的安全。第二，高校应该提

供一个就业指导平台,例如开通网络信息平台,将就业信息及时传递给学生,便于学生可以相互交流经验。特别是疫情期间，高校可以开展网络招聘会，及时发布就业信息，便于学生在网上完成面试、签订就业协议；还可以借此机会开展网络心理健康教育，及时了解学生在就业过程中遇到的问题，及时给予疏导，在进行就业指导时融入思想政治教育，提高学生的心理接受能力和随机应变能力，引导学生树立正确的就业择业观。第三，毕业季的学生组织性和纪律性较松散，高校应该加强管理和教育，例如请假必须走程序等,还可以通过各种讲座等形式加强理想信念教育和职业道德教育。第四，组织毕业活动，增进师生间的情感交流，开展情感教育。情感教育能够使思想政治教育工作得以升华，能在潜移默化中影响学生。高校可以举办欢送晚会、有奖知识竞赛、道德品质颁奖会等活动，加强师生交流，让学生加强知识的吸收，加强道德教育；还可以组织学长学姐交流会，请优秀的毕业生鼓励即将进入社会的学生们,积极引导学生正确的价值观念。

（三）构建教育载体整合全方位育人机制

1. 统筹推进课程育人

课程育人是在课程教学活动中进行育人，是“三全育人”的主要内容，也是全方位育人的主要途径。课程育人在育人体系中占据重要地位，习近平总书记强调“要用好课堂教学这个主渠道”[①]，因而新时代高校必须统筹推进课程育人，发挥课程育人的作用，才能提升高校育人的质量。

首先，高校思政课的内容要紧随时代需要与时俱进，并根据学生的发展阶段，不断强化课程之间的衔接，课程内容要相互补充，相互贯通，便于学生对所学内容的理解和感悟。课程育人还必须深入挖掘非思政课程内容中的智育、德育资源，全面渗透思想政治教育。其次，高校的课程育人要求教育方式方法要灵活，采用符合学生实际情况的教学方法。教师在具备深厚理论知识的同时联系当下社会热点，结合网络、文化、实践育人创新教学方式方法,例如新闻案例教学法等,调动学生的积极性参与课程学习,提高课程育人的质量。教师在传授知识技能的同时穿插科学的世界观和方法论，可以传递热爱科学、热爱祖国等思想，引导正确政治立场，还可以

① 习近平. 习近平谈治国理政（第二卷）[M]. 北京：外文出版社，2017：378.

融入情感教育、社会教育等，主动开展教学育人，做到润物无声，提高学生的思想品德水平。

2. 深入推进文化育人

“强化文化育人功能，构建文化育人工作体系，是落实党和国家‘三全育人’工作的重要内容。”[①] 文化育人有着不容忽视的作用，积极推进文化育人有利于实现全方位育人。高校可以从以下几点着手提高文化育人功能。第一，高校应充分发挥中华优秀传统文化的作用。继承并发扬中华优秀传统文化。高校应组织丰富多样的传统文化活动，开展各种文体活动，建立文化传承的基地等，将高雅艺术、非物质文化等优秀传统文化融入校园，拉近学生与传统文化的距离，丰富学生的精神世界，培养爱国情怀，引导积极的人生态度，规范思想品德。第二，高校应不断提升革命文化的教育作用。高校应将红色文化教育系统化，组织形式多样的文化教育活动，例如可以通过举办舞台剧、歌舞音乐会、网络作品有奖征集、宣传革命英雄事迹等形式来进行革命精神教育，引导学生树立正确的“三观”，坚定理想信念、增强奋斗意识，提高思想政治觉悟。第三，高校应积极开展社会主义先进文化教育。以课堂教育为基础，宣传主流价值观念，分析社会中的一些经典案例、热点问题，宣传优秀事迹、优秀精神。例如目前正处于疫情防控阶段，高校可以组织策划《疫情知识大科普》《团结一心共患难、战“疫”必胜》等宣传栏目，及时挖掘报道先进典型，征集相关作品、歌曲、画册等激发全体学生为抗疫作贡献的爱国主义热情。高校还可以组织社会实践活动，积极践行社会主义先进文化，不断创新教育方式，将社会主义核心价值观传入学生的心理，引导学生树立正确的文化观，促进学生全面发展。高校必须大力发展校园文化。利用好第二课堂，采取丰富多样的活动，例如组织名师讲座、党团活动、社团活动等提高学生的认知，培养情怀、传递正能量；组织有趣的文娱活动，让学生身心放松、丰富阅历；组织教育科研、学习交流等活动，形成良好的教风、学风。此外，高校的文化育人一定要与社会榜样相联系，采取正面教育宣传，发挥榜样力量，引导学生全面提升自身素质和品质。

---

① 高慎波. 新时代高校文化育人实践路径研究 [J]. 才智，2019（33）：99.

3. 着力加强实践育人

教育是一种培养人才的社会实践活动，马克思的观点与实践育人理念相契合："生产劳动同智育和体育相结合，它不仅是提高社会生产的一种方法，而且是造就全面发展的人的唯一方法。"[①] 高校实践育人作为"三全育人"的一个重要载体，能够锻炼、提升人的技能，挖掘人的潜能，不断促进受教育者全面发展。

高校实践育人的渠道主要为课堂实践教学和课外实践活动，但课内实践教学的局限性较大，所以高校课内实践教学的形式、方法和内容应该更丰富多彩，比如组织课堂演讲、案例分析会、辩论会、小品表演、电影观后感、模拟法庭等，激发学生的学习兴趣，提高课堂实践育人的成效。除了必要的课内实践教学，还要多组织课外的实践育人活动。特别是课余和假期，思想政治教育工作主要以社会实践活动为主，可以鼓励学生参与重大项目的建设、社会调研活动，鼓励并帮助学生创业等。高校的社会实践活动要以学生自我管理、自我服务为主，可以鼓励学生参与志愿服务，因为志愿者活动有利于学生在此过程中不断完善自我，在实践中学习和感受社会主义核心价值观。特别是在抗击新型冠状病毒疫情过程中，众多高校的学子勇于牺牲和奉献，在保证自身安全的情况下，积极参与疫情防控志愿服务工作，彰显了青年一代的奉献与担当，传播防疫正能量。

高校的实践育人工作最为重要的一点是实践活动要保证安全，且有价值、有意义，真正让学生参与进来并有所收获，相关部门应该深入研究，从战略角度部署工作，各部门支持并进行有效的管理，防止实践育人形式化。

四、建立健全高校协同育人育人校外联动机制

（一）构建学校家庭社会联动育人机制

1. 发挥高校思想政治教育主阵地优势

首先，在保持理论课教学优势的基础上，创新教学方法，推进课程体系改革；其次，通过科学配置，合理分工，整合思想政治教育队伍，充分

① 中共中央马克思恩格斯列宁斯大林著作编译局编译. 马克思恩格斯全集（第43卷）[M]. 北京：人民出版社，2016：510.

发挥思政课教师、专业课教师、辅导员等校内主体力量及校外专家学者等校外主体力量，使思想政治教育队伍内实现融合互动；最后，全面拓宽教育渠道，将理论教育与实践教育有效结合，提升大学生的思想道德水平。

2. 构建学校教育与家庭教育协同育人机制

首先，建立合力教育机制。家长应以自己品行、和谐的家庭氛围，为孩子树立良好的榜样，帮助孩子形成健全的人格，推动孩子形成优良的品质和作风。其次，建立及时有效的沟通机制。大学生作为新生报到时，就要对家长的基本信息进行登记，以便于辅导员在学生出现情绪波动或者学业问题的情况下第一时间与家长取得联系，用亲情配合学校做好学生的思想政治教育。最后，建立定期双向汇报交流的机制。如以学院为单位，在每学期开学初和学期末，召开家长座谈会，由辅导员对学生在校一学期的学习、思想、生活等情况向家长通报，征求意见，让思想政治教育直接深入到家庭之中，共同营造大学生成人成才的良好健康环境。

3. 构建社会教育与学校教育协同育人机制，发挥社会教育的能量

首先，坚持弘扬社会正能量。在高校思想政治教育中，坚持正面舆论引导，在思想政治教育课堂上融入先进人物先进事迹案例，能够更好地提升教育效果；其次，邀请各行各业的专家学者进入校园，对学生进行国防教育、爱国主义教育、传统文化教育等；最后，高校应与社会公益性组织、社区等联合举办各类活动，通过这些实践活动开展，在培育学生的社会实践能力和道德素养同时也扩大了高校思想政治教育的社会影响力。

（二）构建区域性高校联动育人机制

我国每一所高校都有自己独特的育人优势，但各高校间开展的合作与互动却非常少。构建区域性高校联动育人机制可以使高校之间实现资源共享、合作共赢，共同推动校际思想政治教育联合育人。

1. 要共建联合培养平台

首先，各高校的思想政治教育学科带头人和专家可以共同商讨、沟通、交流，制定出科学、可行的教育目标和课程体系等；其次，通过开设优质的思想政治教育公开课、在线直播课堂等方式，可以让高校间分享优质课程资源，丰富高校思想政治教育的形式与内容。

2. 要完善定期互访机制

高校每年都应组织校际互访活动，可以通过教学研讨会议等形式开展活动，这对教师和学生都是有益的。在这个过程中，教师可以通过活动汲取更丰富的教学经验，而学生可以通过和其他学校的老师和同学的交流，开阔眼界、增长知识，同时感受他们的认真态度和优秀品行，提高对自己的要求。

3. 要健全校际联合管理制度

在校际联合培养机制建设中，要设立一个专门的思想政治教育管理机构，负责监督管理学生的学习状况，并形成反馈机制，以保证联合培养的实效性。

（三）构建网上与网下联动育人机制

传统的思想政治教育通过老师和学生面对面授课的方式，传授教育内容，这种方式的局限性在于时间和空间的固定性。而随着科学技术的发展，思想政治教育的传统教育方式的弊端可以通过网上教育来弥补，学生对于网上教育喜闻乐见，但网络却是把双刃剑，由于其信息资源的丰富性，使学生很难进行甄别。因此，将网上教育与传统的教育方式，也就是网下教育相结合，可以实现优势互补，提升高校思想政治教育整体效果。

1. 建立网下教育为主，网上教育为辅的机制

对于思政课、体验式教学活动等，需要教育者与受教育者面对面进行交流，并进行理论灌输，应以网上教育为辅，网下教育为主，要注意对教育的过程进行记录和整理，并将其发布到网上，从而扩大网下活动的影响面。①

2. 建立网上教育为主，网下教育为辅的机制

对于那些网下教育不占优势的思想政治教育领域，就要充分利用网上教育的优势。通过创立自媒体互动平台，比如微信公众号、微课、官方微博等，让大学生自觉关注并发表自己的观点，而学校可以利用这个互动平台及时了解学生的思想和心理动态，并引导学生发表正面、积极的言论，将思想

① 龙妮娜. 大学生思想政治教育网上网下协同育人模式刍议 [J]. 思想理论教育，2014（05）：81-84.

政治教育从学校课堂延伸到大学生的日常生活中，为网下思想政治教育工作的有效开展寻求新的发展空间。

参 考 文 献

[1] 冯友兰. 中国哲学史新编（第一册）[M]. 北京：人民出版社. 1981.
[2] [美]冯·贝塔朗菲. 一般系统论：基础·发展·应用[M]. 秋同，袁嘉新，译. 北京：清华大学出版社. 1987.
[3] [德]赫尔曼·哈肯. 高等协同学[M]. 郭治安，译. 北京：科学出版社，1989.
[4] 张谦. 思想政治教育过程中主体特性探讨[J]. 理论与改革，1991（04）.
[5] [苏]苏霍姆林斯基. 教育的艺术[M]. 肖勇，译. 长沙：湖南教育出版社，1993.
[6] 姜正国. 思想政治教育环境论[M]. 长沙：湖南师范大学出版社，1999.
[7] 郑永廷. 思想政治教育方法论[M]. 北京：高等教育出版社，1999.
[8] 万美容. 论思想政治工作运行机制的构建[J]. 探索，2000（04）.
[9] 骆郁廷. 论思想政治教育主客体及其相互关系[J]. 思想理论教育导刊，2002（04）.
[10] 项久雨. 思想政治教育价值论[M]. 北京：中国社会科学出版社，2003.
[11] 张耀灿，徐志远. 现代思想政治教育学科论[M]. 武汉：湖北人民出版社，2003.
[12] 牟宗三. 为学与为人[J]. 中国大学教学，2003（01）.
[13] 李辉. 现代思想政治教育环境研究[M]. 广州：广东人民出版社，2005.
[14] 张耀灿，郑永廷，吴潜涛，骆郁廷. 现代思想政治教育学[M]. 北京：人民出版社，2006.
[15] 陈秉公. 思想政治教育学原理[M]. 北京：高等教育出版社，2006.
[16] 张耀灿. 现代思想政治教育学[M]. 北京：中国人民大学出版社，2006.
[17] 张耀灿，刘伟. 论教育环境是思想政治教育过程的要素[J]. 思想政治

教育研究，2006（52）.
[18] 陈秉公. 思想政治教育学基础理论研究[M]. 长春：吉林大学出版社，2007.
[19] 张春兴. 世纪心理学丛书[M]. 杭州：浙江教育出版社，2007.
[20] 沈壮海. 论思想政治教育理论研究的新范式与新形态[J]. 思想政治教育研究，2007（02）.
[21] 教育部社会科学司编. 普通高校思想政治理论课文献选编（1949—2008）[M]. 北京：中国人民大学出版社，2008.
[22] 邱柏生. 高校思想政治教育的生态分析[M]. 上海：上海人民出版社，2009.
[23] 谭蔚沁. 论马克思“人的全面发展理论”与大学生创业教育[J]. 思想战线，2009（05）.
[24] 高斌，类延旭，方仲奇. 新时期高校服务育人的路径思考[J]. 学校党建与思想教育，2009（10）.
[25] 张传宇. 试论高校思想政治教育的合力机制[D]. 上海：复旦大学，2010.
[26] 骆郁廷. 思想政治教育原理与方法[M]. 北京：高等教育出版社，2010.
[27] 陈华洲. 思想政治教育方法论[M]. 武汉：华中师范大学出版社，2010.
[28] 林伯海，周至涯. 思想政治教育主体及其主体性的要素构成新探[J]. 思想教育研究，2011（02）.
[39] 张耀灿. 对“思想政治教育原理”的重新审视[J]. 学校党建与思想教育，2011（28）.
[30] 马俊峰. 马克思主义价值理论研究[M]. 北京：北京师范大学出版社，2012.
[31] 廖志诚. 思想政治教育创新动力论[M]. 北京：社会科学文献出版社，2012.
[32] 韩慧莉. 构建研究生思想政治教育“三全育人”新格局[J]. 青年教育，2012（07）.
[33] [德]赫尔曼·哈肯. 协同学——大自然构成的奥秘[M]. 凌复华，译. 上海：上海译文出版社，2013.

[34] 李超逸. 系统视域下大学生思想政治教育诸要素协同模式研究[D]. 晋中：山西农业大学，2013.

[35] 李德顺. 价值论——一种主体性的研究[M]. 北京：中国人民大学出版社，2013.

[36] 张丽娜. 行业特色型高校协同创新的机制研究[D]. 北京：中国矿业大学，2013.

[37] 徐平利. 试论高职教育"协同育人"的价值理念[J]. 职教论坛，2013（01）.

[38] 王海建. 协同创新：高效思想政治教育创新发展的必然路径[J]. 思想政治工作，2013（01）.

[39] 马永庆. 论思想政治教育的主客体关系[J]. 思想理论教育导刊，2013（07）.

[40] 项久雨，陈涛. 高校思想政治理论课教师队伍建设的二重维度[J]. 思想教育研究，2013（11）.

[41] 胡新峰. 大学生思想政治教育机制研究[D]. 长春：东北师范大学，2014.

[42] 教育部思想政治教育司编. 思想政治教育原理与方法[M]. 北京：高等教育出版社，2014.

[43] 徐春艳. 思想政治教育过程中主客体辩证关系及其优化研究[J]. 思想教育研究，2014（03）.

[44] 蔡志奇. 应用型本科协同育人模式多样化刍议[J]. 教学研究，2014（04）.

[45] 龙妮娜. 大学生思想政治教育网上网下协同育人模式刍议[J]. 思想理论教育，2014（05）.

[46] 韩喜平. 构建具有中国特色的哲学社会科学学术话语体系[J]. 红旗文稿，2014（22）.

[47] 刘俊峰. 构建大学生思想政治教育整体协同机制探究[J]. 学校党建与思想教育，2015（01）.

[48] 陈曙光. 中国话语与话语中国[J]. 教学与研究，2015（10）.

[49] 黄蓉生，李栋宣. 高校思想政治理论课教师"四有特质"的时代论析

[J]. 思想理论教育导刊，2015（12）.
[50] 秦艳芬. 论政协同创新的合作机制[J]. 高等工程教育研究，2016（04）.
[51] 王丽，罗洪铁. 大学生思想政治教育个体价值与相关概念的辨析[J]. 思想教育研究，2016（07）.
[52] 张亚丹. 大学生思想政治教育价值论[M]. 北京：人民出版社，2017.
[53] 崔江婉. 协同理论视域下大学生思想政治教育研究[D]. 西安：西安建筑科技大学，2017.
[54] 项久雨. 思想政治教育主客体关系的马克思主义逻辑[J]. 教学与研究，2017（02）.
[55] 杨光. 高校思想政治教育以文化人研究[D]. 长春：东北师范大学，2018.
[56] 王丽. 思想政治教育价值结构研究[M]. 北京：中央编译出版社，2019.
[57] 吴长锦. 协同创新研究[M]. 北京：中央编译出版社，2019.
[58] 冯刚，王树荫. 思想政治教育研究热点年度发布（2018）[M]. 北京：团结出版社，2019.
[59] 杨灿. 高校辅导员职业困惑与发展路径探析[J]. 智库时代，2019（02）.
[60] 肖述剑. 高校辅导员职业认同的内在机理探析[J]. 思想政治教育研究，2019（02）.
[61] 章小谦. 孔子“有教无类”思想新探[J]. 大学教育科学，2019（04）.
[62] 金卓，邢二涛. 新时代思想政治教育的新使命和新要求[J]. 重庆理工大学学报，2019（09）.
[63] 高慎波. 新时代高校文化育人实践路径研究[J]. 才智，2019（33）.